POLISH NATIONAL CATHOLIC CHURCH OF AMERICA

MINUTES OF THE SUPREME COUNCIL 1904-1969

Compiler and General Editor
Casimir J. Grotnik

Translated from the Polish by
Theodore L. Zawistowski

Polish National Catholic Church of America
Eastern Diocese
Manchester, New Hampshire

EAST EUROPEAN MONOGRAPHS, BOULDER
DISTRIBUTED BY COLUMBIA UNIVERSITY PRESS, NEW YORK

2004

EAST EUROPEAN MONOGRAPHS, NO. DCLXIII

Printed through the courtesy of the
Waleria Frankowski Polish Heritage Fund

Polish National Catholic Church of America
Eastern Diocese
199 Pearl Street
Manchester, New Hampshire 03104-4236

ISBN 0-88033-561-0
Library of Congress Control Number 2004113103

Printed in the United States of America

Table of Contents

The Symbol of the Polish National Catholic Church

THE BOOK – represents the revealed Word of God.
THE SUN – Is the sign of religious freedom and fervor.
THE CROSS – Is the symbol of sacrifice.
THE PALM – Is the emblem of merited peace and victory.

TRUTH WORK ACTION

Foreword

Reports and minutes of the meetings of the Supreme Council of the Polish National Catholic Church for the years 1904 to 1969 are collected here for the first time. Included in this volume are texts in the original Polish and their translation into English. The collection is incomplete because many of the actual minutes were lost over the years and the reports published in the Church's organs were edited. Nevertheless, when taken together with the companion volumes in this series – *Synods of the Polish National Catholic Church 1904-1958 Synody Polskiego Narodowego Katolickiego Kościoła 1904-1958* [1] and *The Polish National Catholic Church: Minutes of the First Eleven General Synods 1904-1963* [2] – one can gain considerable insight into the development of the Polish National Catholic Church in America and in Poland in the first two-thirds of the twentieth century.

Given the unique qualities of the Polish National Catholic Church – for example, the validity of its Holy Orders (priesthood) has been recognized by the Roman Catholic Church[3] and it is the

[1] Compiled and edited by Casimir J. Grotnik (Boulder: East European Monographs, 1993), this volume provides reports and minutes of the first ten General Synods of the PNC Church in the original Polish.

[2] Compiled and edited by Casimir J. Grotnik, translated by Theodore L. Zawistowski, (Scranton, Pennsylvania: Polish National Catholic Church of America, Central Diocese, and Boulder: East European Monographs: 2002), this volume presents selected translations of the reports and minutes of the first eleven General Synods of the PNC Church.

[3] See: *Journeying Together in Christ: The Report of the Polish National Catholic-Roman Catholic Dialogue (1984-1989),* Stanislaus J. Brzana and Anthony M. Rysz, editors, (Huntington, Indiana: Our Sunday Visitor, 1990) and *Journeying Together In Christ: The Journey Continues. The Report of the Polish National Catholic Roman Catholic Dialogue 1989-2002,* Most Reverend

only Church in America to have had formal Intercommunion with the Protestant Episcopal Church and the Anglican Church of Canada – the materials in these volumes no doubt will be of interest to a variety of historians.

The Supreme Council was formed originally by the First Synod of the Polish National Catholic Church, held in 1904 in Scranton, Pennsylvania. It was composed of the organizer of the PNC Church, Father Franciszek Hodur, who was elected its first bishop, and six clergy and six laity. The composition, functions and purposes of the Council evolved over the years as the Church itself developed and grew, spreading across the United States and eventually into Poland and Canada. Also joining its ranks were entire congregations of ethnic backgrounds other than Polish, for example: Lithuanian, Slovak, Hungarian, and Italian.

The use of the Polish language in recording the minutes of the meetings of the Supreme Council continued into 1970 when it was decided to switch to English. The last Polish-language minutes will be translated and included in a future volume that will encompass the succeeding decades of Supreme Council meetings. The minutes from 1969 to the present are being collected and preserved in the archives of the Central Diocese and of the Eastern Diocese of the Polish National Catholic Church.

Sincere thanks are extended to Dorothy Stahelski, who has been gathering the more recent materials, and to Walter Lasinski, who located many of those found in this volume. Correction of the Polish texts was done by Bogumiła Jasiurkowska, their translation into English by Theodore L. Zawistowski, and the proofreading of the English text was done by Arlene Swantek, to all of whom I extend my warmest thanks. Sincere thanks are extended also to Bishop Thomas J. Gnat for making this publication possible.

Casimir J. Grotnik

Robert M. Nemkovich and Most Reverend James C. Timlin, editors, (Huntington, Indiana: Our Sunday Visitor, 2003).

Introduction

The basic form of the Polish National Catholic Church's executive council – the Church's leader, a parish pastor and a layperson – took shape early in its history. For example, Father Franciszek Hodur, soon after being elected the first bishop of the Church by the delegates – clergy and laity – at its First Synod (held in Scranton, Pennsylvania, in 1904), traveled to Chicago to take part in the Synod of the Polish Catholic Church, which had been organized by Bishop Antoni Kozłowski in 1895. A merger of the two independent movements was proposed and a council was formed to that end. It was composed of the two bishops as equals, a parish pastor from each group and a layperson from each.

The details of this basic form have evolved over the one hundred years since then. In time, as the Church grew, more bishops were added, and more clergy and laity as well. Today, each of the five dioceses of the Polish National Catholic Church of America is represented by its bishop ordinary, a parish pastor and two laypersons, plus the vice rector of Savonarola Theological Seminary and a number of at large lay representatives and officers. The Prime Bishop presides.

Another enduring tradition of the Polish National Catholic Church from its earliest days is the democratic election of its leaders, from the parish committee on the local level, to the council of each diocese and up to the highest executive authority, now called the Supreme Council. The Prime Bishop, the diocesan bishops, the priest and the lay representatives – are all elected.

Each parish in the Church is represented at the General Synod, the highest body of authority in the Church, by its pastor and by lay delegates elected by the parish members at a meeting of the congregation. The number of lay delegates elected is determined by the number of parish members. At the General Synod, the number of lay delegates is substantially larger than the number of clergy representatives. All delegates – bishop, priest or layperson – have equal voice and vote.

Also evolving over the decades has been the role of women in the governing bodies of the Church. In the first years of the Church's history, the various representatives and delegates were all men. Gradually, women have come to hold office at every level in the Church's structure except for those of the traditional sacramental priesthood.

The Supreme Council of the Polish National Catholic Church may thus be seen as representing the entire membership of the Church. The Council and its members are responsible to the Church's membership through their elected representative body, the General Synod, and must answer to it. Therefore, for the interested member of the Church, the activities and decisions of the Supreme Council may be of direct concern.

Minutes of meetings of the Supreme Council or reports of such meetings have been published in the Church's organs. Before 1923, the official publication of the Church was *Straż* [The Guard]; since then it has been *Rola Boża – God's Field.* However, a complete record of all the meetings does not exist. Not everything was published. Archival holdings were not maintained or were destroyed as administrations changed. Thus, there are serious gaps in the record. As a consequence, the reader is as likely to feel tantalized as informed by the materials presented in this collection.

When the reports of the meetings of the Supreme Council presented in this volume are taken together with the minutes and reports of the General Synods included in its companion volume, *The Polish National Catholic Church: The Minutes of the First Eleven General Synods, 1904-1963,* one can begin to get a rather unique view of the legislative and executive processes that governed the Church during the period when it was led by its founding generations.

Since the Supreme Council typically met only once or at most a few times a year, the day-to-day leadership and executive decisions were made by the primate, often in consultation with the other bishops. First Bishop Franciszek Hodur, the organizer of the Polish National Catholic Church, served as its leader from its traditional onset in 1897 to his death in 1953. The largest set of surviving records in this volume is from this long period. He was succeeded by Prime Bishop Leon Grochowski, who assumed office in 1953 and served to his death in 1969. The records of both eras were written in the Polish language. They are translated into English and presented herein for the first time.

Another forum for discussion and decision-making is the national clergy conferences in which the bishops and pastors take part without lay participation. While significant, the results of these gatherings are not binding.

Yet another source of influence is the Old Catholic Union of Utrecht, whose honorary chair is the Archbishop of Utrecht. It is a voluntary association of bishops rather than of their respective Churches. The members of the International Bishops Conference consult as equals on matters of interest to all. The largest membership is that of the Polish National Catholic Church of America and of its former missionary diocese but the now administratively independent Polish Catholic Church of Poland.

A perusal of the Supreme Council reports reveals the continuing concern of the Church's leadership with the establishment and development of its mission in Poland. The mission diocese consumed a major share of the Church's meager financial resources and crisis seemed to follow upon crisis until formal ties were severed when Bishop Joseph Padewski, the ordinary of the diocese, died in 1951 in a communist prison in Warsaw during the height of Stalinism and the Cold War. Despite the government-forced estrangement, the Church in America continued to try to maintain ties with its former mission and not let its members feel abandoned.

Also of continuing concern during the period under consideration were various printed materials: altar missals, books of rituals, prayer books, hymnals, the Church organ, the Church's constitution, Polish language primers and readers, Sunday School of Christian Living materials, catechisms, anniversary albums, histories, etc. Indeed, in the twentieth century the Polish National Catholic Church was the second largest publisher of Polish language materials in the United States.

The transition to English, of course, was inevitable. It was, however, delayed, no doubt largely due to the almost 75 years of leadership by two dedicated Polish immigrant patriots, Bishop Hodur and Bishop Grochowski.

Perhaps more subtle was the change in terms of reference to laypersons, revealing a not insignificant different social consciousness. In the later reports, one may notice the greater use of professional honorifics and the commonplace *pan*, "Mister." In the earlier years, however, the term most likely to be used was *obywatel*, "citizen."

The accession of Prime Bishop Leon Grochowski coincided with the general economic prosperity of the 1950s and 1960s, which allowed many long-neglected problems to be addressed. Much of the period of Bishop Hodur's leadership was impacted by World Wars I and II and the Great Depression. The difference in financial resources is reflected in the reports of the Church's treasurers scattered among the reports of the Supreme Council. The Church's period of most rapid growth was the so-called "roaring 20s," when the Church added almost one hundred new parishes in America and also established a missionary diocese in Poland with a few dozen more. Had more resources been available, a missionary diocese might have developed in Brazil in the 1930s. At a later time, a diocese did come to be formed in Canada.

One may note references to relationships with denominations in other countries, for example, the several other associated Churches of the Old Catholic Union of Utrecht in The Netherlands, Switzerland, Germany and elsewhere, likewise member Churches of the Anglican Communion in Great Britain, Canada and, most especially, the Episcopal Church in the United States. In Poland, there were the Mariavites.

References also exist to national governments and to political leaders, particularly in Poland. For example, few are aware of the fact that at least three members of the parliament of Poland, the *Sejm*, were members of the Polish National Catholic Church. Other leading figures in Poland were sympathetic to or friends of the Church during the entire period under consideration in this volume. Some of these leaders, however, were wary of making an open commitment. The leadership of the Church had to cope with the governments of interwar Poland, the Nazi occupation and the Communist takeover, as well as deal with that of the United States.

Thus, in this volume those with interest in history may find numerous nuggets of information and various leads to stimulate their curiosity. The seemingly small and obscure Polish National Catholic Church of America has had a broader outreach and range of concerns than most people realize. Playing an active role in all these areas were the members of its Supreme Council, clergy and laity.

Theodore L. Zawistowski

Minutes and Reports of Supreme Council Meetings

from the era of

First Bishop Franciszek Hodur

1904 - 1953

Prime Bishop Franciszek Hodur

Minutes and Reports

From the City

The Supreme Council of the National Church at its first meeting, which took place last Tuesday, recognized our *Straż* [1] as the official organ of the National Church and as such calls upon the members of National parishes for sincere support.

* * *

Prior readers and friends of *Straż*! Our little newspaper is now the official organ of the National Church . . . however, its relationship with you is subject to no change. The cost of subscription remains without change, therefore whoever has not yet discharged his debt this year perhaps now will sense his obligation . . . and will visit us in the editorial offices.

* * *

Attention Brothers! . . . The Supreme Council enjoined us to remove from the columns of *Straż* all advertisements: of enemies of our organization, advertisements of firms of questionable value, and all others whose content may leave something to be desired. We willingly conform to this directive; however, in return we require from you, first: more sincere support of those who will continue to advertise in *Straż*, and also to bring to attention our

---

[1] *Straż* [The Guard] has been published weekly since 1897. It has been also the official organ of the Polish National Union of America (*Spójnia*), the fraternal benefit society affiliated with the Polish National Catholic Church.

little newspaper in all establishments in which you make purchases. Let everyone remember, that although *Straż* has become the official organ of the National Church, nevertheless it will not draw any subsidy from our organization and its existence, as up to now, will be based solely on the sincere support of benevolent friends-readers.

* * *

On the basis of the decision of the Synod[2] and the Supreme Council, *Straż* will not support any political party, unconditionally, however we will be free to speak informatively. . . . Conforming to this, we point out that apart from the labor party, only the candidates of the Republican Party deserve the support of the Polish community, and especially of our citizens.

Straż, September 24, 1904, p. 8.

The Council of the Polish National Catholic Church in America

On Tuesday and Wednesday of last week, the first meeting of the Council of the National Church was held in the rectory of Bishop Hodur in Scranton. Present were: Bishop Hodur, the suffragan bishops elected at the last Synod: Franciszek Bończak of Milwaukee, Walenty Gawrychowski of Rochester, Józef Plaga of Chicago, and Walenty Cichy of Toledo; Father Bronisław Krupski of Plymouth and Father Leon Grochowski of Priceburg. Lay members were: Mieczysław Sznyter, Walenty Białkowski, Ludwik Kosin of Scranton, and Roch Dombrowski of Buffalo, New York.

Straż, February 18, 1915, p. 12.

---

[2] The First Synod of the Polish National Catholic Church was held September 6-8, 1904, in Scranton, Pennsylvania.

Report of the Meeting of the Council of the Polish National Catholic Church held May 16, 1916, in the City of Buffalo, New York

On May 16, 1916, at ten in the morning the Most Reverend Bishop Franciszek Hodur convened the meeting of the Church Council assembled in the city of Buffalo, New York. The clergy the lay members of the Council were all present. Namely: Bishop Ordinary Franciszek Hodur, Bishop-elects:[3] Walenty Gawrychowski, Franciszek Bończak, Walenty Cichy, Józef Plaga; the Director of the Polish National Seminary, Father Bronisław Krupski; and the undersigned as secretary, plus lay members: citizen [Franciszek] Nowak of Chicago, Illinois, citizen [Jan] Wielgosz of Milwaukee, Wisconsin, and citizens Sznyter, Kosin and Białkowski of Scranton, Pennsylvania.

After the introductory prayer to the Holy Spirit as the guide of all whose hearts and minds select God as the goal of life and endeavor to actualize in life His holy ideals, the minutes of the previous meeting of the Council were read. On the motion of citizen Białkowski, seconded by citizen Nowak, with a correction by Bishop-elect Gawrychowski that the territory of Bishop-elect Plaga omitted the state of Indiana, they were accepted unanimously.

Discussion regarding the resolutions of the previous meeting of the Council. Bishop-elect Cichy spoke and suggested that the secretary should send a copy of the minutes equally to the members of the Council as well as to all the National priests since otherwise some of the resolutions are forgotten.

An extended discussion developed in which Bishop-elect Gawrychowski, Bishop-elect Plaga, citizens Wielgosz and Nowak took part. On the motion of citizen Nowak, seconded by citizen Wielgosz, it was resolved that the secretary within sixty days

---

[3] These were elected at the Third General Synod held December 1-3, 1914, in Chicago but not yet consecrated as bishops.

should prepare the minutes and mail these to the members of the Council and to all the priests, and to publish them in the official organ, *Straż*.

To make the office work of the diocesan secretary easier, it was resolved, on a motion by Bishop-elect W. Gawrychowski, seconded by citizen Kosin, to purchase all necessary chancery equipment, such as: a typewriter, a duplicator for making copies, etc.

The financial report follows. Bishop Franciszek Hodur reported as follows:

Seminary Fund

Income	
In the treasury at the time of the Synod	$ 987.74
To February to the meeting of the Council	649.29
To May 11, 1916	834.35
Total	$2,471.38
Expenses	
From the Synod to the meeting of the Council	$ 125.65
From the meeting of the Council to May 11, 1916	997.26
Total	$1,122.91
Grand total	$1,348.47

Diocesan Fund

Income	
On the day of the Synod there was	$ 316.44
From the Synod to May 11	801.69
Total	$ 818.13[4]
Expenses	
To May 11, 1916	$ 149.95

---

[4] The origin of such numerical errors found here and there is not clear. It should be noted that this translation was not from the original materials but from a typescript copy.

Income	$ 818.13
Expenses	149.95
Grand total	$ 668.18

Mission Fund

All Saints Parish in Chicago. Ill., submitted $116.62

Total Diocesan Funds as of May 11, 1916, appear as follows:

Seminary	$1,348.42
Diocesan	668.18
Mission	116.62
Total	$2,133.27

The secretary raised the subject of the Aid Fund which had been established by certain parishes, which, as a fund donated by National parishes should be combined with the diocesan fund. After a longer discussion, on a motion by secretary Father Grochowski, seconded by citizen Białkowski, it was resolved to combine the aid fund with the diocesan fund.

A discussion developed on the matter of from which fund the costs of the Council meetings should be drawn. On a motion by citizen Nowak, seconded by citizen Wielgosz, it was resolved to cover the costs of the present meeting from the aid fund while as to the costs of the next meetings it was resolved, on a motion by Father Krupski, to have a collection taken once a year in all the National parishes on the Feast of the Organization of the National Church, that is, on the second Sunday of March.[5]

The Father Secretary read telegrams with greetings sent by *Straż* and All Saints Parish in Chicago.

At 1 PM, Bishop Hodur adjourned the meeting to 2 PM.

---

[5] The Polish National Catholic Church dates itself from 1897, when Father Hodur arrived in Scranton to assume the pastorate of St. Stanislaus Bishop and Martyr Parish.

At 2 PM, Bishop Hodur opened the meeting with all the members of the Council present. Consideration was given first to the time or number of meetings to be held by the Council. After a short discussion, upon the advice of Bishop Hodur it was resolved to hold ordinary meetings of the Council once a year, in the month of June, and special meetings whenever should be necessary.

The Father Secretary announced that Father Sokoliński sent into his care a paper discussing the matter of creating a diocesan fund from which loans for churches being newly constructed as well as for older parishes which have bank loans. At the request of the presiding bishop the paper was read. A discussion ensued in which Bishop-elect Bończak and citizen Nowak took part. One and the other pointed out the weak aspects of the project. On the motion of citizen Nowak, it was resolved to request Father Sokoliński to develop his project more fully and to present it to the next meeting of the Council.

The Father Secretary took the floor and explained that only a fraction of our parishes have paid their diocesan dues. Barely four pastors replied to letters sent to them in this matter. Discussion. Members of the Council took the floor, some of them suggesting that parishes which do not pay the required dues and do not want to abide by synodal resolutions should be expelled from the Church. At the end, however, the motion of citizen Nowak was passed that the secretary should remind the parishes that each should pay at least minimal dues.

Bishop Hodur asked the committee to which was entrusted the development and publication of a book of rituals in the Polish language if it had accomplished the task. Bishop-elect Bończak gave a report in the name of the committee that the development of the book of rituals is near completion. After a short discussion, Bishop-elect Bończak was entrusted to see to it that the book is published as soon as possible.

A discussion evolved regarding the matter of hymnals, which are needed for use by the faithful during church services. Bishop-elect Bończak explained that such hymnals are essential to arouse the faithful to take active part in the services. He also underscored that he has been working on such a hymnal for some time and that he has a considerable amount of the necessary material. After a short discussion, Bishop-elect Bończak was entrusted with publishing a hymnal, and to promote this matter in *Straż*, and the members of our Church will create the necessary funds through free-will offerings.

Bishop Hodur made a presentation in the matter of the Church organ, *Straż*, explaining that *Straż* has too little support. After a longer discussion, the members of the Council present promised sincere support in the future. They also promised to work in their districts so that all the members of the National Church should fulfill the resolution of the last Synod, that is, that every member of the Church should purchase at least one subscription to *Straż*.

A ten minute break followed. After the pause, the secretary read telegrams from Fathers Sokoliński, Pękala, Wahler, Lebiedzik, Starorypiński, and Gritenas.

Discussion of the Mission Fund

The Mission Fund is essential to the purpose of propagating the ideal of the Polish National Church in America as well as in the Fatherland. The last Synod, after this important matter was presented by Bishop Hodur, warmly recommended undertaking the mission of our Church. Mission services held in some of the parishes in America brought great gain to the Church. However, they would bring twice as much spiritual benefit if we had appropriate literature. But we cannot create such literature not having an appropriate fund for this purpose. The Synod recommended undertaking the mission of the National Church in the Homeland. Without doubt, the National Church would find very many followers in the Fatherland, but to begin work there also requires funds. Reflecting on this important matter, the members of the Council resolved to enlarge the Mission Fund. On the motion of citizen Wielgosz, seconded by citizen Nowak, Father L. Grochowski was elected commissioner of the Mission Fund.

The secretary reported that the Constitution of the National Church, to which is attached simultaneously a receipt for parishioners paying parish dues, is already printed. It was resolved to sell these for ten cents a copy, and the profit which will remain from the sale of the Constitutions was recommended to be used for other Church publications.

Practically all the parishes are demanding registration books. Such books are absolutely necessary for maintaining order in all the pastors' chanceries and to make their work easier. After considering this matter, the members of the Council requested Bishop-elect Cichy to develop such books and to publish such in the shortest possible time.

At 6:15 o'clock the session was adjourned.

At seven, the Bishop Ordinary reopened the session. Bishop Hodur immediately made a presentation in regard to *Spójnia*, underscoring that this organization arose to assist in the development of the National Church.[6] *Spójnia* helps us in the organizing of new parishes, since people insured in Roman Catholic organizations have the opportunity to enter the Polish National Union under their conditions. The Union helps us in education by providing assistance to our schools and by giving stipends to members of the National Church who are studying in American schools. After a longer discussion, it was resolved to recommend the Polish National Union to all the pastors and to all the lay members so that they will zealously agitate and work to organize new and to enlarge already existing branches of the Polish National Union.

---

[6] The Polish National Union of America – *Polsko Narodowa Spójnia w Ameryce* – was organized in 1908 and is headquartered in Scranton.

Bishop Franciszek Hodur raised the matter of provincial assemblies. The members of the Council left this matter to the disposition of Bishop Hodur.

At six in the evening, the meeting of the Church Council ended with a prayer.

Father Leon Grochowski, Secretary

Manuscript and
Straż, May 25, p. 1; July 27, p. 6; and August 3, 1916, p. 2

Bishops Council

The first meeting of the Bishops Council was held Monday evening from 7 to 11 PM. Members of the Council are: Bishop Hodur, Bishop-elect Gawrychowski, Fathers Leon Grochowski, Roman Pawlikowski, Jan Grittenas,[7] and Stanisław Zawadzki, and lay members M[arian] Ptaszyński, Bronisław Wysocki and J. Bartosiewicz.

Straż, June 23, 1921, p. 1.

Church Council

Present at the meeting of the Council of the Polish National Catholic Church, which took place January 30 in Scranton, were: Bishop Franciszek Hodur, Bishop-elect Walenty Gawrychowski, Fathers Leon Grochowski, Stanisław Zawadzki, Jan Grittenas, Teofil Czarkowski, Piotr Kuźnik, and Bronisław Krupski, and Messrs. M. Ptaszyński, Bronisław Wysocki and J. Bartosiewicz.

Straż, February 1, 1923, p. 1.

---

[7] An example of different spellings of individual names from one time to another. The name was usually spelled Gritenas.

Referring to the Church Council

During the time of my two-month trip outside the United States, supervision of the ongoing matters of the Polish National Catholic Church in America will be conducted by the Church Council, whose membership includes: Bishop-elect Walenty Gawrychowski, Father Leon Grochowski, secretary, Father Stanisław Zawadzki, treasurer, Father Jan Grittenas, Mr. M. Ptaszyński, Mr. Bronisław Wysocki, and Mr. J. Bartosiewicz. The address of the secretary: Father Leon Grochowski, Dickson City, Pennsylvania. My address in Poland: 7 Madaliński Street, Cracow-Dębniki.

Bishop Franciszek Hodur

Straż, April 5, 1923, p. 1.

The Most Important Resolutions of the Full Council of the Polish National Catholic Church accepted at the meeting in Cleveland, Ohio, September 25 and 26

1. All of the Leaders of the Church, both clergy and lay, are enjoined to endeavor to greater unity in the teaching, customs and rituals of the Polish National Catholic Church, so that our holy ideal should become realized in full in the spiritual life of the adherents of this Church.

2. The Council of the Church elected a Treasurer and a Financial Secretary in the persons of Mr. Bronisław Wysocki, the Controller of the Polish National Union, and Father Stanisław Zawadzki, the pastor of the PNC Church in Scranton, who are to take care of the financial matters of the diocese under the supervision of the Bishop.

Henceforth, please send all levies, dues and offerings to the following address: Financial Secretariat, 529 Locust St., Scranton, Pennsylvania.

Both the Treasurer and the Financial Secretary will post a bond in the amount of $5,000.00.

3. Bishop Hodur requested consideration of his salary plan. To this time he has drawn a salary of $150.00 monthly from the diocese, and from the parish in Scranton $50.00, together $200.00. To gather a fund from which the said $150.00 could be drawn, it is necessary sometimes to apply moral persuasion and pressure, and such a salary, coming from such a source, the Leader of the National Church does not desire. He regards the Church as a freewill union of people confessing to the teaching of the Divine Master, following together after Him towards the materialization of God's wishes on earth, and in such case no one should be forced to pay a tax. When the faithful see the need to support a permanent priest or bishop, and they see that this priest or bishop is working usefully for them, they should pay for their upkeep. To make possible work in the church, in the school, in organizations, in the diocese, to ease the fulfillment of obligations. But not from compulsion, as a result of exhortations, threats, or any other kind of unworthy means.

In the course of two years, that is from the last Synod, when the Bishop drew a regular salary from the diocese, he felt discomforted and humiliated when in a few instances he had to use pressure on those parishes which were in arrears in their dues, or to take levies from such priests and parishes from whom because of various considerations he should not have taken a broken penny.

To ward this off, the Bishop declared that at the end of his life and activity he could work more effectively and with greater internal satisfaction if the parishes would present him with freewill offerings only then when he would be working for them at the time of diocesan visitation, preaching the Word of God, administering the Sacrament of Confirmation, exhorting them to penance, regulating parish and organization matters. All those who believe in the mission of the National Church and in the work of its leader, bishop, will give such an offering as they can at the given time and this offering will constitute the main source of the upkeep and payment of the travel expenses of the National Bishop.

The Full Council of the Church agreed to the proposal of the Bishop and asks the pastors as well as the lay leaders of the individual parishes to take this proposal under consideration and adapt themselves to it.

4. In the place of *Straż*, which on the basis of resolutions of the Seventh Convention of the Polish National Union will become the property of that organization and is to be published from December 1, 1923, as its independent organ, the National Church will publish a weekly publication devoted primarily to religious matters.[8] Elected by the Full Council, a Publication Committee, with Bishop Hodur at its head, will undertake the realization of the decisions of the Council. In accordance with the accepted plan, shares will be issued at $10.00. Within half an hour of the resolution, the priests and lay members ordered and bought $3,000.00 of shares. In the future, shares may be ordered from Father Leon Grochowski, Dickson City, Pennsylvania, Lackawanna County.

5. The financial report will be sent to every parish which has conformed to the laws of the Church.

Straż, October 4, 1923, p. 1.

Report of the Meeting of the Supreme Council of the Church in Brooklyn, New York, September 29 and 30, 1927

Bishop Hodur opened the first meeting and asked Bishop Gritenas to say a prayer. Next, secretaries were called: Father

[8] *Rola Boża* [God's Field] remains the Church's official organ to this day.

Bronisław Krupski, Father Jakobsche and Michał Mietlicki. In the presidium also sat Bishops Walenty Gawrychowski, Leon Grochowski and Jan Gritenas, and from the laity, on the motion of citizen W. Filipczak, citizen Ptaszyński of Scranton, Pennsylvania, came to the presidium.

Father Krupski read aloud the proceedings of the last Extraordinary Synod, held in Scranton in June 1924. The report was accepted with a correction by Father Turkiewicz that he had submitted his exact report of the meetings of the Church Council.

Clergy Delegates:

Bishop Franciszek Hodur; the Bishop of the Eastern Diocese – Father Walenty Gawrychowski; the Bishop of the Western Diocese – Father Leon Grochowski; the Bishop of the Lithuanian Diocese – Father Jan Gritenas; Father J. Sołtysiak, Westfield, Mass.; Father J. Misiaszek, Hazleton and McAdoo, Pa.; Father St. Cybulski, Reading, Pa.; Father J. Padewski, Dickson City, Pa.; Father F. Siemiętkowski, Carnegie, Pa.; Father A. Wojtkowiak, Woonsocket, R.I.; Father J. L. Zawistowski, Detroit, Mich.; Father J. Zięba, Bayonne, N.J.; Father F. Woźniak, Youngstown, Ohio; Father J. Solak, Webster, Mass.; Father M. Pulit, Norwich, Conn.; Father S. Guzik, Central Falls, R.I.; Father P. Guderski, Wallingford, Conn.; Father J. Janik, Lawrence, Mass.; Father J. Michalski, Bridgeport, Conn.; Father W. Januszewski, Dupont, Pa.; Father J. Hornik, Wilkes-Barre, Pa.; Father Br. Krupski, Plymouth and Nanticoke, Pa.; Father J. Rękas, Washington and Canonsburg, Pa.; Father J. Wróblewski, Passaic, N.J.; Father R. Ząbek, Allentown and Bethlehem, Pa.; Father F. Rękas, Frackville, Pa.; Father A. Krauze, Cleveland, Ohio; Father F. Lachmaier, New York Mills, N.Y.; Father E. Wandowski, Amsterdam, N.Y.; Father L. Dąbrowski, Utica and Little Falls, N.Y.; Father Jan Jasiński, Buffalo, N.Y.; Father M. Zawadzki, St. Louis, Mo., and Madison, Ill.; Father J. Jabłoński, Baltimore, Md.; Father Pawłowski, Albany, N.Y.; Father R. Ostrowski, McKees Port, Pa.; Father T.

Czarkowski, New London, Conn.; Father A. Turkiewicz, Shenandoah, Pa.; Father A. Bączewski, Middleport and Minersville, Pa.; Father F. Miklaszewski, Fall River, Mass.; Father W. Trzepierczyński, Brooklyn, N.Y.; Father K. Sinkewicz, Philadelphia, Pa.; Father R. Zawistowski, Brooklyn, N.Y.; and Father J. Jakobsche, Duryea and Kingston, Pa.

Lay Delegates:

J. Grocle, Lawrence, Mass.; S. Górki, Paterson, N.J.; W. Ignasiak, Duluth, Minn.; J. Menner, Bridgeport, Conn.; K. Kutarski, Trenton, N.J.; F. Piaścik, Westfield, Mass.; K. Małyszek, Buffalo, N.Y.; A. Świeczkowski, Baltimore, Md.; A. Pąprowicz, Lowell, Mass.; W. Grabowski, Union City, Conn.; A. Kocyłowski, Wilkes-Barre, Pa.; A. Cichowski, Shenandoah, Pa.; J. Socha, Wallingford, Conn.; F. Zygmunt, Southington, Conn.; A. Fus, Fall River, Mass.; J. Sadowski, Chicago, Ill.; F. Kamiński, Detroit, Mich.; J. Mietelski, Kingston, Pa.; W. Mrówczyński, Plymouth, Pa.; J. Pieniążek, Nanticoke, Pa.; J. Garbiński, Washington, Pa.; E. Olczak, Duryea, Pa.; S. Maslik, Canonsburg, Pa.; F. Lipo, Scranton, Pa.; S. Naspiński, Frackville, Pa.; J. Stachura, East Chicago, Ind.; J. Bartoszewicz, Dupont, Pa.; L. Furman, Woonsocket, R.I.; S. Jarosz, Webster, Mass.; F. Solarz, Minneapolis, Minn.; J. Roman, Dickson City, Pa.; M. Mietlicki, Scranton, Pa.; J. Ptaszyński, Scranton, Pa.; H. Bratkowski, St. Louis, Mo.; J. Tupaj, Chicopee, Mass.; Z. Kopczyński, Bayonne, N.J.; M. Igras, Minersville, Pa.; J. Kakowski, Madison, Ill.; F. Kordysz, Youngstown, Ohio; S. Nowak, Central Falls, R.I.; W. Filipczak, Philadelphia, Pa.; Weronika Jankowska, Lowell, Mass.; and J. Pendrys, Brooklyn, N.Y.

Two clergy delegates, Father J. Leśniak of Milwaukee, Wisc., and Father S. Walas of Hamtramck, Mich., were excused because they had to leave for important reasons.

Bishop Hodur gave a report of what it was possible to fulfill of the recommendations resolved at the last meeting of the Supreme Council of the Church. The territory of the Church in America was divided into three dioceses: the Eastern, the Central and the Western. There are deficiencies in the administration as a consequence of the great breadth of the territory; in addition, some priests and committees do not understand their relationship to their diocesan bishop. Further, the situation of the bishops was not clearly delineated. Strength lies in harmonious cooperation – however there are such individuals who think that they must elect themselves bishops. Ninety percent understand that obedience to the bishops is necessary for the development of the Church.

The service of priests of the Word of God was not realized for the reason that conditions did not allow for it. In Poland there is one bishopric with its see in Cracow. There are nineteen parishes in Poland. Some parishes are very weak, five can barely sustain themselves without financial aid. On average, $500.00 is sent to Poland monthly, and when a new parish arises, $100 to $500 in aid is needed. A burning issue is the obtaining from the Polish government recognition of the Church. However, at this time there is no hope that this should happen in the near future. The present government is friendly but it does not want to offend the Roman Church and this situation will last for a long time yet unless a more progressive parliament is elected which will settle the pertinent law project prepared by the Ministry of Religious Denominations. Meanwhile, the members of the National Church in Poland must be patient and enduring, and in America zealous and generous. Perhaps it is even good that we must wait so long for recognition of the Church on the part of the government because we have time to prepare ourselves adequately. That in Poland there are priests and laity, valiant champions for the cause of the National Church, the proof of this are the incidents in the parishes in Grudziądz, Bydgoszcz, Lipno, Piaski, Zamość, Jastkowice, etc.

Bishop Bończak in a mailed letter requests permission to move from Cracow to Warsaw. Father Jan Jasiński, who as a delegate of the Church was in Poland in the months of April and May 1927, explained the matter. The following circumstances address the moving of the episcopal see to Warsaw: Warsaw is the capital of the country, where better and swifter contact with the government can be had; our whole Church, during the conference of parish delegates, clergy and laity, declared itself for the moving of the see to Warsaw. During this opportunity, Father Jasiński presented the conditions reigning in our parishes in Poland. The strongest parishes are in Pomerania and the Lublin region – the weak ones are in Little Poland.[9] Practically everywhere shortcomings in respect to material things can be felt. Parishes do not possess necessary church apparatus and therefore parishes in America having unneeded items are asked to send them to Poland through the Aid Committee in Scranton.

The matter of moving the episcopal see from Cracow to Warsaw raised the question of what to do with the property which the Church in America has in the Dębniki section of Cracow. Father J. Jasiński explained that $10,000 can be obtained for this property, for which sum another can be purchased in Warsaw. The chamber considered this matter for some time. Speaking were: Father Krupski, Bishop Grochowski, delegates from St. Louis, Missouri, and Madison, Illinois. Father J. Wróblewski moved that the Council of the Church in America give permission to the Council of the Church in Poland to transfer the episcopal see to Warsaw and that this matter will be carried out with the close understanding of the two Councils and that the Council of the Church in America is to be informed of every decision of the Council in Poland before that decision is executed. The motion was seconded and it carried.

---

[9] *Małopolska* [Little or Lesser Poland], the south and east of Poland was distinguished from *Wielkopolska* [Greater Poland] to the north and west since medieval times.

The First Bishop gave his report. Recently a few new parishes arose in: Hazleton, Pa., Middleport, Pa., Minersville, Pa., Allentown, Pa., Bethlehem, Pa., Kingston, Pa., Reading, Pa., Throop, Pa., Madison, Ill., Beaver, Pa., Youngstown, Ohio, Standish, Mich., and Cudahy, Wisc. Tiny, weak parishes should not be organized very far away from other parishes because this makes the work of the priest hugely difficult.

Our complaints are: divergence of religious conceptions. In some parishes there exists the pure course of the National Church, in others the Roman bearing is held to compulsively. Our vacillating character at the beginning pushes us to action but then we become cold and indifferent. We do not understand that we must raze, build, not rest and eat. A priest should not complain when he is sent to a small parish but gain more parishioners through effort. Among some priests and laity an infection has embedded itself in the form of the motto: eat, drink and loosen your belt! In such parishes there are no national observances, the Polish school is inferior, there are no organizations, there is no Spójnia.

The cure for our complaints: Let us not divide ourselves into workers and consumers of the work of others. Let us help all priests and laity in that which best we can. The lay faithful must trust in their spiritual leaders, and those must earn that trust and must strive to attain it.

We must concentrate our will and our mind to constructive work, to resolve ourselves to our plan of action: a Church Polish, of the people, Catholic in the broadest meaning of this word, not Roman, Protestant or Orthodox. The lay people must respect in their priests their religious nature, and not demand that the priest should do everything and even be a dance leader at festivals, shows, etc. Among the priests there should be greater solidarity in matters good and having as a goal the growth and strength of the Church.

The Priests should be ready for self-denial even in permissible things, avoiding all things which are a source of offense to the little ones. There should be absolutely no place for unnecessary jaunts in automobiles, especially with the female sex. The wives of priests should not speak out in matters touching on the Church and the parish. The wife of a priest should be helpful to him in his work, and not a hindrance.

It is a necessary matter that among the priests there should be a proper distribution of the burdens, obligations and benefits, because to this time some work and have nothing and others the opposite.

The best advice for all our complaints is the principle that we should learn to guide ourselves not so much by the harsh letter of the law but by ennobling the soul.

Bishop Grochowski Presides

Mrs. W. Jankowska, a delegate from Lowell, Mass., rose to speak on a minor matter, the purchase of items for the rectory, and complained that sometimes the priests, or rather the women who are in the rectories, demand too much. The delegate from Buffalo, N.Y., stating that such small questions should not be raised during serious discussions because those are strictly local issues. He took this opportunity to apologize to Bishop Gawrychowski in the name of the Buffalo parish for the unpleasantness which he encountered during the discussions of the Grand Council meeting in Cleveland, Ohio, three years ago.

Bishop Gawrychowski delivered a beautiful paper on the priesthood.

The Financial Report of the Church Council Treasurer

Citizen Bronisław Wysocki, the Treasurer of the Church Council, delivered his very detailed report for the period from

November 1923 to September 1, 1927. The income of the Mission Fund amounted to $22,032.03 and expenditures to $20,465.26, therefore remaining in the account as of September 1, 1927, is $1,566.77. In the expenditures, the largest sums were: for mission purposes in Poland $16,741.31; aid to priests $1,225.24; aid to parishes in Poland and America $635.76.

Seminary Fund. Income in this same period was $22,278.90, expenses $21,657.79, or in the account as of September 1, 1927, was $621.11; sent to Poland from this fund was $4,447.84. The Seminary is housed in its own building, on which a mortgage debt remains. In the current year there are fourteen students. The director of the Seminary is Father Józef Padewski, the rector is the First Bishop, who is assisted by Fathers Bronisław Krupski and A. Wiączkowski as permanent professors.

Into the Diocesan Fund flowed $12,481.34 and $11,143.09 was expended, remaining in the account on September 1, 1927, is $1,338.25. From this Fund, the serious sum $6,510.18 was sent to Poland.

The report of the Treasurer was accepted unanimously after an explanation was given by the delegates from All Saints parish in Chicago, Ill., as to contributions sent from that parish.

Father A. Bączewski spoke on the matter of parish schools, that parents should concern themselves more and see to it that their children should not abandon their education. Speaking on this same matter were citizen Pąprowicz of Lowell and citizen Filipczak of Philadelphia. Citizen Lipo of Scranton, Pa., spoke on the matter of the youth organization *Zmartwychwstanie* ["Resurrection"], appealing to the clergy and lay delegates to make stronger efforts so that branches of the "Resurrection" Society should be organized in their parishes. The to-the-point address was accepted with applause.

The meeting was adjourned at eleven in the evening with a prayer.

The morning session, on Friday, September 30, was devoted to three drastic matters of the parishes in Hamtramck, Mich., Trenton, N.J., and Yonkers, N.Y. The settling of these matters remains finally in the hands of the diocesan bishops and the First Bishop. The following resolutions were accepted in general, recorded after all in the Church Constitution: the parish committee does not have the right to accept or remove a pastor without the understanding of the appropriate bishops. Equally, priests do not have the right to assume or to leave a parish without the understanding of the bishops. Neither committees nor priests have the right to purchase movable or immovable property without the prior agreement of the parish during a parish meeting. Parish property may not be recorded in the name of the priest or any private person.

Because the hour was late, the reports of the spiritual and the lay representatives was postponed. They will be published in *Rola Boża* after written copies are submitted to the editorial offices by the pastors and bishops.

Father Augustyn Krauze of Cleveland, Ohio, spoke on the matter of sending aid to the priests in Poland and he proposed that each priest should tax himself $2.00 a month for this purpose. Father Padewski informed that the priests belonging to the First Clergy Circle in the Central Diocese are paying $5.00 monthly. That being the case, after a longer discussion it was resolved that each priest should pay $2.00 monthly for the purpose of helping the priests in Poland. The money is to be sent to Scranton to the Administration of the Church Council. The lay delegate from Buffalo raised the issue that not only the priests should tax themselves but also the laity. The First Bishop pointed out that a special resolution is not needed for this because the resolution of the Extraordinary Synod held in Scranton in June 1924 foresaw that every member of the National Church is obligated to pay $1.50 annually, in which there is already a tax for the purpose of the mission. Let each parish only fulfill its duty and all will be well.

Father Krupski presented to the Chamber the matter of raising $50,000 for the purpose of more active agitation in Poland and here in America. Several clergy and lay delegates warmly discussed this matter and finally the assembled came to the conclusion that such a fund could be raised over a certain period of time, but a concrete decision was not arrived at, however.

The First Bishop adjourned the discussions with a prayer and the assembled sang the Hymn of the National Church.

Father Bronisław Krupski

P.S. Telegram greetings were sent by: F. W. Kogut of Bridgeport, Conn.; the "Resurrection" Society of Scranton, Pa.; the Chopin Choir of Scranton, Pa.; W. Czubakowski in the name of the parish in Youngstown, Ohio, and the Young Women's Society of Scranton, Pa.

Straż, October 15, p. 229; October 29, 1927, p. 342.

From the Meeting of the Church Council

On Wednesday, November 16, the meeting of the Council of the Polish National Catholic Church was held. Present at the meeting were: Bishop Hodur; Fathers: Józef Padewski and Bronisław Krupski;. citizen Bronisław Wysocki and citizen J. Roman.

From the report of the Treasurer that as of November the following is seen:

Mission Fund	$1,624.03
Seminary Fund	583.67
Diocesan Fund	1,318.89

The following sums were sent to Poland up to the month of November:

To Bishop Bończak	$3,772.00
To aid individual priests	900.00
By Father Jasiński to Bishop Bończak and to individual parishes	3,000.00

It was resolved to send a $1,000.00 money order on November 16 made out to Bishop Bończak, Father Tomaszkiewicz and Father Faron.

Therefore, in the course of eleven months of this year $8,672.00 was sent to Poland or an average of $788.36 a month. The cost of the transfer was $148.58.

Father Bronisław Krupski

Straż, November 26, 1927, p. 384.

From the Meeting of the Church Council

On Monday evening, January 9, the meeting of the Council of the Polish National Catholic Church was held. Present at the meeting were: Bishops Franciszek Hodur and Franciszek Bończak; Fathers: Józef F. Padewski, Stanisław Cybulski and Bronisław Krupski; and lay members of the Council: citizens Marian Ptaszyński, Bronisław Wysocki and Józef Roman.

The treasurer, Bronisław Wysocki, reported the state of the diocesan funds. From the report it is seen that the following sums were in the banks as of January 1, 1928:

Mission Fund	$ 881.23
Seminary Fund	210.88
Diocesan Fund	1,527.64
Total	$2,619.75

It was resolved to send $800 to Father Władysław Faron in Poland.

Bishop Bończak gave a detailed report of the state of the Church in Poland. The report was accepted, and since the Bishop demanded an audit of the financial books by a special commission, Bishop Hodur appointed inspectors. The inspectors found the books in perfect order.

Bishop Bończak agreed to conduct a series of public meetings at National parishes for the purpose of acquainting the members of the National Church with the situation in Poland as well as the collecting of necessary funds for the further carrying on of the work of the National Church. Father Padewski was chosen to develop an itinerary and to communicate with the priests in respect to appropriate preparations for the meetings.

The Church Council confirmed Bishop Hodur's plan for calling a General Synod in Warsaw at the end of June 1928.

At the appropriate time Bishop Hodur will name the proper commissions which will prepare the specific plans and present them for confirmation or eventual change and correction for a Provincial Synod which Bishop Hodur aims to call to Scranton at the beginning of March of this year.

Father Bronisław Krupski, secretary
Hotel Lafayette

Straż, January 21, 1928, p. 25.

The Report from the Meeting of the Great Council of the Polish National Church which was held in Buffalo, New York, in the Cathedral School Hall, November 26 and 27, 1934

Before the beginning of the Great Council[10] of the Church, Bishop Franciszek Hodur, assisted by Fathers Jan Misiaszek of Dickson City, Pa., as deacon, Józef Sołtysiak as subdeacon, and Józef Leśniak as master of ceremonies, celebrated a Solemn Mass in the Cathedral Church at 9:30 in the morning. After a short recess, Bishop Hodur convened the meeting of the Great Council at 11 o'clock with a prayer to the Holy Spirit with Bishops Leon Grochowski of the Western Diocese and Jan Z. Jasiński of the Buffalo-Pittsburgh Diocese present. The clergy and lay persons present from the individual diocesan councils: Supreme Council – Central Diocese: Fathers Jan Misiaszek, Józef L. Zawistowski, Stanisław Szufladowicz, and Rene Zawistowski; laity: Bronisław Wysocki, Józef Roman and Władysław Proń. From the Western Diocese: Father J. Siembida and citizen Franciszek Nowak. From the Eastern Diocese: Fathers Józef Leśniak, J. Hornik, Józef Sołtysiak, Augustyn Krauze, and Jan Wróblewski. From the Buffalo-Pittsburgh Diocese: Fathers Antoni Turkiewicz and Franciszek Siemiątkowski; laity: F. Wyglądalski and T. Małyszka; and as parliamentarian, Father Prof. Teofil Czarkowski.

Bishop Hodur named as Vice Presidents the bishops and from the laity citizen Bronisław Wysocki; as Secretary of the Great Council Father Jan Misiaszek and as Assistant Father Stanisław Szufladowicz. After the constitution of meeting of the Great Council, Bishop Hodur stated the purpose of the gathering, saying:

> The Great Council was called to strengthen the position of the Church in respect to critical trends and to elucidate certain matters . . . , the Full Council of the Church assembles every three years and precisely so much has passed since the last General Synod held in Buffalo, N.Y. Many changes have occurred during the course of these three years –

[10] Due to its size, the Great Council was referred to as a "Little Synod."

panta rei – everything flows, goes forward. New trends are coming which must be taken into account. We must examine what is healthy and what is weak and make changes according to the needs.

Then he presented the following agenda for acceptance:

1. The reports of the Bishops and the laity; discussion.
2. The reading of the Constitution and discussion of the individual paragraphs which require particular consideration.
3. Discussion about the need to call a Synod.

Bishop Jasiński moved to accept the agenda proposed by the First Bishop, Bishop Leon Grochowski seconded, and the motion carried unanimously.

Present at the meeting were journalists: Czesław Łukaszkiewicz, M. Nestorowicz and Stanisław Klukowski.

The report of the First Bishop, Father Franciszek Hodur, of the Central and Eastern Dioceses, and as leader of the entire Polish National Catholic Church, was particularly interesting for the assembled because Bishop Hodur based his report on vital facts.

At the outset he pointed out that in the three years, that is, since the last Synod, much changed in the Church just as in general much changed in the whole world also; our Church cannot be an exception. "We live in a critical time – he said – when everything is changing, political and social systems, even in art and literature new trends and new ideas are emerging. Our Church, as a relatively new institution, must consider these trends and we must be careful to not lose ground beneath our feet and that we are not swept from the surface of the earth."

Next, the assembled learned from the report of Bishop Hodur that in recent years, despite the Depression, our Church in two dioceses, that is, the Central and the Western, did not weaken but on the contrary is stronger than three years ago. The spiritual, religious and patriotic work in the parishes is going full force. Societies are vital and growing as the main hearths of the work in our parishes, and the work of the Centrals of the United

Organizations, such as the Women's Society for the Adoration of the Most Blessed Sacrament, the Young Men's Society of Resurrection, the Young Women's Society, the Choirs of the National Church, and the Friends of the Polish School Society now organizing, are bringing blessed results.

Teaching of the Polish language is being conducted in all the parishes with one exception. In the Scranton parish in addition to the day school there are three supplementary schools plus an original kind of people's school for adults and youth. Evening events and institutes, which are held in the Central Diocese in almost every parish, greatly assist in rallying religious and patriotic life.

Since the last Synod held in Buffalo, N.Y., that is, in the course of three years, our Seminary in Scranton, Pa., graduated 26 priests of which 24 are working zealously and with benefit for our Church in individual parishes, with the exception of two who broke down in pastoral work.

In his report he also pointed out the direction and character of the Polish National Union, strongly underscoring that it is a people's-workers' organization based on the same principles and which has relatively the same spiritual thought as the National Church since it took from it its beginning, and its leaders by deepening their religious life in Christian principles are truly sincere co-workers of the Church and the priest.

Next, as regards the negative aspects of our Church and our work in the parishes, the Bishop presented the matter in the following manner:

1. the unplanned in the beginning of parishes in respect to the great distance of one from another, which made administration difficult for the central authority, and which in more than one case weakened the life and movement to the Church.

2. the lack of experience, the weak priests, with whom the Bishop more than once had to settle far-removed parishes, that in addition to the sometimes personal weaknesses of the priest, in

individual parishes in the nature of things lay persons, members of the Church, had excessive demands which weak priests were not able to satisfy and at the same time to contribute to the growth of the parish.

3. the matter of financial nature where individual parishes do not conform to synodal resolutions to regularly support the diocesan, mission, seminary, and general funds. In such circumstances the mission of our Church encounters great difficulties and this matter must be fundamentally discussed at the nearest Synod.

After his report, the First Bishop opened the discussion, in which Bishop Leon Grochowski, Władysław Proń, and Father Józef L. Zawistowski spoke. Bishop Grochowski asked how parishes in the diocese cope with their burdens of great debt? Bishop Hodur explained that "We in the Central Diocese maintain a '*status quo*,' confining ourselves for the time being to paying immediate expenses, leaving the payment of debts to the future," to which he added that in three cases banks made concessions for individual parishes by, for example, lowering the percentage rate, postponing the paying of notes to the future, and kindly quieting the minds of the parishioners in hopes of awaiting better times.

A characteristic matter was raised by citizen Władysław Proń, namely: Would it not be desirable for the parish committees to have their own central committee so that they could meet every so often and discuss matters of economic nature? Bishop Hodur answered that he has a project by which in the nearest future our Church would be divided into seniorates (according to seniority), at the head of which would be older priests, and the clergy and lay representatives of the parishes would meet regularly and discuss the actual matters of the Church for its benefit and development. These seniorates would have a sort of autonomy regarding the character of love, solidarity and cooperation with the bishop. Following this, Bishop Jasiński made a formal motion, seconded by Bishop Grochowski, to accept the report.

Next in order, Bishop Grochowski, the leader of the Western Diocese, gave his report. Upon assuming the administration of the Western Diocese, he found sixteen parishes; the diocese has grown now and numbers 33 parishes. These parishes are served by thirty priests. In Chicago alone there are six parishes. Two parishes are threatened by great danger due to large debts. The overall state of the Church is good and the fields for work are great. To the negative side belongs a lack of the organizational life as exists to such a degree in the Central Diocese, but he has hope that just as he has already accomplished many things, in time he will be able to cope with this hindrance too. Bishop Grochowski's report was accepted on a motion by Father Siemiątkowski, seconded by Father Antoni Turkiewicz.

The third report in order was given by Bishop Jan Jasiński of the Buffalo-Pittsburgh Diocese. He ordained six priests in recent years. There are 21 active parishes and two missions. He visited the parishes a number of times and observed the good spiritual state, the churches were full of the faithful, and the reports of the lay persons of the work in the societies and the parishes were very good. On the negative side, he indicated problems with the Slovak and Lithuanian parishes. After concluding the discussion, citizen Władysław Proń made a motion to accept the report, seconded by Father Józef L. Zawistowski.

After a short recess, the financial report on the state of the Church funds was presented by citizen Bronisław Wysocki. The state of the treasury from January 1934 to November 1 inclusive appears as follows:

Mission Fund	$4,816.10
Seminary Fund	3,352.19
Diocesan Fund	850.51
General	208.42

Bishop Hodur added to the Treasurer's report that the bishops should endeavor to fulfill the budget accepted at the meeting of the Council in Scranton and he underscored the importance of maintaining the Home for the Aged on Spójnia Farm in Waymart, Pa. During the discussion of the matter of the Home for the Aged, Bishop Grochowski made a seconded motion that the budget of each diocese should be increased twenty percent for the purpose of this institution, which was accepted unanimously by those present.

During the further discussion of financial matters, Father Jan Wróblewski, seconded by citizen Władysław Proń, moved that the treasurer should remind the parishioners twice a year the obligation to discharge their arrears, which passed unanimously. After the appropriate discussion of financial matters and the motions, the report of Treasurer Bronisław Wysocki was accepted on a motion by Bishop Jasiński, seconded by citizen Józef Roman.

At the conclusion of the first day of discussions, Bishop Franciszek Hodur gave a short but significant instruction about the ideology of our Church. In it he pointed out forcefully that our Church is a militant Church, fighting for its existence and it is not permitted for us to depart from this foundation. In recent times in our Church we have been underscoring the actual character of our Church too little and this causes sometimes that we do not influence appropriately the definitive factors in our society. As an example, he took our Church in Poland and the delegates to the Assembly of Poles from Abroad in Warsaw, underscoring that thirty years ago, fifteen years ago, the main goal of the National Church was the weakening of the influence of the Roman Church on the Polish soul and replacing it with the work of the National Church. We are not permitted to depart from this agenda.

At the conclusion, Bishop Hodur spoke about the necessity of publishing an anthology for the priests of the National Church on the subject: "What should a priest know?" It would be something like an encyclopedia, including a whole range of chapters by accomplished experts. This was resolved unanimously, and

Bishop Hodur will nominate the members of this commission after the beginning of the next day's session.

The session was adjourned with the singing of the hymn "*Tyle lat my Ci, o Panie*"[11]

The Second Day of the Meeting of the Great Council

After the celebration of a Mass in the same order as the day before, the members of the Great Council gathered at ten o'clock in the school hall for further discussions. Bishop Hodur convened the session and asked Bishop Grochowski to say the prayer, after which he called upon the secretary to read the minutes of the previous day, which was accepted on a motion by Bishop Jasiński, seconded by Father Antoni Turkiewicz. After the acceptance of the report, Bishop Hodur suggested a change in the agenda, instead of reading the Constitution and discussing it, he offered for discussion the subject of the Synod, which the assembled accepted unanimously. Bishop Hodur, as one of the oldest priests, the Founder and Organizer of the Church, regards it as a necessary matter to call an Extraordinary General Synod on the basis of the following facts:

1. Our Church is a democratic-people's organization in which the lay people should take a voice and decide in important matters.
2. New persons are always coming to our Church to whom the theological, moral and patriotic principles of our Church should be explained, and by this educate them to be good defenders in the struggle for our ideals.
3. That the people are demanding a Synod during which through deeper discussions they may become knowledgeable about the inner matters of our Church. As an example, the First Bishop included letters from Woonsocket, R. I., and Washington, Pa.
4. The election of a bishop for the Eastern Diocese and the matter of the mission in Poland.

---

[11] The Hymn of the Polish National Catholic Church.

After setting forth these points, he gave the matter over to discussion, which was very lively and in which took part: Bishop Grochowski, Bishop Jasiński, Father Wróblewski, Father Siemiątkowski, Father Turkiewicz, Father Szufladowicz, Father Sołtysiak, Father Józef L. Zawistowski, Father Krauze, citizen Bronisław Wysocki, citizen Władysław Proń, Father Misiaszek, citizen Franciszek Nowak, Father Leśniak, citizen Tadeusz Małyszka, and Father Turkiewicz. There were opinions for and against a Synod, for and against a Provincial Synod, and in the end, after further explanation by the First Bishop, all came to the conclusion that an Extraordinary General Synod is necessary in the nearest future. In closing the discussion of this issue, guided by the needs of and benefit to the Church, Bishop Jasiński moved, seconded by Father Józef L. Zawistowski and accepted unanimously, that the Extraordinary General Synod should be held in America. A second motion was given by citizen Franciszek Nowak, seconded by Franciszek Wyglądalski, that the Synod should be held in Chicago, Ill., at the end of April 1935. The technical side of preparing the Synod was entrusted to the Grand Council, headed by the First Bishop, Father Franciszek Hodur.

After settling the matter of the Synod, a discussion ensued regarding under what conditions our mission Church in Poland is to be represented at this Synod. Taking part in the discussion of this matter was Father Leśniak, who held that we should continue to support our Church morally and materially. Father Leśniak's comment did not add anything new since that is the present state of affairs. Bishop Grochowski spoke, suggesting that the exhausted administrator of the Church in Poland should be changed and to send in his place a new force. Father Siemiątkowski then suggested sending one of the bishops.

Citizen Małyszka proposed in the matter of the mission to collect funds regularly in our parishes for the mission in Poland and not at the last minute as now happens. From all of the expressed views, Bishop Hodur accepted the position of Bishop

Grochowski and that of Mr. Małyszka, and suggested to elect for Poland two bishops, one bishop as the representative of the Church in America and the other from Poland. In accordance with citizen Małyszka's view, he considered it appropriate to call into existence two offices: a general financial secretary and a general secretary for publicity. Called to the first office was Father Jan Misiaszek of Dickson City, Pa., on the nomination of Bishop Grochowski, seconded by Father Sołtysiak. The second office will be filled by Bishop Hodur after he returns to Scranton, Pa.

After a fifteen minute recess, Father Józef L. Zawistowski was called to deliver a paper on the subject: "On the Main Slogans of the National Church in the Present Time." After this paper was discussed, the lecturer was thanked for his good work and three points were accepted:

1. The name of the Church is its essence, program and mission in Polish society.

2. The basis and foundation of our Church are the eleven great principles contained in the booklet published by Bishop Hodur, from which we may not depart.

3. During Friday services, to elucidate and explain these principles in homilies for the purpose of deepening religious life on the basis of our ideology.

A second paper was next presented by the same lecturer on the subject: "On the Practical Administrative Division of the Church." This paper was not actually developed fundamentally but gave a general overview of the impractical division of the Church. At the nearest Synod, this matter will be discussed more fully and a more practical division will be concluded.

The commission to develop a book for priests, with theological, philosophical, legal, social, etc. chapters, was composed of the following persons: Bishop Hodur, Bishop Leon Grochowski, Bishop Jan Jasiński, Father Leśniak, Father Józef L. Zawistowski, Father Teofil Czarkowski, and Father Jan Misiaszek.

This commission has the right to add such persons as will be necessary to gather and develop the materials.

At the conclusion of the two-day discussions, Bishop Hodur expressed his satisfaction with the course of the consultations and also offered his thanks to the cathedral parish for its hospitality and to Bishop Jasiński, Bishop Grochowski and to all present clergy and lay delegates for their cooperation.

As the final words, in the name of the Supreme Management of the Polish National Union, citizen Bronisław Wysocki expressed his sincere thanks to the clergy of the National Church for their goodwill towards the Polish National Union.

With a prayer of thanksgiving by Bishop Franciszek Hodur and the singing of "*Tyle lat my Ci, o Panie*," the meeting of the Great Council of the Polish National Catholic Church was ended.

Father Jan Misiaszek, Secretary
Father Stanisław Szufladowicz, Assistant

Rola Boża, 1934, No. 25, pp. 392-396

Report from the Meeting of the Great Council of the Polish National Catholic Church September 2, 1937

On September 2, 1937, the meeting of the Great Council of the Polish National Catholic Church was held in Scranton, Pa., under the leadership of First Bishop Franciszek Hodur. It began at ten in the morning and lasted to 11 o'clock in the evening. After a prayer said by the First Bishop and an introductory address during which he underscored that the Great Council of the Polish National Catholic Church is the highest instance during the period between synods since it includes all the dioceses which are represented not only by bishops, clergy, but also lay representatives as well as by provincial authorities, which we call seniorates, the Full Council takes responsibility for that which will be resolved in the spirit of our Church. After the First Bishop explained the matters resolved during the General Synod in Chicago, many of which have not yet been settled, some of these where discussed at the provincial synods: in Springfield, Massachusetts, and Chicago, Illinois, and others will yet be discussed at the provincial synod in Buffalo, New York, the First Bishop opened the meeting of the Full Council of the Polish National Catholic Church in the presence of the following members:

Central Diocese: Bishop Franciszek Hodur, Bishop Coadjutor Jan Misiaszek; Seniors: Father Stanisław Szufladowicz, Father Józef L. Zawistowski, Father Rene Zawistowski, Father Professor Teofil Czarkowski; Pastors: Father Rudolf Ząbek, Father Jan Zięba, Father Walenty Januszewski, Father Klemens Sienkiewicz, Father Jan Tęgowski, and Father Jan Gogolski.

Lay Members of the Council:

Scranton Seniorate: Bronisław Wysocki, Władysław Proń, Józef Roman and Edward Krutul.

The Central of the Women's Society for the Adoration of the Most Blessed Sacrament: Ladies Emilia Sznyter and Maria Gorgol.

Philadelphia Seniorate: Józef Stryjewski, Philadelphia, Pa.; Eugeniusz Długol, Philadelphia, Pa.; and Jan Stój, Trenton, N.J.

New York-New Jersey Seniorate: Tomasz Pyrka, Wallington, N.J.; and Stanisław Górski, Paterson, N.J.

Western Diocese: Bishop Leon Grochowski, Chicago, Ill.; Father Senior Michał Zawadzki, Clevelend, Ohio; Laity: Franciszek Nowak, Chicago, Ill.; and Józef Stachura, East Chicago Indiana.

Buffalo-Pittsburgh Diocese: Bishop Jan Jasiński, Buffalo, N.Y.; and Father Senior Franciszek Siemiętkowski, Carnegie, Pa.

Eastern Diocese: Father Administrator Józef Leśniak, Springfield, Mass.; Father J. M. Jastrzębski, Webster, Mass.; Father Senior Józef Sołtysiak, New London, Conn.; Pastors: Father Leopold Dąbrowski, Thompsonville, Conn.; Father Antoni

Wojtkowiak, Ware, Mass.; and Father Augustyn Krauze, Wallingford, Conn.

Therefore there were all together 34 representatives of the Church in America representing all the dioceses of the Polish National Catholic Church.

Recording the minutes was Bishop Coadjutor Jan Misiaszek. The First Bishop named Father Jan Gogolski the secretary's assistant.

The following most important matters were resolved:

1. After ordinations, the bishops will send neopresbyters to older pastors. After at least a year of practice and passing examinations before the diocesan bishop, they will be entitled for nomination for pastorate.

2. Seminary students who gather funds for the purposes of the Church during vacation time will submit a list and the funds to the pastor who will read these in the parish church and send the funds to Scranton, Pa.

3. The Great Council decided that the pastors will explain to the faithful the needs of the Church on the Day of the Organization of the Polish National Catholic Church, namely: internal and foreign missions, maintenance of the Seminary, support for the press of the National Church, and on this day they will call the faithful to cooperation and the propagation of the ideal of the National Church, and also due assistance for all the matters related to the ideal of the Polish National Catholic Church. The donations collected on this Day of Propagation are to be sent immediately to the diocesan bishops and these will send them to the treasurer of the Grand Council.

4. Relative to the publications resolved by the General Synod in Chicago, Ill., namely: a new Altar Missal, a Book of Rituals, and a new Constitution of the Polish National Catholic Church. The Council decided as follows: A. each parish within the Polish National Catholic Church is to order at least one copy of the Missal, either directly from the publisher in Scranton, Pa. (1004

Pittston Ave.), in the administration of Straż, or through the diocesan bishops and their pastors. B. At least two copies of the Book of Rituals may be ordered in the same way as the Missals. C. Each member of the National Church will purchase a Constitution of the PNCC through the pastor. The price of one copy of the Constitution is ten cents. D. In his own time, Bishop Jan Jasiński will publish at his own cost an English translation of the PNCC Constitution.

5. The Great Council recommends that the resolutions regarding the topical societies of the PNCC should be carried out already in this year and that reports of the organizational work be published in the organ of the PNC Church, *Rola Boża*. This is before all in respect to the Society for the Adoration of the Most Blessed Sacrament. On a motion it was accepted to create Sub-Centrals of the Adoration Society in the Western, Buffalo-Pittsburgh and Eastern Dioceses and to unite them with the Central in Scranton, Pa. This motion was seconded by Bishops Grochowski and Jasiński.

Next the matter of the Interorganizational Council was considered, after a presentation by Bishop Grochowski, and after a short discussion Father Senior J. L. Zawistowski made a motion that the National Church should continue to belong to the Interorganizational Council even though under the given conditions this Council will not be able to accomplish anything useful. The motion carried.

To strengthen the Society for the Adoration of the Blessed Sacrament and to develop a spirit of religiosity among the members, a book with religious content in the spirit of the National Church is needed, which would fulfill its purpose within a year. The First Bishop made this presentation.

6. The date for the consecration of one of the candidates elected by the Diocesan Synod in Springfield, Mass., namely, Father Administrator Józef Leśniak, was set for November 16 at 9 in the morning.

7. Matters presented before the Council pertaining to individual parishes were turned over to the relevant bishops for resolution, namely: Hamtramck, Mich., and Father Feliks Rękas, and Youngstown, Ohio. As they are administrative matters, it was resolved to refer the issues of Fathers Sobaszek, Pawlikowski and Pękala to the individual diocesan bishops for review and final resolution.

The matter of the Seniorship of Father Leopold Dąbrowski presented for the consideration of the Church Council evoked a discussion. The First Bishop listened to the arguments and decided that he will proceed according to his conscience at the appropriate time.

Next, the First Bishop presented the so-called Catholic Action, which is trying in various ways to harm the ideal of the National Church, remarking, however, that the National Church began this work earlier drawing lay persons into the ranks of the Divine Love Society who are ready to work for the ideal of the National Church, and as proof he pointed out the zealous work of the lay persons in Scranton, Dickson City, Dupont, Duryea, and Wilkes-Barre, who also helped with the issue of the publication *Prawo Ludu* [The Right of the People] during the time of the convention of the Polish Roman Catholic Union[12] in Wilkes-Barre, which organization decided to give battle to the National Church and to this end brought the Bishop of Częstochowa, Kubina, to the Anthracite Region. We will take up this battle and do not fear it, thanks to the zealousness of the faithful of the National Church belonging for the most part to the Divine Love Society, which has as its purpose the spiritual formation of the members of the National Church. The First Bishop invited the present members to a great manifestation event in Wilkes-Barre the next day, that is, September 3, in the hall of Bucknell University.

---

[12] The Polish Roman Catholic Union, a fraternal benefit society, was organized in 1873. It is headquartered in Chicago.

The First Bishop then called Father Senior Józef Sołtysiak to read a paper, "On The Seniorate of the National Church," which after a short discussion was accepted with thanks expressed to the lecturer and it was decided to place it in *Rola Boża* for the information of the larger mass of the faithful.

After exhausting the matters at eleven in the evening, the First Bishop adjourned the meeting of the Full Council of the Polish National Catholic Church, warmly expressing words of joy because, bishops, pastors and lay representatives, they came to Scranton at his call to consult together for the benefit and future of the Church, after which all knelt and under the leadership of the First Bishop said a prayer, asking our Highest God and Father to take care of us, for strength of spirit, and that we may cope with this great work which God is placing on our shoulders. O may it be according to our faith.

Bishop Jan Misiaszek
Father Jan Gogolski

Report from the Meeting of the Council of the Polish National Catholic Church held April 7, 1938, in Scranton, Pennsylvania

At ten o'clock in the morning of the above-named date, the First Bishop, Father Franciszek Hodur opened the meeting of the Council of the Polish National Catholic Church with a prayer. Taking part in the consultations were the following members of the Council: Bishop Hodur, presiding; Bishops Leon Grochowski of Chicago, Jan Jasiński of Buffalo, Bishop Coadjutor Jan Misiaszek, secretary of the Council, and Bishop Józef Leśniak of Springfield, Mass. Father Seniors: Józef L. Zawistowski of Binghamton, Stanisław Szufladowicz of Plymouth [Pa.], Franciszek Siemiętkowski of Carnegie, Pa., Rene Zawistowski of Brooklyn, Józef Sołtysiak of New London, Conn., Leopold Dąbrowski of

Thompsonville, Conn., and Father Prof. Teofil Czarkowski, Vice-rector of the Seminary of the Polish National Catholic Church. The following lay counselors were at the meeting: Bronisław Wysocki, Władysław Proń and Józef Roman.

The first matter on the agenda was the publications of the National Church: the missal, ritual and constitution. From the report it is seen that 63 missals were sold to 57 locations, 86 rituals and 2,575 constitutions. After a discussion, the motion of Bishop Jasiński, seconded by Father Senior Szufladowicz, was accepted to help parishes purchase missals and rituals by making payments on an account. It was discussed also how to come to the aid of the National Church in Poland and provide books of rituals. At the advice of the First Bishop, it was decided to send to Poland new missals and to appeal to the faithful for contributions for this purpose. The advice was accepted on a motion by Bishop Grochowski, seconded by Father Senior Siemiętkowski. The Scranton parish will ship a missal for the parish in Cracow and Bishop Jasiński declared one missal and one ritual for the Warsaw parish. The bishops will remind the pastors in their dioceses to each purchase a new missal and ritual for himself, the parish and the organist in his parish.

Next the matter of the United Societies for the Adoration of the Most Blessed Sacrament, the Polish Girls and the Resurrection was discussed. The First Bishop explained the value of the United Adoration Societies and underscored the convention that was held in March in which representatives took part not only from the Scranton diocese but also Buffalo-Pittsburgh Diocese, the Eastern Diocese, and the Carnegie Seniorate. He reminded about the convention of the Young Men's Society of Resurrection that is to be held in Philadelphia in May and he asked to watch over these societies at this time because as a result of the unemployment our youth societies have weakened.

The Mission of the Church in Poland

The First Bishop spoke about the difficulties under which the Church in Poland is developing. The National Church in Poland presently numbers 54 parishes and about 73,000 faithful. He presented the request of Bishop Padewski for one-time financial assistance in addition to that which is regular and the matter of a petition to the government in Warsaw. The Central Diocese has to this time gathered twenty thousand signatures, the Eastern Diocese 5,400, and the Western and Buffalo-Pittsburgh Dioceses are still continuing to gather them and will finish in a short time. It was resolved on a motion by Bishop Jasiński, seconded by Father Senior Sołtysiak, to save the Church in Poland with financial aid and the sending of the petition to the Polish government with the request for legalization of the National Church.[13]

With this, the first session was adjourned at 1:30 o'clock. After a simple meal, discussions resumed at 2:30.

The report of the Financial Secretary from January 1937 to September 1.

Diocese		Seminary Students	Home for The Aged	Total
Central	$1,834.45	$218.60	$160.35	$2,213.40
Western	1,292.24		72.27	1,364.51
Buffalo-Pittsburgh	495.55	249.92	7.66	753.13
Eastern	558.11	235.16	102.11	895.38
Totals	$4,180.35	$703.68	$342.39	$5,226.42

The first subject of the afternoon session was the Convention of the Interorganizational Council. Bishop Franciszek Hodur presented the matter and after the members of the Council

[13] The Polish National Catholic Church in Poland was never recognized by the interwar Polish government as an institution existing under the law.

expressed themselves it was resolved to participate in the Convention but to not enter the directorate. Representing the National Church camp at the Convention will be: Bishop Leon Grochowski – the clergy of the National Church, Bishop Coadjutor Jan Misiaszek – the Seminary, Mr. Bronisław Wysocki – the Polish National Union, Mr. Jan Mikuta – the youth, Emilia Sznyter – the United Societies for the Adoration of the Most Blessed Sacrament, and Stanisław Staruszkiewicz – the *Straż* newspaper. By motion of Father Senior Sołtysiak, seconded by Father Senior Szufladowicz, the recommendations of the First Bishop, by which the representatives of the National Church are to conduct themselves, were accepted.

Shortcomings in the Church were turned to next, the matters of Father Kula and Father Pękala. After reviewing this matter, it was resolved to leave the judgment and decision to the First Bishop, upon whom the administration of the whole Church relies. It was resolved to avoid in the future the administration of priestly ordination to candidates who are not adequately prepared since premature ordinations cause many troubles and multiply the cares of the Church.

Church in Brazil

Father Osetek came to the United States at the beginning of the month [April] by the Japanese Ocean Lines to Los Angeles and from there through Chicago to Scranton. He presented to Bishop Franciszek Hodur and the Council of the National Church the following texts:

> To the Most Reverend Father Franciszek Hodur, First Bishop of the Polish National Catholic Church in America and the Church Council:
>
> A Request

The undersigned affirms that I have been lawfully delegated with plenipotentiary rights by the priests and people assembled at Polish parishes in Brazil in South America as follows:

Most Holy Virgin Mary Parish in Irata, numbering 75 Polish families plus 300 Brazilian families. The parish owns its own lot (40x56 square meters), its own church and rectory. The leader of the parish is Father Michał Osetek, presently substituted by Father Doctor Józef Adamczewski.

Holy Cross Parish in Ponta-Grossa, numbering 122 Polish families and about 200 Brazilian. It owns its own brick church. The leader of the parish is Father Bogdan Kalinowicz.

The parish in Curitiba, in the capital of Parana state, numbering 87 Polish families, owns its own church. The leader of the parish is Father Doctor Józef Adamczewski.

The parish in Flores, Rio Grande de Sul state, numbering 150 Polish families, owns its own church, rectory and parish school. The leader of this parish is Father Marcin Kuszel.

The parish in Ivaho, numbering 300 Polish families, grouped in eight colonies, owns its own church and chapel. It does not have a leader.

In the name of the priests and people, of whom I am the lawful representative, I affirm and swear that after granting us jurisdiction by the First Bishop for the Polish Church in Brazil, all the laws, regulations of the Polish National Catholic Church will be strictly observed and will constitute the norms of the life and development of the parishes already existing and those which will arise in the future.

In accordance with the authentic facts briefly presented, we request the First Bishop and the Church Council to take under consideration our request and to accept us into the ranks of the Polish National Catholic Church, and we request the appointment of a leader from North America who will administer the matters of the developing Church in Brazil.

Father Michał Osetek

This request was presented to the Council by Bishop Franciszek Hodur. After a discussion, on a motion by Bishop Grochowski, seconded by Bishop Jasiński, the request was accepted accordingly and all the above parishes together with their pastors were accepted into unity with the National Church.

At the conclusion, the First Bishop again asked for help for *Rola Boża*, Spójnia and the publications, and to remember all of our issues, which those present accepted and promised cooperation and help, after which the First Bishop ended this important meeting with a prayer.

Manuscript and *Rola Boża*, 1938, pp. 127-128

Report of the Extraordinary Meeting of the Council of the National Church held October 4, 1938

Present were: Bishop Franciszek Hodur, Bishop Józef Leśniak and Bishop Coadjutor Jan Misiaszek. Seniors: Józef L. Zawistowski, Rene Zawistowski, Stanisław Szufladowicz, Leopold Dabrowski, Józef Sołtysiak, and Walenty Januszewski. Pastors: Tadeusz Zieliński, Józef Kardaś, Jan Panfil, Józef Hornik, Bronisław Krupski, Andrzej Tolcz, and Teofil Czarkowski.

The First Bishop convened the meeting at ten o'clock with a prayer and then presided at the meeting during which:

1. The following five points presented by the First Bishop were accepted unanimously, having as their goal the observance of the thirtieth anniversary of the Polish National Union by:

a. erecting a chapel for the Home for the Aged and Infirm in Waymart, Pa., an institution called into existence and maintained by the efforts of Spójnia, because the National Church gives a relatively small portion to cover the budget;

b. remodeling the main building of the Home for the Aged and Infirm and providing better appointments for the library for the aged men and women;

c. gaining still in this year as many members as possible for the Polish National Union;

d. designating jubilee stipends for youth educating themselves in higher schools of learning; and

e. publishing the *Fourth Reader* for the day and supplementary schools existing within the compass of the Polish National Catholic Church and the Polish National Union.[14]

On a motion by Father Senior Rene Zawistowski, seconded by Father Jan Wróblewski, it was resolved to suggest to the Home for the Aged Committee the thought of printing receipt books and souvenir pictures for donations for the Home for the Aged chapel, and to endeavor to help fulfill these points by all means and measures.

2. It was resolved to have the 1939 Reunion of Scrantonians simultaneously be a convention of priests of the Polish National Catholic Church so that those who have come from Scranton should have the opportunity to requite the First Church[15] and thereby contribute to a more impressive manifestation by the faithful of the National Church in Scranton, Pa. Father Senior Leopold Dąbrowski, seconded by Father Józef Kardaś, so moved. A committee was chosen to direct the preparation of the Reunion, to wit: Bishop Coadjutor Jan Misiaszek, chair; Father Senior Stanisław Szufladowicz, vice-chair; Father Józef Kardaś, recording secretary; Father Tadeusz Zieliński, treasurer; and also Father Senior Józef L. Zawistowski, Father Senior Rene Zawistowski, Father Jan Wróblewski, and Father Bronisław Krupski.

3. Publish for the Reunion the work *Prace i Pisma Księdza Biskupa Franciszka Hodura* [The Works and Writings of Bishop Francis Hodur].[16] The editorial staff is comprised of: Father

---

[14] Over a period of years, the Polish National Catholic Church published a number of Polish language primers, a geography book and a series of four readers. At a later time, a small Polish-English dictionary was added. For a study, see: Eva Hauser, "Polish National Catholic Church Primers and Readers," *PNCC Studies*. vol. 6 (1985), pp. 67-83.

[15] St. Stanislaus Bishop and Martyr Cathedral Parish.

[16] Volume One was published in 1939. Volume Two was not published until 1986. The English translation of both volumes was published in 1984. The original concept was to have a series of books under the general title of "The Works and Writings" to reproduce significant older documents and

Senior Józef L. Zawistowski and Father Stansiław Mołoń. The publishing committee: Father Senior Stanisław Szufladowicz, Father Marian Dymsza, Bishop Jan Misiaszek, and Mr. Bronisław Wysocki.

4. Support the great celebration of the Twentieth Anniversary of the Independence of Poland in New York, in which First Bishop Franciszek Hodur will participate.

5. Many other matters concerning the Church and our organizations were discussed having as their goal more energetic work in the parishes, among the Polish people, and also to deal with complaints. Among others, it was resolved to come to the aid of Bishop Leśniak under the difficult situation of the National Catholic parish in Springfield by transferring the pastors of Albany and Springfield.

The meeting was concluded at eight o'clock with a prayer by the First Bishop and those assembled.

Report of the Meeting of the Council of the Polish National Catholic Church which was held November 16, 1938, in Scranton, Pa.

Present at the meeting were Bishops: Father Bishop Franciszek Hodur, Leon Grochowski and Jan Misiaszek; Father Seniors: Józef L. Zawistowski, Stanisław Szufladowicz, and Teofil Czarkowski; and of the lay members of the Council: Bronisław Wysocki, Władysław Proń and Józef Roman. Present as guests were pastors: Augustyn Krauze, Marian Czerny, Andrzej Bogdanowicz, Piotr Gwozdecki, Marcin Dymsza, Józef Kardaś, and Tadeusz Zieliński. After a prayer by the First Bishop, the secretary read the minutes, which were accepted as read on a

---

publications of the Polish National Catholic Church and eventually new works. In the context of World War II, the project was suspended.

motion by Bishop Grochowski, seconded by Father Senior Józef L. Zawistowski.

From among the items in the minutes the matter of publications was reviewed, therefore the missals, of which seventy have been sold to this time, 95 rituals, and 2,942 copies of the Constitution. It was resolved to continue to promote and to the degree possible to sell them. Bishop Jasiński promised to purchase a missal for Warsaw.

On the issue of the mission of the Church in Poland, the First Bishop gave a report that on June 6, 1938, our representatives, that is, Bishop Jasiński, Padewski and Kinowski, plus Mrs. Szeleścina of Warsaw, presented to the Polish government in Warsaw the petition of the faithful of the National Church of America and Poland, numbering 52 thousand, but to this time the Church has no answer, instead we have learned from the official government journal that the faithful of the National Church are to resign from the Roman Church because otherwise they are regarded as members of the Roman Church. There is however one great hindrance, namely that each person leaving the Roman Church and joining the National Church must pay a five złotys and 75 groszy [cents] fee, which in our impoverished conditions in Poland is very inconvenient. Bishop Hodur advised getting an official reply from the Polish government for after all the faithful of the National Church are not criminals but citizens with all rights. We here in America are members of the Polish American Council.[17] The advice was accepted. Father Senior Józef L. Zawistowski moved to approach Ambassador Potocki and the World Union of Poles Abroad.

After the presentation to the Council of the matter of Father Piekarz, Bishop Grochowski spoke and advised defending Father Piekarz and to send him to Bishop Padewski for protection.

---

[17] A forerunner of the Polish American Congress which was organized in 1944.

Next, the matter of the National Church in Brazil was considered, and after hearing pro and con, the First Bishop spoke and advised to suspend the matter of the Church in Brazil for the time being due to great the difficulties until the issue becomes clearer. The desire of Father Józef Adamczewski to leave the Church in Brazil was treated likewise.

The First Bishop presented the project of the reunion of Scrantonians in July, that the agenda is only in the state of being prepared. One of the plans is the desire to build a chapel on Spójnia Farm next to the Home for the Aged. After listening to the presentation of the matter by the First Bishop, Bishop Grochowski moved, seconded by Mr. Wysocki, to confirm this project and to begin to make efforts in this regard, and among others to proceed to build the chapel.

As to finances, the First Bishop advised establishing a budget and that we should try to make regular partial payments to the Church treasury. Bishop Grochowski moved to have the budget reviewed so as to be fulfillable because as it is at present, it is impossible to fulfill by the individual dioceses. Władysław Proń seconded the motion. At the next meeting, an improved budget will be set.

The First Bishop mentioned and appealed that when the bishops send candidates to the seminary of the Polish National Catholic Church they should also accept financial responsibility for them, so that the entire burden should not fall on Scranton.

The First Bishop presented the matter of the World's Fair, which will take place in New York. Taking part in this World's Fair, among other nations, Poland will also take part, building its own pavilion, and the Emigration, as a part of the Polish nation, should support the efforts of Poland and with a suitable appearance document not only its cultural bonds to the Motherland but also its vitality on American soil. He sees then the need to organize a Committee which in the name of the National Church, Spójnia and our organizations will perform and cooperate with the All-Polish

American Committee. On the motion of Bishop Grochowski, seconded by Father Senior Rene Zawistowski, it was resolved to call such a Committee to action and to begin to work.

Before the conclusion, the First Bishop underscored that it would be useful to send a priest to Poland to assist Bishop Padewski in his work and if among those present there is a candidate, to please inform him by letter.

Next the First Bishop thanked the assembled members, encouraging them to not be discouraged by difficulties but to believe that God, Jesus Christ, will care for our cause and will give us a way out of this difficult situation. He closed the meeting of the Council of the Polish National Catholic Church at eleven in the evening with a prayer.

Report from the Meeting of the Council of the Polish National Catholic Church held March 6, 1939

On the above date, First Bishop Franciszek Hodur convened the meeting of the Council of the Polish National Catholic Church at ten o'clock with a prayer in the presence of the following members: Bishops: Grochowski, Jasiński and the undersigned [Misiaszek]; Seniors: Rene Zawistowski, Józef L. Zawistowski, Szufladowicz, Siemiętkowski, Professor Teofil Czarkowski, and lay members Bronisław Wysocki, Józef Roman and Władysław Proń, plus guests: Pastors: Józef Kardaś, Tadeusz Zieliński, Andrzej Bogdanowicz, and Jan Gogolski. After saying the prayer, the First Bishop called upon the secretary to read the minutes of the previous meeting, which were accepted as read on a motion by Bishop Grochowski, seconded by Father Senior Józef L. Zawistowski.

Items from the minutes

Citizen Bronisław Wysocki gave a report on the publications of the Church, namely: 79 missals, 102 rituals, and 2,999 copies of the constitution were distributed. Upon the advice of the First Bishop, it was decided to provide new missals, rituals and constitutions to the parishes and the pastors on easy payment and these will regulate their accounts according to their ability.

The need for copies of the constitution in the English language was presented by Bishop Grochowski, which Bishop Jasiński resolved to prepare and publish at his own cost within the next three weeks after confirmation by the First Bishop. Bishop Jasiński's proposal was accepted with thanks.

Mission in Poland

Bishop Hodur spoke and presented the variety of difficulties, that among others they are presenting supposedly new impediments, namely: a lack of a standing statute – which is not true because the Polish National Catholic Church was promised that it will be recognized and legalized by a Presidential decree, and again that the Church will be legalized after the passing of such or other laws. Problems are made for the faithful of the Polish National Catholic Church who resigned from the Roman Church because for each resignation the subprefects charge 4, 5, 6, and even 11 złotys, which makes the resignation difficult for the poor faithful. All this is done deliberately to weaken our Church and in Poland we do not have enough strength to oppose all this and there is no one to turn to; therefore, the First Bishop said, we should take the last step and fundamentally examine the conditions in Poland, and send one of the bishops or someone of the priests. He opened the discussion and, after this, Bishop Jasiński made a motion to that Bishop Grochowski, who already understands the conditions in Poland, should go to Poland in the name of the Polish

National Catholic Church in America and the First Bishop, and after an examination give a report to the First Bishop; the motion was seconded by citizen Władysław Proń.

On the matter of purchasing a building in Warsaw for the Warsaw parish, the First Bishop asked Bishop Grochowski to look into the matter on site, but he was of the opinion that we should not sink the people's hard-earned money into uncertain things and for only one parish because this would be very harmful to the Church.

It was resolved to consider the Brazilian matter as finished since we do not have enough strength to scatter it in all directions. We must be vigilant, work and exert all our strength so as not to lose that which we have, the First Bishop said. On a motion by Father Senior Szufladowicz, seconded by citizen Wysocki, the advice of the First Bishop was accepted unanimously.

Mariavites[18]

The Mariavites have turned to Utrecht for acceptance and from the Union of Utrecht they have asked the First Bishop for his view and opinion. The matter of the Mariavites is an ugly matter, the struggle that is taking place in the Mariavite camp between Feldman and Kowalski speaks for itself, therefore on a motion it was resolved not to get involved. The First Bishop will reply by mail to the leaders in Utrecht.

---

[18] The Mariavite [*Maria Vita* – Mary Life] Church began as a religious movement in the Roman Catholic Church in partitioned Poland under the leadership of a nun, Feliksa Magdalena Kozłowska (1862-1921), known as Mother Maria Franciszka, first among women in 1887 and later among diocesan priests in 1893. In 1904, Church leaders attempted to dissolve the association and then, in 1906, excommunicated her and the leader of the priests, Father Jan Michał Kowalski (1871-1942). By 1907, the Catholic Church of the Mariavites began to function as an independent denomination. Father Kowalski was consecrated a bishop in 1909 by the Old Catholic Archbishop of Utrecht.

Seminary

The First Bishop appealed for help and cooperation to all the bishops and seniors, and advised to speak at least twice a year in the churches about contributions for Church purposes in general and for the Seminary in particular since we still have a serious debt on the Seminary. Now those who loaned money are now demanding payment. The bishops and seniors promised help.

Synod

The First Bishop sees the need for a provincial synod since many issues have accumulated. The synod is a body which examines what is weak, it is an invigorating factor, and it is possible to see in certain corners of our Church dormancy, sluggishness. Because the synod is an important, holy activity, therefore the priests and laity must prepare themselves appropriately for this synod. At the appropriate time the First Bishop will summon the Council and arrange the matter of the synod.

Rola Boża

Rola Boża is not enjoying recognition among the priests of the National Church, nor even the bishops, although the Special General Synod in Chicago resolved that the priests in every parish should select and establish agents for *Rola Boża* whose purpose would be to work for *Rola Boża.*

Conclusion

The First Bishop closed the meeting of the Council of the Polish National Catholic Church at eight in the evening thanking all for coming, requesting the bishops, seniors and pastors to carry out all our matters, and he warmly pleaded to God in prayer for grace, blessing and the strength we need, for care over the Church of the Polish people in America and in the fatherland beyond the sea in Poland.

Report of the Meeting of the Polish National Church Council Which was Held January 16, 1940, in the Diocesan Office

On January 16 of this year, First Bishop Franciszek Hodur opened the meeting of the Council of the Polish National Catholic Church at seven in the evening with a prayer. Taking part in the meeting were: Father Seniors: Stanisław Szufladowicz, Józef L. Zawistowski, Rene Zawistowski, Franciszek Siemiętkowski, Teofil Czarkowski; Pastors: Tadeusz Zieliński, Józef Kardaś, Jan Zięba; lay members of the Council: Messrs. Bronisław Wysocki, Józef Roman and Władysław Proń. At the opening of the meeting, the First Bishop in a few words presented the purpose of the meeting as follows: we must review the work accomplished, our relationship with the Polish American Council in New York, and what we now have to accomplish from our program. After these remarks, he asked the secretary of the Council to read the minutes of the last meeting, which minutes were accepted as read on a motion by Władysław Proń, seconded by Józef Roman.

Publications

Eighty-five missals have been sold. The printing of the missals cost $6,906.80, of which $3,287.50 has been paid, leaving $3,518.30 to be settled. The First Bishop advised that every priest should purchase a missal for his own. Each priest should have as his own three things: a missal, a chalice and a ritual. He advised to send again letters to all the priests and to place articles in *Straż* and *Rola Boża*. Józef Roman made a motion to accept the Bishop's counsel and proceed in its concept, seconded by Father

Professor Teofil Czarkowski. The same applies to the rituals, of which 116 copies have been sold so far.

The printing of the constitution in the English language has not been accomplished because the translation from the Polish is not complete and important fundamental matters from the Constitution of the National Church have not been taken into consideration. As the Synods accepted the Constitutions, so must they must be translated into the English language in order to be a faithful reflection of the laws of the National Church. It therefore must be printed in whole. Bishop Jasiński will take the translation unto consideration once more, and then it can be given to press.

Mission

The First Bishop brought up the matter and presented to the assembled that today we can say nothing beyond that Bishop Padewski is living in Cracow and can hold services, and that he is getting help from Szczepanik as to this time. Five hundred dollars were sent through the State Department but we do not have any news as yet. In 1939 we paid Szczepanik $2,450.00 and we still owe $550.00 for the past year. As to the mission, the First Bishop cannot say anything more for the time being, but at the moment when he will have concrete information, he will assemble the Council for joint discussions.

Budget

After reviewing and reconciling the budget for the past year, it was resolved, on a motion by Father Professor Czarkowski, seconded by Father Senior Siemiętkowski, to keep the same budget, but to try through letters sent to parishes in the Central Diocese and letters to the bishops to remind about arrears from the past year and to collect the same, and in the current year to request that the pastors and parish committees should observe that the funds for the general purposes of the Church should be sent to Scranton each quarter.

The budget is presented in the following distribution:

Central Diocese	$3,000.00
Western Diocese	1,800.00
Buffalo-Pittsburgh Diocese	1,600.00
Eastern Diocese	1,600.00
Total	$8,000.00

Administrative Matters

Recently the First Bishop received letters with threats from priests. This is a bad sign, and he asked two such letters from Fathers Jabłoński and Przyjemski to be read. The First Bishop assigned Father Seniors Szufladowicz and Rene Zawistowski to speak with these priests and both are to apologize to the Bishop.

To develop permanent assistance for priests who may need it, the First Bishop appointed Fathers Józef Kardaś, Tadeusz Zieliński and Mr. Władysław Proń to develop a type of insurance.

Aid to Poland, Her Suffering People

We obtained from Washington Permit 1. Up to this time 47 Polish National Committees have arisen, which should now be active and these committees should send gathered money as well as clothing to Scranton, Pa. Up to this time, Chicago and Buffalo have sent nothing. The First Bishop requested the Father Seniors to see to it to the matter of aid in their districts.

General Józef Haller is to be in Wilkes-Barre, Pa., on January 21. The First Bishop presented to the assembled that it would be desirable to greet in Wilkes-Barre the representative of the Polish Government in France in the name of the National Church, to welcome him and if possible to give from the money collected $500.00 for the Fund of National Defense. The assembled agreed unanimously. The First Bishop named a Committee which will represent the National Church and its organizations, namely: Bishop Jan Misiaszek, Father Senior Szufladowicz, Wysocki, Proń and Mikuta.

General Synod

The First Bishop presented the matter of the General Synod, which is to be held in 1941 and presented its importance, justifying the changes which are occurring and the needs which result from these changes. The assembled unanimously agreed with the reasoning of the First Bishop and on a motion by Father Senior Józef L. Zawistowski, seconded by Father Tadeusz Zieliński, accepted the counsel of the Bishop to call a meeting of the full Council in a month and discuss the synod more fully.

At 11:45 at night, with a prayer and sincere words of thanks, the First Bishop closed the meeting of the Council.

Report from the Meeting of the Council of the Polish National Catholic Church which was held April 26, 1940

First Bishop Franciszek Hodur opened at four o'clock the meeting of the Council of the Polish National Catholic Church with a prayer in the presence of: Bishops: Grochowski and Leśniak plus the undersigned [Misiaszek]; Seniors: Józef L. Zawistowski, Stanisław Szufladowicz, Sołtysiak, and laity: Wysocki and Proń.

The secretary read the minutes which were accepted as read. The issues were then proceeded to, namely budget matters. On a motion by Father Senior Sołtysiak, seconded by Bishop Grochowski, quotas were resolved for the dioceses to pay to the Church funds so as to make direction of the Church possible for the First Bishop. The budget remains:

Central Diocese	$3,000.00
Western Diocese	1,800.00
Buffalo-Pittsburgh Diocese	1,600.00
Eastern Diocese	1,600.00
Total	$8,000.00

Representatives of the Central Board of the Polish Girls Society came to the meeting of the Council of the Polish National Catholic Church to invite the bishops as well as the pastors to the Convention which will be held April 23. They requested encouragement of female youth to belong to the Topical Societies of Polish Girls.

Mission in Poland

The First Bishop spoke on the matter of the mission in Poland, clearly presenting the current difficulties of the Church, but we must do whatever is possible to accomplish, therefore we should favorably dispose the Polish government presently residing in France. In its composition we have three persons friendly to the National Church, namely: Kot, Stańczyk and Nowakowski.[19] To this end, the First Bishop will consider a memorial to the Polish government which would point out the 43 year work of the National Church and also give a short history of the National Church.

A District of the Polish American Council and the Polonia Council

It was resolved to organize a District of the Polish American Council in cooperation with the Polish American Council in

[19] All three served in various capacities in the Polish Government-in-Exile in London. Professor Stanisław Kot, Minister of Internal Affairs, later served as Ambassador to Moscow; Jan Stańczyk, a Socialist, later served as Minister of Labor and Social Welfare in the Provisional Government of National Unity.

Chicago, but the relinquishing of Permit No. 1 will occur only upon making sure that no injury will happen to the National Church or to its organizations.

School Exhibition

The Chairman of the Friends of the Polish National School Society, Mr. Bronisław Wysocki, provided for public information that beginning May 19 a school exhibition will be held all week, that is, the showing of the work of the Day School students in Scranton and the supplementary schools of the Central Diocese. The First Bishop underscored the importance of the school and the meaning of the exhibition, and he invited and encouraged cooperation.

With prayer, the First Bishop concluded the meeting of the Council of the Polish National Catholic Church at 6:30 o'clock, inviting everyone to a meeting in the Polish Forum at 7:30 in the evening on the matter of the Polish American Council.

Report of the Meeting of the Council of the Polish National Catholic Church held August 6, 1940

On August 6, 1940, a meeting of the Council of the Polish National Catholic Church in America was held. Bishop Franciszek Hodur opened the meeting at 7:30 in the evening with the participation of the following: Father Seniors: Rene Zawistowski, Stanisław Szufladowicz, Father Professor Czarkowski, and Fathers: Józef Kardaś and J. Panfil, plus laity Bronisław Wysocki, Władysław Proń and Józef Roman, and the undersigned [Misiaszek].

After a prayer by First Bishop Franciszek Hodur, the secretary read the minutes of the last meeting, which were accepted as read. Next Mr. Bronisław Wysocki, the diocesan treasurer, gave a report of the income and expenses of the Church funds. From the report it appears that significant sums remain owed to the Church fund, because a total of $4,447.76. He was asked to send letters to the bishops with a request to have the arrears collected and sent to Scranton as soon as possible. The treasurer's report was accepted on a motion by Father Senior Rene Zawistowski, seconded by Władysław Proń.

Mission in Poland

The First Bishop reported. Although we have little news, the mission continues to be conducted. We send $250.00 monthly to Mr. Szczepanik of Chicago according to the agreement with Bishop Padewski and Szczepanik. From the Aid Fund we have drawn $500.00 because Bishop Padewski reports that he is helping thirty priests and poorer parishioners. The matter of the mission was accepted as information and it was resolved to help Bishop Padewski in Poland through Mr. Szczepanik as long as possible.

District 26 of the Polish American Council

Our Church and the Polish National Union obtained Number 26 of the Polish American Council. For the benefit of the Polish cause and for the good of the National Church and the Polish National Union it is necessary for us all to unite in the humanitarian work. On the basis of the Council statute, a district may be composed of ten parishes or Polish National Union locals. The parishes in the Mohawk Valley will join District 26, that is, Scranton, Pa. Alternatively, districts will form in Springfield for New England, in Buffalo and Carnegie-Pittsburgh, and for certain in Chicago. Beginning August 15, District 26 will collect funds and send them to the Polish American Council in Chicago. The program was accepted on a motion by Father Senior Szufladowicz, seconded by Bronisław Wysocki.

Seminary

The First Bishop underscored that we must take action to obtain suitable youth as candidates for the priesthood. Equally, there will be new expenses, therefore it will be necessary to purchase certain things for the Seminary. Regular expenses in maintaining the Seminary: expenses only for the professors and help amount to $155.00. On average, we need about $300.00 monthly. The assembled listened to the matter of the Seminary as presented and promised all possible help with supporting our only existing higher institution of learning which is necessary and indispensable for maintaining the National Church and its mission.

Father Starorypiński's Charges

Father Starorypiński has taken charges to court by a lawyer in which he demands $52.00 damages from the National Church and Bishop Coadjutor Misiaszek for breach of contract, for defamation and injury to his good name and character by placing him in the Mission Home. After a longer discussion, it was resolved on a motion by Father Panfil, seconded by Władysław Proń, to try to insure the fate of priests in old age or in case of illness or inability to work. The First Bishop suggested that Bishop Grochowski is settling this matter by means of a certain percent given by the parish and the pastor, and in this way is creating a fund for priests. We could adapt this first, or build or purchase a home for priests unable to work, or create a fund from donations from priests. He counseled to discuss this matter after two months. On a motion, this was accepted and it was resolved to proceed with this idea.

Youth Track Meet

The First Bishop invited the priests to extend all help to the youth so that the Youth Track Meet should succeed as well as possible and he invited everyone to joint participation in the Track

Meet Mass and to encourage properly prepared youth to come to Scranton, Pa.[20]

Ameryka-Echo and Its Relationship with the Church

The Bishop was visited by Tadeusz Paryski,[21] the publisher of *Ameryka-Echo*, and Leon Segat, who demanded satisfaction from Bishop Hodur and the National Church because Father Panfil in Syracuse, N.Y., threatened an *Ameryka-Echo* agent, called the police and allegedly told the police charging *Ameryka-Echo* with being a subversive, communist newspaper. After investigating the matter, it emerged that Father Panfil did not make charges to the police but only threatened the agent who without permission entered the vestibule of the church to sell the newspaper in which were printed articles by dissatisfied people who had been expelled from the parish committee after proving that they were dishonest, and which persons *Ameryka-Echo* defended. The publishers of *Ameryka-Echo* announced that they will revise their relationship with the National Church. This revision can take two forms, that is: that it will never praise the National Church and a National priest, or it will conduct itself inimically and critically towards the National Church and the National priest. The position of the National Church is this: that it never calls for the aid of the police but within the framework of the law defends itself and pacifies assailants, and in like manner Father Panfil in Syracuse proceeded

---

[20] The Young Men's Society of Resurrection sponsors a Youth Track and Field Meet on Labor Day at the YMSofR Park in Scranton.

[21] Tadeusz Paryski was the son and heir of Antoni A. Paryski, the founder of *Ameryka-Echo* [America-Echo], which had been the largest and most popular independent Polish American newspaper and publisher. For many years before the death of Antoni Paryski, *Ameryka-Echo* had been a major supporter of the Polish National Catholic Church. For an introduction to the relationship between *Ameryka-Echo* and the PNC Church, see: Theodore L. Zawistowski, "*Ameryka-Echo* as a Source for Polish National Catholic Church History: First Impressions," *PNCC Studies*, Volume 16 (1995), pp. 61-72.

and he will hold to this. On a motion by Father Senior Szufladowicz, seconded by Mr. Józef Roman, the advice of the Bishop was accepted.

After exhausting the issues, the First Bishop turned to all present to help in accomplishing in this time the work written in the program of the National Church, and then the First Bishop concluded the meeting giving the National Church, its clergy and organizations into the care of God, praying for the necessary strength to realize the great task which the Providence of God has placed in our hands. The meeting ended at 11:30 in the evening.

Report of the Meeting of the Supreme Council of the Polish National Catholic Church which was held June 17, 1941

Taking part in the meeting were: Bishops: Franciszek Hodur, Leon Grochowski, Jan Jasiński, Józef Leśniak, and Jan Misiaszek; Father Seniors: Stanisław Szufladowicz, Rene Zawistowski, Józef L. Zawistowski, Antoni Wojtkowiak, Michał Zawadzki, Professor Teofil Czarkowski; lay members of the Council: Bronisław Wysocki, Józef Roman and Władysław Proń. Guests: Fathers: Jan Wróblewski, Tadeusz Zieliński, Andrzej Tolcz, Piotr Gwozdecki, Feliks Rękas, and Eugeniusz Magyar.

First Bishop Franciszek Hodur opened the meeting of the Council of the Polish National Catholic Church with a prayer and called upon the secretary to read the minutes, which were accepted as read on a motion by Władysław Proń, seconded by Bishop Jasiński.

Mission in Poland

Bishop Hodur informed that Bishop Padewski is still in Poland, that the conditions are unclear and uncertain as pertains to the National Church. He continues to be aided by the Mission Fund of the National Church. From the letter of Bishop Padewski it appears that the occupying government has threatened that if the National Church does not obtain legalization, then on May 1 it must be dissolved, because all unrecognized religious unions must be dissolved. It the section included in the Reich, the churches in Toruń, Bydgoszcz and Grudziądz have ceased to exist. Bishop Padewski is preparing the Council of the Church in Poland to function in case of his departure. Father Roman Jasiński still remains in Switzerland; we are doing everything to rescue him. The First Bishop closed the matter of the mission after the discussion.

Polish American Council

The First Bishop communicated the following words regarding the Polish American Council: In the Polish American Council we have four districts of the National Church and the Polish National Union. In addition to the representative of the National Church and the Polish National Union, taking part in the annual convention in Washington were: Bishop Coadjutor Misiaszek, Bishop Leśniak, Kochan, Mikuta, Staruszkiewicz, Sznyter, Father Gogul, Father Senior Siemiętkowski and Kapałka. For the representatives of our organization, with the permission of Bishop Franciszek Hodur a service was held for the intention of Poland and America in the Chapel of Saints Peter and Paul on St. Albans Hill[22] and our representatives also took part in the service prepared by the Episcopal Church in Washington. These gatherings as well as the participation of Bishop Jasinski in the Ecumenical Conference in Toronto, the Convention of the Resurrection Youth of the National Church in New York in which Consul Krasicki took part, the friendliness of Sikorski, Mikołajczyk[23] – all these

---

[22] Site of the National Cathedral, Episcopal.

[23] General Władysław Sikorski (1881-1943) served as Commander-in-Chief of the Polish military forces – which re-formed in France after the fall of Poland

matters can contribute to the development of broader activity of the National Church and the support of its ideal at the appropriate moment. However, our most important task today, the First Bishop concluded, is the education of appropriate legions of priests of the National Church. Father Senior Szufladowicz made a motion, seconded by Bishop Jasiński, to accept the above and to continue to hold to the program outlined by the First Bishop.

The first session ended at one in the afternoon.

PNCC Synod

The First Bishop explained the matter of the General Synod falling in this year. In consideration of the present war, the First Bishop claimed that we would not be able to clearly define laws for the National Church in Poland; then, the conditions in America are abnormal. The First Bishop is concerned if we can gather for a week appropriate representation of the National Church to a Synod, because it would not be good if only priests, women and the elderly would take part in the Synod. In light of this, the First Bishop regards that the Synod should be postponed to next year. The bishops and present members of the Council spoke on this matter and shared the opinion of the First Bishop. Therefore it was resolved to postpone the Synod to an appropriate time, on a motion by Bishop Grochowski, seconded by Father Senior Józef L. Zawistowski.

The matter of missionaries was discussed from all angles and in the end it was left to the First Bishop what and how much can be done. The First Bishop will write letters to the priests.

The report of the Treasurer from January 1, 1941, to June 17, 1941:

---

and then in Great Britain after the fall of France at the beginning of World War II – and as Premier of the Polish Government-in-Exile. He was succeeded by Stanisław Mikołajczyk (1901-1967).

	Seminary Fund	Mission	Diocesan
From 1940	$ 38.39	$ 35.77	$ 883.85
Received	2,386.84	744.85	225.20
Totals	$2,425.23	$ 780.62	$1,109.05
Expenditures	$2,014.14	$ 506.66	$634.40
Remaining	$ 411.09	$ 273.96	$474.65

Bishop Leśniak made a motion to accept the Treasurer's report, seconded by Father Senior Michał Zawadzki.

The dioceses made the following payments:

Central	$1,203.70	will pay by the end of the year	$1,396.30
Eastern	634.41	"	964.59
Buffalo-Pittsburgh	565.61	"	834.39
Western	700.62	"	899.38

Administrative Matters

There are many problems in the Church because we often must ordain unprepared candidates quickly, that we have a limited choice of candidates for the spiritual state, and therefore the Bishop requested:

1. to not organize new parishes if there are no appropriate priests;

2. to not accept older candidates to the Seminary.

The First Bishop with the agreement of the bishops ordered the following changes: Father Andrzej Tolcz to McAdoo, Pa., and Father Niemiec to Homestead, Pa.; Father S. Bilik to East Meadow [L. I.], Father Awczis to Wilkes-Barre, Pa., and Father Feliks Rękas to Youngstown, Ohio.

The following volunteered to prepare papers for the Synod: Father Senior Sołtysiak, Father Jakobsche, Father Bryśkiewicz, Father Senior Wojtkowiak, Father Mrozek, Father Senior Siemiątkowski, and Ostrowski from the Central Diocese. The First Bishop will consult with the priests and select those appropriate.

With sincere fatherly words and a prayer, the First Bishop concluded the meeting of the Council of the Polish National Catholic Church asking God's grace for the Church in America and Poland.

Report of the Meeting of the Council of the Polish National Catholic Church held October 13, 1941

First Bishop Franciszek Hodur opened the meeting at 7:30 in the evening in the presence of the following members of the Council: Bishops: Grochowski, Jasiński, Leśniak, and Misiaszek; Father Seniors: Stanisław Szufladowicz, Rene Zawistowski, Józef L. Zawistowski, Józef Sołtysiak, Franciszek Siemiętkowski, Wojtkowiak, and Dąbrowski; Fathers: Professor Czarkowski, Zieliński, Świątek, Wiśniewski, Ząbek, Gwozdecki, Maul; and lay members of the Council: Władysław Proń and Józef Roman. Citizen Bronisław Wysocki was not present due to illness.

After the First Bishop's prayer, the secretary read the report, which was accepted on a motion by Bishop Grochowski, seconded by Father Senior Sołtysiak.

PNCC Mission in Poland

First Bishop Franciszek Hodur reported and announced that the German government changed the name of the Church in Poland, calling it the Old Catholic Church, independent from abroad, or in other words the German government detached the National Church in Poland from the National Church in America. Bishop Padewski wrote that twelve paragraphs oblige the Church in Poland on the basis of directives of the German government, but he did not send these twelve paragraphs to Scranton. To this time, the National Church in America was sending 150 dollars in aid to the Church in

Poland through Szczepanik. The First Bishop opened the matter for discussion and after thorough discussion it was resolved to:

1. for the time being we must tolerate and help to such time as we receive fuller explanation from Bishop Padewski as to the state of the Church in Poland;

2. the bishops as well as the seniors and pastors should write letters and postcards to Bishop Padewski and the priests in Poland with encouragement to endure and not surrender even for a moment to doubts about the triumph of the our just cause and the name for which we fought and suffered in America and in Poland;

3. communicate with Archbishop Rinkel and with Bishop Kury in Switzerland; and

4. uphold and to protest through Washington, DC, the formal protest published in *Rola Boża*.

The above were accepted on a motion by Bishop Grochowski, seconded by Bishop Leśniak.

The First Bishop informed the assembled of the death of Bishop Berends in Holland. It was resolved to send a telegram to Archbishop Rinkel expressing sadness and regrets.

Bishop Freeman of Washington invited the First Bishop to the installation of the Presiding Bishop of the Episcopal Church, Henry Tucker, in the Washington Cathedral. It was resolved to send a delegation composed of Bishops Jasiński and Misiaszek plus Father Senior Dąbrowski.

It was decided also to investigate further the question of Polish National Catholic Church chaplains in the American Army.

PNCC Seminary in Scranton, Pennsylvania

Since many young persons are called into military service, therefore it is necessary to prepare a kind of small seminary so that we shall be able to maintain the Seminary and strengthen the ranks of the priesthood of the National Church with new and worthy co-workers. Recently ordained were: Wojciech Tarka and Jan Rencewicz. It was resolved:

1. to advertise for a month for appropriate candidates to the Seminary; and

2. to rebuild the seminary building and to try to repay the debt encumbering the Seminary in the amount of over five thousand dollars.

First Bishop Franciszek Hodur named the bishops and seniors to this commission.

Campaigning for Obtaining Aid for the Polish Army

The National Church cannot publicly do this campaigning due to loyalty to the American flag, but organizations can organize aid by creating Circles of Friends of the Polish Soldier. We have organized a Center of the Polish Soldier in Scranton, Pa., and among all the parishes Circles of Friends of the Polish Soldier can and should arise, while in each diocese a Sub-Central, and in this manner to help the Polish cause. So long as America is neutral, as American citizens of Polish descent we cannot interfere in the political affairs of other nations. This position must be maintained in the entire Polish National Catholic Church in America.

At 10:45 o'clock, the meeting was concluded after a sincere word and prayer by the First Bishop. The First Bishop requested all brother bishops, clergy and laity for especial help in all our common matters affecting the Church plus the poor and suffering Polish people.

Report of the Meeting of the Council of the Polish National Catholic Church of September 8, 1943

On September 8, 1943, at eight in the evening, in the rectory of the National Church, Bishop Franciszek Hodur opened the meeting of the Council of the Polish National Catholic Church with a prayer. Present at the meeting of the Council: Father Seniors: Stanisław Szufladowicz, Józef L. Zawistowski, Rene Zawistowski, Franciszek Siemiętkowski; Pastors: Professor Teofil Czarkowski, Adam Walichiewicz, Józef Kardaś, Tadeusz Zieliński, Franciszek Kaczmarczyk, and Marian Czerny; Messrs: Bronisław Wysocki, Władysław Proń and Józef Roman, plus the undersigned.

After the reading of the minutes accepted on a motion by Citizen Wysocki and Father Senior Rene Zawistowski, the matter of the Polish National Catholic Church mission in Poland was raised. Bishop Hodur presented that today we cannot say much about the mission due to the difficulty in communication, but we know the following for certain:

1. Bishop Józef Padewski has been in the concentration camp in Tittmoning, in Upper Bavaria, since September 23, 1942;

2. the Germans changed the name of the Church from Polish National Catholic Church to the Old Catholic Church of the Union of Utrecht;

3. that many parishes are not holding services due to the lack of priests;

4. as a result of the lack of information, the Mission Fund is paying one hundred dollars instead of 150 dollars to Szczepanik in Chicago until certain information is received;

5. in respect to the change of the name of the Church in Poland, the State Department replied that it cannot intervene in religious matters, that it is necessary to wait to the end of the war, whereas as to property matters, also nothing can be done since the property in Cracow is in the name of individual persons, and because the Polish government had not recognized the Polish National Catholic Church, it is not possible to make legal transfer to the Church as such. The matter was accepted unanimously.

PNCC Seminary

The First Bishop presented that in the Seminary at present are nine clerics, namely: Malewicz, Jakubik, Niemiec, Grzesik, Lach, Tomal, Ruciński, Niemiński, Stefanowicz, and Klimczak. From the report it is seen that in the year 1943 $620 was paid on the debt and end is tied to end. Not everyone realizes the importance and significance of the National Seminary. Not all strive to gain suitable candidates to the spiritual state. The debt remaining on the Seminary is $4,268.56. First Bishop Franciszek Hodur donated this debt in remembrance of his fiftieth anniversary of his priesthood to the school which he has directed from the beginning to the present day. Father Senior Szufladowicz spoke and in the name of the assembled offered thanks to First Bishop Franciszek Hodur in the name of the Council of the Polish National Catholic Church.

Permanent Fund

To the date of September, 1943, $9,547.90 is located in the Permanent Fund of which $1,429.00 is from the Buffalo-Pittsburgh Diocese and $6,187.90 from the Central Diocese. The Eastern Diocese is conducting a drive for the Permanent Fund and after it is over they are to bring it to Scranton, and the Western Diocese is planning to conduct a general drive within its area. The Permanent Fund is located in the First National Bank in Scranton under the name General Permanent Mission Fund of the Polish National Catholic Church. On the bank drafts are three signatures, namely: Bishop Franciszek Hodur, Bishop Jan Misiaszek and Bronisław Wysocki. A detailed list of offerings will be conducted by: Bishop Coadjutor Jan Misiaszek and Bronisław Wysocki. On a motion by citizen Proń, seconded by Father Senior Józef Zawistowski, the report was accepted.

Loan

After the report on the PNCC Permanent Fund, taken up was the matter of a loan contracted by Bishop Franciszek Bończak for the purposes of the National Church in Poland from Michał Świątkowski of Duryea, Pa., in 1924, in August, without the knowledge of Bishop Franciszek Hodur. After examining the whole matter, it was resolved to pay Mr. Michał Świątkowski $500.00 from the Permanent Fund with the recommendation to investigate if there are any more such loans. The motion was made by Father Senior Rene Zawistowski, seconded by Józef Roman.

Intercommunion

Episcopal Church Bishop Wilson inquired of the First Bishop as to the position of the Polish National Catholic Church on the matter of Intercommunion with the Episcopal Church. The First Bishop explained the matter of Intercommunion and on this basis – after the following expressed their opinions: Fathers: Józef Kardaś and Franciszek Kaczmarczyk, Father Seniors: Rene Zawistowski, Józef L. Zawistowski and Adam Walichiewicz – Bishop Hodur will give instructions to Bishop Jasiński, who is going to the Conference of the Episcopal Church in Cleveland, Ohio, that "the Polish National Catholic Church in principle agrees to Intercommunion of one Church with the other, but the faithful of this National Church must express themselves at the Synod which will be called immediately after the end of the war." This principle was accepted as the position of the Polish National Catholic Church.

After the exhaustion of the issues, the First Bishop thanked the members of the Council for coming and recommended all present all that is bound to the life, work and future of the Polish National Catholic Church in America and in Poland. The First Bishop concluded the meeting of the Council of the Polish National Catholic Church in America with a prayer at 11 o'clock.

Report of the Meeting of the Council of the Polish National Catholic Church held April 24, 1945

in the presence of the following persons: Bishops Hodur, Grochowski, Jasiński, Leśniak, Padewski, and the undersigned; Father Seniors: Józef L. Zawistowski, Rene Zawistowski, Stanisław Szufladowicz, Józef Sołtysiak, Leopold Dąbrowski, Antoni Wojtkowiak, Franciszek Siemiątkowski, and Michał Zawadzki; Fathers: Tadeusz Zieliński, Edward Abramski, Józef Kardaś, Professor Teofil Czarkowski, Franciszek Kaczmarczyk (P. Stasikowski, Franciszek Pilzys, Bernard Kosior, Antoni Wiśniewski); Messrs. Józef Roman, Bronisław Wysocki, Władysław Proń, and Alfonse Kinowski (Stanisław Mołoń).

The meeting was opened by First Bishop Hodur with a prayer and he then called the secretary to read the minutes, which were accepted on a motion by Bishop Leon Grochowski, seconded by Father Senior Franciszek Siemiątkowski.

PNCC Mission

The First Bishop elucidated that Bishop Padewski, the missionary bishop of the Polish National Catholic Church in Poland, is presently in Albany, N.Y., as pastor of the PNC parish, who, in addition to work in the parish, through meetings and services is contributing now to the strengthening of the National Church in America, from which he came first as a priest and then as a bishop. In Poland presently, to as much as we can learn, there is a great lack of priests because eleven from the ranks of the National Church were murdered. Fathers: Koc, Tymczak, Kafel, and Jakubas from the Lublin region have come forward with a request for help, but for the time being such is not possible due to difficulties presented by Russia. Neither the American Red Cross nor the Polish American Congress nor UNRRA have access yet to Poland. The First Bishop sent a request to the American Red Cross and to UNRRA if there is no possible way to rescue the suffering Polish nation. He has not yet received a reply.

The report of the Treasurer of the Council of the Polish National Catholic Church, Mr. Bronisław Wysocki, on the state of the Permanent Mission Fund:

Central Diocese	$15,792.75
Western Diocese	15,844.17
Buffalo-Pittsburgh Diocese	9,344.23
Eastern Diocese	16,191.98
Polish National Union	5,000.00
Total to date	$62,173.13

Of this amount, after payment of $500.00 to Mr. Michał Świątkowski and US B $25.00, there remains $60,928.26.

The report was accepted on a motion by Bishop Grochowski, seconded by Mr. Władysław Proń, and to continue to increase the Mission Fund by collecting donations in the parishes. Bishop Hodur added that everywhere where there is a lively priest there people give offerings for the missions of the Polish National Catholic Church and life in the parish in respect to the spiritual and ideal as also the financial is significant.

The PNCC Jerome Savonarola Seminary in Scranton

The First Bishop presented the difficulties in conducting the Seminary; he especially pointed to the lack of suitable candidates. After a discussion, the motion was accepted: 1. That all the PNCC bishops shall make efforts to gain suitable candidates for the Seminary; 2. Each quarter to place in wide-read Polish American newspapers articles with exhortations to gain candidates. The First Bishop presented the sad fact that many priests of the National Church have left the Church and gone to factories, others abandon the diocese and parish without the approval of the diocesan bishop and move to another diocese. Indicating the unhealthy state of the Church, he asked those present, the priests and the bishops, to strengthen the Church by working harmoniously. On a motion by Father Senior Siemiętkowski, seconded by Mr. Bronisław Wysocki, it was resolved to act in the thought of the indications and recommendations of First Bishop Franciszek Hodur.

The PNCC Mission in Poland

In Poland we had before the outbreak of the war 54 parishes served by 34 priests. Presently 23 priests remain, said the First Bishop – we should not foresake the mission of the National Church in Poland. After the conclusion of the war, if the future Polish government does not conclude a concordat with the Roman Catholic Church, the National Church will find fertile ground on Polish soil. The people's political parties, the socialist, and even the parties close to communism have conducted themselves friendly to the National Church. The National Church will be needed in Poland. It depends only on who we are to send to Poland.

After a short discussion, Bishop Jan Jasiński, seconded by Bishop Grochowski, moved that Bishop Padewski should stand at the head of the mission and depart for Poland at a suitable time. On our part, the First Bishop said that we must prepare, in addition to people, Polish National Catholic Church literature also, therefore pamphlets, books for services, rituals, missals, etc. It is desirable that we should send lay persons to Poland as missionaries, the First Bishop said.

In the end, the First Bishop put forward the thought of the need of writing pamphlets of twenty to thirty pages of print on the themes of: the Mission of the National Church in Poland, the Polish National Catholic Church in America, the Need for the National Church in Poland. By underscoring in the promotional pamphlets that the Poles in America have greatly benefited by the National Church, our countrymen in Poland will be encouraged also to the ideal of the National Church.

After a prayer of thanksgiving, the First Bishop bid farewell to the assembled clergy and with the bishops recommended to them everything that unites us in the work for the great ideals of the Polish National Catholic Church, and adjourned the meeting at 10:30 in the evening.

Bishop Jan Misiaszek, Secretary

The Report of the Meeting of the Council of the Polish National Catholic Church on July 19, 1945

First Bishop Franciszek Hodur opened the meeting with a prayer with the presence of the following spiritual and lay members: Bishops: Padewski and Misiaszek; Seniors: Józef L. Zawistowski and Rene Zawistowski; Fathers: Józef Kardaś, Tadeusz Zieliński and Franciszek Kaczmarczyk, plus Messrs. Bronisław Wysocki, Władysław Proń, Józef Roman, and Alfonse Kinowski.

After the reading of the minutes by the Secretary of the Council, the minutes were accepted as read on a motion by citizen Proń, seconded by citizen Alfonse Kinowski.

Next was the report of the Permanent Mission Fund. Mr. Wysocki, the Treasurer, presented that to this time the dioceses have delivered the following quotas to the Fund:

Central	$16,285.25
Eastern	16,264.28
Western	15,442.18
Buffalo-Pittsburgh	9,547.22
Polish National Union	5,000.00
Total	$62,538.93

The report was accepted and it was decided to continue to collect offerings for this purpose because a time is coming when our missionaries will proceed to Poland.

Seminary

First Bishop Hodur presented: the Seminary building needs renewal, therefore we determined to renew it internally and externally for the sum of $570.00. This work will be done by B. Bogdański. Father Senior Rene Zawistowski made the motion to accept the report, seconded by Józef Roman. The greatest concern is the lack of candidates to the Seminary. The First Bishop presented to the Council that in recent days Father B. Malewicz left the Church, the parishes in Hazleton and McAdoo were left without a pastor, therefore he must transfer Father Kazimierz Wilczek from Richmond, Pa., and Father Sworobowicz must be sent temporarily to substitute, therefore the Home for the Aged will be left without spiritual care. The First Bishop requested the priest and lay members of the Council to help in attaining suitable candidates to the Seminary. Father Senior Rene Zawistowski claimed that he expects three candidates to the Seminary. The assembled promised to help.

PNCC Mission

The First Bishop presented the matter of the mission in the following words: The Polish people in America as well as in the Motherland beyond the sea, Poland, are dissatisfied with the Roman Church, and at this time in a particular way because in the moment of its great ordeal Rome did not help Poland, and indeed even abandoned Poland, therefore today practically all soundly thinking people are speaking out against the Roman Church. Our National Church has many partisans here in America as well as in Poland. The most recent letters from the Council of the Church, signed by Kwolek and Narbutowicz, give eloquent witness about the mood among the common people. However, there is needed a leader, as the priests from Poland themselves write, a bishop from America, who would be able to help them bring together the priests, to inspire them with one thought. Are we ready to resolve this matter, are we able and in what way and to what degree to carry out the program of the Church in Poland? The First Bishop asked those Council members present at the meeting to express themselves. Speaking were: citizen Kinowski – he is of the opinion that we should send a mission to Poland, Father Seniors Józef L. Zawistowski and Rene Zawistowski, Bishop Padewski, Władysław Proń and Bronisław Wysocki; all bring up that the situation in Poland will be difficult, but all agreed unanimously that a mission should go to Poland and that on this mission will go Bishop Padewski and Father Senior Józef L. Zawistowski. Bishop Padewski and Father Józef L. Zawistowski took the floor and said that they are ready for work in Poland just as the leadership in America desires.

The First Bishop elucidated the matter of the mission and underscored that we must take three factors into account at this time in regard to the mission of the National Church in Poland, namely:

1. The Providence of God. God called the Polish National Catholic Church into existence and God has directed us in Scranton and in the whole Church in America and in Poland, always as much as we were faithful.

2. The second factor is the need for the National Church in America and in Poland. The people need a better Church, the people need teachers and educators who are sincere in the spirit of Jesus Christ.

3. The third factor is that we here in America are ready to help our Brothers and Sisters, co-faithful of the National Church in Poland. Among the parishes, our people are waiting for when our missionaries will depart to go with effective aid for the Church in

Poland. The priests in America and in Poland will help our missionaries in their work.

Mr. Kinowski, seconded by citizen Wysocki, moved that Bishop Padewski and Father Senior Józef L. Zawistowski should depart at the appropriate time to Poland on the mission of the Polish National Catholic Church. In conformity with this resolution, the First Bishop will inform the PNCC Council in Poland about the departure of our Mission and will do everything needed so that the mission should be effective.

At 10:00 o'clock, the First Bishop thanked the assembled for coming and speaking for the purpose of the Church, and with a prayer put those gathered and the Church under the care of God.

Report of the Meeting of the Council of the Polish National Catholic Church held January 25, 1946

First Bishop Franciszek Hodur opened the meeting with a prayer in the presence of the following clergy and lay members: Bishop Józef Padewski, Father Seniors: Szufladowicz and Józef L. Zawistowski; Pastors: Professor Teofil Czarkowski, Stanisław Mołoń and Tadeusz Zieliński; citizen Władysław Proń, and as a guest, Father Bernard Kosior, and also the undersigned [Misiaszek].

After the reading of the minutes of the meeting of the PNCC Council held July 19, 1945, they were accepted as read on a motion by Father Stanisław Mołoń, seconded by Władysław Proń.

The First Bishop called the Treasurer of the Church Funds, Bronisław Wysocki, to report. From the report it appears that in the Permanent Mission Fund there is as of the date of the meeting of the PNCC Council $70,231.02. The dioceses paid the following sums for this purpose:

Central	$17,590.94
Eastern	16,749.64

Buffalo-Pittsburgh	10,612.02
Western	15,488.69
Polish National Union	10,000.00

Father Tadeusz Zieliński, seconded by citizen Władysław Proń, moved to accept the report and to continue to collect funds for the Permanent Mission Fund.

Mission in Poland

In regard to the mission of the Polish National Catholic Church in Poland, the First Bishop spoke thusly: After a few months of effort and exertion, our representatives, that is, Bishop Padewski and Father Senior Józef L. Zawistowski, received passports from the Department of State in Washington and visas from the Polish government in Warsaw. They went personally to the Department of State in Washington for the passports. Now we have to speak about under what conditions our missionaries to Poland are to depart. The religious circumstances in Poland presently are in a chaotic state. The Polish government has canceled the concordat with Rome and is bringing in new things contrary to the Roman Catholic Church, for example, in respect to marriage, the teaching of religion, etc. To give an expression to that which is being thought in Poland now, the First Bishop called upon the Secretary of the Council, Bishop Coadjutor Jan Misiaszek, to read three letters which had recently arrived from Poland and which shed much light on the conditions and concepts concerning the National Church, the Roman Catholic, etc. in Poland. Speaking on this subject of the mission: Bishop Padewski, Father Zieliński, Father Mołoń, Father Senior Szufladowicz, Proń, and the undersigned. Next, on the recommendation of the First Bishop, directives by which our missionaries are to guide themselves in Poland were accepted, namely:

1. To hold unyeildingly to the name of the Church – Polish National Catholic Church.

2. To visit the Polish government in Warsaw and the Embassy of the United States.

3. To visit the parishes of the National Church in Poland and at all costs try to settle in Cracow to have a sure base for further work in Poland.

4. After visiting and examining the parishes in Poland to immediately give a detailed report to Scranton and we then will give help to the priests, to the most needy parishes, through the Polish National parish in America – this will be a living connection of the Church in America with the Church in Poland.

5. To make efforts to publish the publication *Posłannictwo* [The Mission]; we will give help from America.

6. To make efforts to organize a Seminary for training priests of the Polish National Catholic Church in Poland.

The above directives were accepted on a motion by citizen Wysocki, seconded by Father Stanisław Mołoń.

Continuing, Bishop Hodur recommended that it should be done as in Scranton, that one larger parish or a few smaller parishes should join and assume care for a poor parish in Poland, so as to be able to support a priest, help in the rebuilding of ruined chapels, churches, or residences for priests. This will have positive effects on the faithful of the National Church in Poland and in America.

On what bases may we cooperate with the Church in Poland: the First Bishop explained that there must be unity in faith, morals and discipline. For the time being, the Council of the Polish National Catholic Church must manage the whole of the Church, and only when there should be a larger number, for example two million faithful in the National Church in Poland, then only may other conditions be composed. There was discussion about this at the General Synod in Buffalo in 1930. The concept of religion interpreted by the Polish National Catholic Church should unite us all here in America and there in Poland because only then can we function with strength and power.

If any harm should come to our missionaries, we will move heaven and earth to defend them and so that no harm should come to the National Church.

Immeasurably important matters regarding the Synod and many other issues will be addressed at the meeting of the Supreme Council of the Polish National Catholic Church which is to be held February 26 and 27 this year in Scranton, Pa. All the present members of the Council in their comments were of the opinion that the Synod of the Church is needed and asked the First Bishop to present the need for calling a Synod at this time during the meeting of the Full Council of the Polish National Catholic Church on the above mentioned dates.

After the conclusion of the discussions of the Council a short service was held in the church. The First Bishop asked the assembled to bid farewell to the missionaries in the hall under the church in Scranton, Pennsylvania.

Seminary

The First Bishop informed that in the Seminary to this time are eight students, applications are coming from various areas, and most recently a candidate recommended by Father Goławski applied from New York.

Report of the Meeting of the Council of the Polish National Catholic Church and the Conference of the Clergy Circle of the Central Diocese held February 26 and 27, 1946

The meeting was opened with a prayer by First Bishop Franciszek Hodur at ten in the morning on Tuesday, February 26, in the rectory of the National Church in Scranton. Present at the meeting were: Bishops: Grochowski, Leśniak, Jasiński, Bończak, and Misiaszek; Seniors: Sołtysiak, Wojtkowiak, Dąbrowski,

Zawadzki, Siemiętkowski, Rene Zawistowski, and Professor Czarkowski; Pastors: Zieliński, Abramski, Mołoń, Orzech, Czerny, Jakubik, Janik, Kaczmarczyk, Walichiewicz, Januszewski, Rękas, Sworobowicz, Awczis, Waladka, Bąk, Piotrowski, Kardaś, Woźniak, Szczęsny, Toporowski, Brzostowski, Czyżewski, Draus, Kosior, Pietras, Magjar, Sychta, Krauze, Wiśniewski, Jasiński, Zięba, Kuźmiński, Niemiec, Walencikowski, and Ząbek. Lay representatives to the Council: Wysocki, Proń and Roman.

Bishop Coadjutor Jan Misiaszek read the minutes of the previous meeting of the Council which were accepted on a motion by Father Senior Rene Zawistowski, seconded by Father Senior Józef Sołtysiak. Next, the Treasurer, citizen Bronisław Wysocki, gave a financial report of the Permanent Fund of the Polish National Catholic Church as follows: from 1942 to February 1, 1946, the following sums were received by the Permanent PNCC Mission Fund from the individual dioceses:

Central	$17,608.10
Eastern	16,758.64
Buffalo-Pittsburgh	11, 324.64
Western	15,488.86
Total	$61,180.24
Polish National Union	10,000.00
Bank Interest	461.74
Total	$71,641.98
General Expenses	5,936.19
Remaining	$65,705.79

On a motion by Bishop Jan Jasiński, seconded by Władysław Proń, the report of the Treasurer was accepted.

Mission in Poland

First Bishop Franciszek Hodur presented the matter of the Mission, saying: There was apprehension that the Temporary National Unity Polish Government with its seat in Warsaw will be making difficulties in recognizing the Polish National Catholic Church and especially in recognizing the full name of this Church. He pointed out, however, that although he was consecrated by Old Catholic bishops in Holland nevertheless in the consecration document it is pointed out that First Bishop Franciszek Hodur was consecrated as the bishop of the Polish National Catholic Church. From Warsaw came a telegram from the Chairman of the Council and the Secretary in which they report that the PNCC was recognized as a legal entity with the full name accepted by the synods of the Polish National Catholic Church. Fathers Kwolek as chairman and Edward Narbuttowicz worked to obtain the legal recognition of the PNC Church. On a motion by Father Tadeusz Zieliński, seconded by Father Stanisław Mołoń, it was resolved to send thanks in the name of the Church in America to the President of Poland, Bierut and also to Minister Świątkowski.[24]

Our missionaries were supposed to land February 25 but to this time there has been no news about disembarking.

After presenting the matter of the Mission, the First Bishop called Father Józef Kardaś, in the absence of Father Senior Stanisław Szufladowicz, to read the report of the meeting of the First Circle of PNCC Clergy of the Central Diocese. The report was accepted on a motion by Father Abramski, seconded by Father Walichiewicz. The first matter considered at the meeting of the Circle was the matter of the prayer book or Psalter for the use of the clergy of the PNC Church, which will be prepared by Father Adam Walichiewicz. Father Walichiewicz spoke on the matter of the prayer book and explained that he will have certain sections prepared in detail ready by the end of June. The First Bishop encouraged all priests who accepted a section to have it ready and

---

[24] Bolesław Bierut. Henryk Świątkowski (1896-1965), Minister of Justice (1945-1956), had once been a member of the PNC Church in Poland. For more information, see: Theodore L. Zawistowski, "On the Death of Bishop Joseph Padewski in a Communist Prison" in *The Polish Review*, vol. 48 (2003), no. 3, pp. 347-365.

the necessary material gathered. Father Professor Czarkowski will also help in this work.

The First Bishop then called a break for the noontime meal.

The second session began at two in the afternoon. The First Bishop called Father Professor Teofil Czarkowski to deliver his paper on sin, which he did in a distinct and clear manner in a lengthy work on the essence of sin and its fatal consequences. After the presentation there was a short discussion and the First Bishop explained some of the issues in the paper, thanked the Father Presenter in the name of the assembled, and ordered the Pastors who are not members of the Council to gather in the school hall for a session where they will give reports on parish life, and the representatives of the Friends of the PNC Schools and the Most Blessed Sacrament Societies will present a program of their most recent work, and the PNCC Council will discuss the matter of the administration of the Church to appropriately develop a program of work so that coexistence might be possible.

At the meeting of the Council, the First Bishop presented the matter of a few priests who, having troubles, did not try to set aside these troubles in the sense of the recommendations of the Bishop but by themselves, in their own way, settled their own matters and now want the Church to accept their decisions. He presented the matters of Fathers Wróblewski, Zielonka, Rękas, and Niemiec. The First Bishop underscored that the PNCC Synods resolved and underscored that matrimony is a sacrament, an indissoluble union. The National Church does not recognize divorces and the Church will continue to remain on this stance. We must continue to uphold the sacredness of the Sacrament of Matrimony. The explanation was accepted and the matters of the above-named priests were concluded.

The session was concluded at six in the evening and the First Bishop called a break for the evening meal.

Third Session

The General Synod of the Polish National Catholic Church

The First Bishop presented the matter of the Synod in the following manner: 1. Is it an indicated thing that a Synod should be held this year? 2. To which city is it to be called? 3. At what time? First Bishop Franciszek Hodur stated the reasons for calling a General Synod of the Polish National Catholic Church at this time in the following way. We have in memory all those unusual facts and events which have appeared recently, especially in the time of the last war. People weakened spiritually very often asked what has happened to Christianity, with the religion of Jesus Christ. To revitalize the religious spirit, to mark out the roads for the faithful of the Polish National Catholic Church, to kindle again the spirit of fervor among the faithful, and to regulate many other matters concerning the administration of the Church, it is necessary that a Synod should be held this year. Bishop Grochowski spoke and made a motion that the Synod should be held in this year, 1946, in Scranton, Pennsylvania, so that First Bishop Franciszek Hodur should be able to take part, and that it should be held October 15, 16, 17, and 18. Father Senior Leopold Dąbrowski seconded the motion and the Council turned to the First Bishop authorizing him by this resolution to call the General Synod.

The First Bishop nominated Synodal Commissions which are to begin the work preparatory to the Synod, namely: 1, 2, 3, 4, 5, 6, 7, 8, 9, 10, 11.[25]

With the appointments of the Commissions, the first day of the Conference of PNCC Priests and the meeting of the PNCC Council concluded.

---

[25] The details are not given in the Polish typescript and perhaps were listed separately.

Fourth Session

Wednesday, February 27, 1946, the First Bishop began the session with a prayer at 10:30 in the morning.

Aid to Poland

Bishop Leon Grochowski said that we should send aid for our people, the faithful of the Polish National Catholic Church in Poland. The First Bishop noted that Bishop Padewski and Father Senior Józef L. Zawistowski took to Poland more than 10,000 pounds. Besides this, we send out by the American Post Office from Scranton through the Society of Emergency Aid [*Towarzystwo Doraźnej Pomocy*] packages weighing eleven pounds to persons in Poland whose addresses are possessed by the Society. Father Tadeusz Zieliński made a motion, seconded by Father Mołoń, to send aid through the Society of Emergency Aid and by PNCC emissaries to Poland. The Polish National Catholic Church Fund will pay the costs of mailing.

A telegram from Bishop Józef Padewski from Gdańsk was read: Thanksgiving Service Kraków March 3. Church situation good. Padewski, Zawistowski, Kwolek, Narbutowicz, Wicher, and Powązka.[26]

Bishop Hodur underscored that we must count only on God first of all, and then on our own strength. Gentlemen or squires will not build the Church. Let us gather good people around ourselves and do all that we can. In Warsaw we have gone through a baptism of blood, but because we endured, the ideal of the Polish National Catholic Church has triumphed. In unity we should work all together in America, hand in hand. We must strengthen the Polish National Catholic Church in Poland by sending missionaries, priests as well as bishops. We must inspire our Brothers in Poland with a better thought, to strengthen, to unite and

[26] The telegram message was in English as here given.

again inspire to work for the great ideal of the Polish National Catholic Church. Whoever of the priests here present or the bishops who would want to help the Church in Poland, please inform me at the appropriate time, the First Bishop ended.

PNCC Topical Societies

Friends of the Polish National School Society. To better conduct the work of these societies, at the annual meeting of these Societies the First Bishop divided the Central Diocese into five school districts, namely: 1. Scranton, 2. Shenandoah, 3. Philadelphia, 4. Mohawk Valley, 5. New York-New Jersey. In these districts the priests will arrange to conduct school exhibitions and to conduct these Societies in the concept of the Constitutions of these societies.

In the matter of the Society for the Adoration of the Most Blessed Sacrament, the meeting was visited by mesdames: Emilia Sznyter, Anna Mikuta and Franciszka Chrzanowska.

In the matter of the Polish Girls' Society of the Most Holy Mother Mary, Mrs. Helena Fitkiewicz gave an invitation to the convention of the United Polish Girls' Societies.

At the end, the matter of the Polish American Congress was raised and after a discussion a resolution was accepted that: the Polish National Catholic Church and the Polish National Union in Scranton, Pa., as Centrals will not pay to the Polish American Congress in Chicago but if there are individuals or groups within the boundaries of the PNC Church which wish to send payments to Chicago, we will not disapprove their step. We leave the Polish Congress to itself. This position was accepted on a motion by Father Senior Stanisław Szufladowicz, seconded by Mr. J. Roman.

With this, after words of farewell by the First Bishop, the meeting of the Council and the Clergy Conference of the Central Diocese of the Polish National Catholic Church was adjourned with a prayer.

Report of the Meeting of the Grand Council of the Polish National Catholic Church, Scranton, Pa., July 2, 1946

On Tuesday, July 3, 1946, at ten in the morning, the Grand Council of the Polish National Catholic Church was called to Scranton, Pa., by Bishop Franciszek Hodur for a very important meeting. In regard to the importance of missionary matters and the departure of Bishop Leon Grochowski to Poland, the pastors of the Central Diocese were also invited.

To the meeting of the Supreme Council came: Bishop Leon Grochowski, Bishop Jan Jasiński, Bishop Józef Leśniak, Bishop Franciszek Bończak, and Bishop Coadjutor Jan Misiaszek. Seniors: Józef L. Zawistowski, Józef Sołtysiak, Antoni Wojtkowiak, and Franciszek Siemiętkowski. Fathers: Professor Teofil Czarkowski, Stanisław Mołoń, Tadeusz Zieliński, Edward Abramski, Administrator M. Valadka, Marian Czerny, Jan Jakubik, Kazimierz Wilczek, Ludwik Orzech, J. Janik, Franciszek Kaczmarczyk, Adam Walichiewicz, Walenty Janiszewski, T. Rasielewski, J. Aucius, Antoni Draus, S. Bilik, Michał Kronenberg, Bernard Kosior, Edward Brzostowski, Paweł Robak, Franciszek Sworobowicz, Wojciech Pietras, Rudolf Ząbek, K. Hess, Józef Kardaś, Stanisław Niemiec, Piotr Gwozdecki, P. Kata, Józef Michalski, Eugeniusz Magiar, Roman Jasiński, Antoni Wiśniewski, and J. Gogolski. Messrs: Antoni Proń, Jan Mikuta and the undersigned Father Stanisław Szufladowicz.

Bishop Franciszek Hodur greeted the assembled with an appropriate short address and opened the morning session with a prayer. He called upon the Secretary of the Grand Council, Bishop Coadjutor Jan Misiaszek, to read the minutes of the last meeting of the Council, which was held in February. On a motion by Father Stansiław Mołoń, seconded by Bishop Jasiński, the report was accepted as read.

In first place was the reading of the rules or agenda of the meeting, namely:

1. Mission of the Polish National Catholic Church in Poland.

2. The General Synod of the PNC Church called to Scranton, Pa., on October 15, 16, 17, and 18 of this year.

3. The main presenters to discuss the above topics: the delegate of the mission to Poland: Father Senior Józef L. Zawistowski, Bishop Leon Grochowski, Bishop Józef Leśniak, Bishop Jan Jasiński, and Bishop Franciszek Hodur.

4. Bishop Coadjutor Jan Misiaszek will present the financial state of the PNC Church.

5. The view of Father J. Kwolek, the vice chairman of the Council of the Polish National Catholic Church in Poland, on the church conditions.

Bishop Hodur asked that the first two most important issues from the given agenda to be discussed and decided in an appropriate manner.

The Mission of the Polish National Catholic Church in Poland

In a short comment, Bishop Franciszek Hodur continued to express apprehension about the mission of our Church in Poland. A few months ago, Bishop Hodur said, a mission composed of Bishop Józef Padewski and Father Senior Józef L. Zawistowski went to Poland. The delegates of our mission were requested in the first place to examine the postwar state of our Church in Poland and to send immediately a report such as they will be able to America. However, our mission was silent and we from day to day were worried and awaited with thirsty longing news about our dear Church in Poland. Now a delegate in the person of Father Senior Józef L. Zawistowski has returned but he did not bring that which Bishop Hodur expected. Bishop Franciszek Hodur said that he expected:

1. A report from Bishop Józef Padewski about the present state of our Church, in what condition he found it.

2. From the Church Council, a report from the time of the occupation, in what conditions our Church existed and what losses

it suffered, since growth was not to be expected, only decrease, as a result of the lack of the bishop and new pastoral forces.

3. Observations and personal views of the mission delegate, Father Senior Józef L. Zawistowski.

Unfortunately, he mentioned with regret, he did not receive a report from Bishop Józef Padewski, neither by mail nor brought by our delegate. Instead he asked Bishop Coadjutor Jan Misiaszek to read the written report which Father Senior Józef L. Zawistowski brought with him from Father J. Kwolek, administrator and chairman of the Church Council in Poland, from the time of the departure of Bishop Józef Padewski to Germany, as a citizen of the United States, that is from the moment of the declaration of war on America by the Germans.

The report by Father J. Kwolek was very detailed, of interesting content, which portrayed for us the entirety of our Church from the time of the German occupation. After the reading of this letter, the assembled in their comments expressed words of recognition for Father J. Kwolek, the clergy and the laity, that in inexpressibly difficult conditions they preserved the core of our Church in Poland and in addition brought about the legal recognition in Poland of the Polish National Catholic Church under the leadership of First Bishop Franciszek Hodur.

Next Bishop Franciszek Hodur called delegate Father Senior Józef L. Zawistowski to give a report from the mission held to Poland. Father Senior Józef Zawistowski prefaced his prepared written report of his mission with a few comments in the manner of a correspondent on the internal conditions that were supposed to exist in Poland according to the opinion of the captain of the ship en route to Poland. The conditions were supposed to be so terrible and uncertain of human life that the aforementioned captain recommended that they not leave the ship but return to America. But when our delegation found themselves in Poland, they ascertain the facts for themselves and gave the lie to the insinuations of the captain, for some reason unfriendily disposed to Poland.

At this time Bishop Leon Grochowski spoke up and desired to straighten out a few matters about which Father Senior Józef L. Zawistowski *de facto* wrote about at one time in *Straż* and to him. A rather sharp polemic began between the two named which unfortunately resulted in that it did not provide an opportunity to hear the written report of our delegate for which we held a certain curiosity. Due to the lack of time, Bishop Franciszek Hodur closed the heated discussion and adjourned the session for the meal time.

Afternoon Session

Bishop Franciszek Hodur entrusted the chair for the afternoon session to Bishop Jan Jasiński.

The first matter developed from the observations of Father Senior Józef L. Zawistowski who presented that the priests of our Church live in terrible conditions of poverty and need. The delegate strongly appealed for us to come in some way with help for our clergy in Poland. Bishop Franciszek Hodur expressed his view in this matter and gave special instructions to the imminent delegate to our Church in Poland, Bishop Leon Grochowski. He is before all to fundamentally examine the situation of our clergy, and to the time of Bishop Leon Grochowski's return to America we will support our priests and Church as to this time, that is, to continue to send: food, clothing, printed materials, and liturgical vestments.

Secondly, we hope that Bishop Leon Grochowski when on site in Poland will communicate with the appropriate governmental functionaries and perhaps gain special increases in the exchange of dollars for the current value of złotys.

Thirdly, he ordered Bishop Leon Grochowski to communicate with Bishop Józef Padewski and to visit those parishes where for certain reasons Bishop Józef Padewski cannot make visitations.

And ultimately to tour the entire Church under the aegis of the Council of the Polish National Church in Poland.

Fourthly, that Bishop Leon Grochowski should send a report for the purpose of more fruitful work for the mission of the National Church in Poland.

Father Józef Kardaś made a motion that Bishop Leon Grochowski take advantage of the prerogatives of Bishop Franciszek Hodur in the matter of the mission of the National Church in Poland in accordance with the instructions. Father Stanisław Mołoń seconded the motion. It passed unanimously.

The second matter presented by Bishop Franciszek Hodur is the issue of the publication in Poland. He raised the question of in what way are we to support the publication and can it be issued regularly? Bishop Leon Grochowski spoke on this matter and informed everyone that in the understanding of Bishop Hodur, it is unthinkable that in today's times we should be able to get along without a paper of our Church published regularly and steadily to carry our holy cause to where the foot of our priest cannot reach and finally to strengthen and inform our faithful. For the realization of this plan, he found in New York a printing press for $1,800.00 whose value is worth $3,000.00. He will endeavor to take this machine with him to Poland. The printing press will be the property of our Church in America loaned for the use of the PNC Church in Poland. Everyone accepted this plan gladly, because in this way we can help our Church to publish regularly in Poland.

Financial Report of Bishop Leon Grochowski

Bishop Leon Grochowski informed about the funds he has at his disposal for the missionary purposes of our Church prior to leaving for Poland, and from which sources he received the sum in the following instances:

1. Polish Samaritan Platoons	$ 650.96
2. Mission Fund collections	3,000.00
3. Bishop Coukling	500.00
4. From the Mission Fund for personal trips to New York, Washington and Scranton, Pa.	200.00
Total	$4,350.96

Expenditures

Bishop Leon Grochowski requested payment for things for Poland:

1. Polish Samaritan Platoons purchased articles for the general sum of	$ 650.96
2. For trips he spent	200.00
3. He sent to Father Senior Rene Zawistowski for purchases	2,000.00
4. For cartons	42.00
5. Films	25.00
6. Clerical Tailoring Co.	218.00
7. Typewriter	61.25
8. For chasubles, stoles and copes	338.83
9. New coats, suits and raingear	408.30
Total	$3,944.34

Summary	
Received	$4,350.96
Expended	3,944.34
Remaining	$ 406.62

10. For the ship ticket, which he will pay himself, $230.00 should be returned, or he possesses mission funds totaling $636.62.

Bishop Franciszek Hodur returned again to the publication in Poland and counseled the following considerations:

1. He proposed one of our priests in Poland for editor.
2. Articles of principles are to be written by priests; they can also count on us for steady help by correspondence.
3. Keep publications in Poland in the direction established as in America in respect to the religious-social.

4. In Poland they must know that at no cost will we allow departure from the direction of our guiding thought. In this matter, to uphold the counsel and instructions of Bishop Franciszek Hodur relating to the editing of the publication of our Church in Poland, Bishop Leon Grochowski made a motion, and it was seconded by Father Senior Józef L. Zawistowski.

Synod

All the Synod commissions were reviewed, completed, and it was requested that all the commissions should constitute themselves within a month. The completed Synod Commissions appear as follows: [27]

Permanent Fund

Bishop Coadjutor Jan Misiaszek gave the following financial report in regard to this matter, namely:

Income	
From January 1945 to June 30	$ 8,747.59
From December 1945	64,911.54
Total	$73,659.13
Expenditures	
1. Ship tickets	$ 500.00
2. For mission to Poland	4,000.00
3. Shipping items from Scranton and Chicago	3,516.77
4. Assistance granted to Father Zawistowski	250.00
5. Petty items	250.00
6. Return from the Mission Fund to the Permanent Fund	250.00
7. For 85 packages of shoes	145.78
Total	$8,912.55
Remaining in the fund for July 1946	$64,746.61

[27] Details were not included in the Polish typescript copy.

With this, adjournment.

Invitation

Reverend Father Pastor:

I invite the Father Pastor to a special meeting of the Episcopate of the Polish National Catholic Church and advisors in several very important matters concerning the Church and its future, namely:

1. Budget of the PNCC in America and in Poland appropriate to synodal resolutions.

2. The matter of calling a Synod in Poland for the purpose of electing a bishop for Poland. This request of the clergy and authorities was sent by Bishop Padewski in a letter dated December 4, 1946.

3. The judgment and infraction of church and civil law by a certain older PNCC priest.

4. The sending of priests to Poland in the nearest future, and presently sending Father Zajączkowski as editor and assistant to Bishop Padewski. Father Zajączkowski will depart January 6, 1947, and the meeting of the Episcopate will set forth to him the plan of his mission to Poland.

5. Evaluation of the situation of the Polish National Catholic Church in Poland on the basis of Bishop Padewski's report of December 4. He informs that during the time of his administration in Poland, that is, from February to December, he accepted six former Roman priests into the PNC Church and he gives their names, and that the PNCC seminary in Poland is open and there are eleven students in it.

6. I invite to the meetings the following persons: Bishops: Grochowski, Jasiński, Bończak, Leśniak, and Misiaszek; local members of the PNCC Council: Father Senior Rene Zawistowski, Father Józef Kardaś and Father Wacław Zajączkowski, plus Fathers: Świerczewski and Walichiewicz.

In accordance with the decisions of the Synod, participants in the Council meeting from more distant areas are to have their costs of travel and lodging in Scranton taken care of from the Church Fund. Bishop Padewski added further information, that the Polish government wishes that the bishop should be a citizen of Poland and it expects a Synod in Poland in the year 1947.

I also add that we are making efforts now in Washington, in the Ministry of Justice, for the collegiality of our seminary in Scranton, and there are signs that we will gain it. As can be seen from the program, unusually important matters will be discussed, decided, and then carried out by us. I have hope that the Father Pastor will come on Friday, January 3, at ten in the morning, to help with his counsel to put in order the most important matters of the Polish National Catholic Church at the beginning of the year 1947. Personal matters we must set aside for the time being and put forward the matters of the Church of which we are members, co-workers and servants of God unto death. Devoted to God.

Bishop Franciszek Hodur
Scranton, Pa.
December 14, 1946

Resolutions, Decisions of the Supreme Council of the Polish National Catholic Church and Their Enactment

Last Tuesday, January 17, the Supreme Council of the Polish National Catholic Church gathered in Scranton called by First Bishop Franciszek Hodur to review and put into effect the most important resolutions of the Special General Synod of the PNC Church.

Taking part in the deliberations in addition to the already named First Bishop were Bishops: L. Grochowski, J. Leśniak and J. Misiaszek. Bishop Jasiński sent justification that he could not take part in meetings beyond the city of Buffalo due to the still unsatisfactory state of his health.

The following Father Seniors and Pastors were present: S. Szufladowicz, R. Zawistowski, J. L. Zawistowski, J. Sołtysiak, A. Wojtkowiak, L. Dąbrowski, Fr. Siemiątkowski, M. Zawadzki, T. Zieliński, E. Abramski, T. Czarkowski, A. Walichiewicz, and B. Goławski.

Laity: Wł. Proń, Jan Mikuta, Józef Roman, A. Kinowski, K. Małyszka, and W. Juszkiewicz.

Bishop Hodur began the discussions with a prayer a few minutes after ten in the morning and ended the same at 10:15 in the evening. For almost two hours the mission of the Polish National Catholic Church in America and in Poland was given lively consideration, which is not surprising since this is a subject which has interested the faithful of the free Polish National Catholic Church from the beginning of its existence in America. For centuries the Polish nation awaited a Church in the true spirit of Jesus Christ and in the spirit of the needs and mission of the Polish nation. And there were attempts to create such a Church in Poland, but enemies strangled this idea and its missionaries were murdered or scattered to all parts of the world.

The organization of the National Church in reborn Poland and in America was undertaken by the Polish Folk with a mass of humble, but filled with burning faith, priests who emerged from and were predestined for the people. That is why God blesses this work. On the soil of America we managed to organize 130 parishes, 130 hearths of the National Church, and in Poland soon there will be more of them than in the land of America.

At the meeting of the Supreme Council statistical details were read of the offerings sent from America to Poland for the propagation of the Polish National Catholic Church, praises for the present leadership and zealous priests were read attentively, but also protests, because that is how it usually is in the world, that stalwart men or women sacrificing themselves for certain ideals get admiration from some and inconsiderate harmful criticism from others. The same happens in America and in Poland in respect to the National Church.

And one cannot wonder at this, because our missionary work is pioneer work. Such as was, for example, the pioneering work of the English colonists in America. The same is happening and will happen with the movement for a Free Polish National Catholic Church. In the next edition of *Rola Boża* we will provide all the resolutions of the Supreme Council and the determinations of the Special General Synod, held at the end of September of last year, which the faithful of the Polish National Catholic Church are incorporating into life to the glory of Americans of Polish Descent and for the benefit or all who believe that the religion of Christ is the work of God for the happiness and salvation of humankind proclaimed by the Lord Christ and then sealed with His sweat and blood.

To be continued.

Rola Boża, vol. 26 (1950), no. 3, p. 40.

Remodeling and Extending the Edifice of the Father Jerome Savonarola Seminary of the Polish National Catholic Church in Scranton

The Supreme Council of the Polish National Catholic Church, gathered in Scranton on January 17, determined that the Leadership of the Church with the assistance of a special Commission should remodel and extend the edifice of the PNC Church Seminary in Scranton this spring.

On January 30, an Executive Committee was chosen which is to proceed to execute the resolution of the Supreme Council. The First Bishop named the following persons to the Executive Committee: Bishop Jan Misiaszek, Pastors T. Zieliński and E.

Abramski, as well as lay members: Jan Mikuta and Edward Siekierka.

This Commission is authorized to prepare all the preparatory work and at the appropriate time to begin the remodeling and extension of the Seminary.

The undersigned First Bishop of the Polish National Catholic Church, authorized by the Supreme Council, turns to the Reverend Clergy of the PNCC as well as to all the parishes united in this Church for help, for the fulfillment of the promises made during the Synod held three years ago and in September of the past year, and also during various occasions in between, promises, declarations of greater and smaller sums needed for the remodeling and extension of the seminary building.

Let us all remember that to a high degree the future of the Polish National Catholic Church depends on what priests and in what school we educate the clergy, workers and missionaries of the PNC Church. In addition to the teachers, that is, the Father Professors, a building is also needed to house the students, a lecture hall, library, bedrooms, and those other accommodations necessary in the present cultural life of humankind.

We ask kindly, therefore, from all for whom the good of the Church is close to their heart so that we can begin in the spring the matter resolved by the Supreme Council, that a beautiful remodeled and extended edifice of the Polish National Catholic Church, the Jerome Savonarola Seminary in Scranton, may arise. Offerings will be noted in *Rola Boża*.

Greetings in the Name of God.

Bishop Franciszek Hodur

Rola Boża, vol. 26 (1950), no. 5, p. 71.

From the Meeting of the Supreme Council of the Polish National Catholic Church

The above meeting took place in the library of the First Bishop, Father Franciszek Hodur, in Scranton, Pa., on Tuesday, the 13th, [1951] from 10:30 in the morning to 9:30 in the evening in three separate sessions, morning, afternoon and evening, plus two meal breaks for lunch and supper.

Presiding over the deliberations were: Bishop Hodur at the first and third, and Bishop Jasiński at the second.

Taking part in the meeting were: Bishops: Fr. Hodur, L. Grochowski, J. Jasiński, Fr. Bończak, J. Misiaszek, and J. Leśniak. Father Seniors: R. Zawistowski, S. Szufladowicz, A. Wojtkowiak, and S. Siemiątkowski. Pastors: T. Zieliński, E. Abramski and A. Walichiewicz – as members of the Assistant Council of the First Bishop – plus the Vice Rector of the Savonarola Seminary, Father T. Czarkowski, and lay members of the Supreme Council of the Church: Messrs. J. Roman, J. Mikuta, W. Proń, A. Kinowski, and W. Juszkiewicz.

All matters on the agenda were addressed by the individual presenters, thoroughly and soberly discussed, and ordered to be executed.

1. The matter of the PNCC Theological Seminary in Scranton encompassed three separate parts, namely: remodeling and extension, budget, and the education-formation program.

The first was presented by Father T. Zieliński, in the name of the Building Commission, who provided facts and figures from which it emerged that not all the work contracted has been completed due to the winter weather and in the spring the final work will begin; $47,000.00 has already been paid but remaining to be paid is $12,057.50. For this reason, offerings for the remodeling of the Seminary are still needed since not all parishes have fulfilled their share.

Mr. Władysław Proń, the Treasurer of the Supreme Council of the Church, presented a report from the account book regarding offerings from the individual PNCC dioceses, namely:

Central Diocese	$23,333.42
Eastern Diocese	10,158.98
Buffalo Diocese	6,438.37
Western Diocese	1,500.00
Total	$48,871.18

Bishop J. Misiaszek presented the Seminary budget, provided the cost of maintaining the clerics, salaries of the professors and the sources of the required funds.

Many students are poor and they cannot pay for their upkeep and therefore it is necessary to help them through freewill offerings sent by the faithful of the National Church. Presently we have twelve students in two courses of study.

The education and formation program was presented by Father Professor A. Walichiewicz, who detailed the range of studies and activities of the students and professors.

With this the morning session concluded, whereupon all the participants went to the Seminary building where they partook of a delicious meal in the refectory prepared by the Blessed Sacrament and Maria Konopnicka Societies.

After lunch, they toured the interior of the building and then heard in the lecture hall an examination of the students conducted by Professors Czarkowski and Walichiewicz.

2. In the afternoon, Father T. Zieliński presented the Pension and Aid for Clergy Fund project, elucidating for those present the pluses and minuses, and since this matter was not settled practically, therefore in the evening First Bishop Fr. Hodur raised a plan for writing a call to the entire National Church in America for the faithful to make donations to Aid Fund for aged, inactive or sick National priests. Father Senior Szufladowicz, seconded by Bishop Grochowski, made the plan in the form of a motion which

was accepted unanimously by the members of the Supreme Council of the Church.

3. First Bishop Fr. Hodur presented the matter of the Mission of the PNC Church in America and in Poland and he confirmed with irrefutable facts that it is necessary to continually watch over the whole and the safety of our Church on both continents since we are threatened by enemy forces. Here we must cooperate with, mutually support, and morally and physically strengthen one another as a single organization, and equally we must help the Church in Poland morally and materially.

The participants in the meeting had supper in the school hall of St. Stanislaus Parish prepared by the same ladies' societies.

4. In the evening session, Bishop Hodur continued to discuss the issue of the mission, illustrating with examples from the past and indicating practical methods for conducting internal and external missions in the future.

Bishop Jasiński then presented a paper on the newly-opened parishes in Canada, namely, Hamilton, Ontario, and in Montreal, Quebec, which was accepted as information with pleasure.

Supplementing Bishop Jasiński, Bishop Hodur indicated that on the basis of information he has received, it may be possible to organize National parishes on Staten Island, Bronx, N. Y., and Chester, Pa., and Cohoes, N. Y., because appropriate conditions have formed and we may direct our efforts in those directions in the not distant future.

Concluding this hard-working day of deliberations, the First Bishop recommended to those present the Convention of the United Societies for the Adoration of the Most Blessed Sacrament to be held in Scranton, Pa., in March, and with an uplifting prayer adjourned the meeting of the Supreme Council of the Polish National Catholic Church.

Chronicler

From the Meeting of the Supreme Council of the Polish National Catholic Church

(Shortened extract from the Minutes)

Last Friday, on the 6th [1951], a short – lasting from only ten to twelve noon – but important meeting of the Supreme Council of the Polish National Catholic Church was held in Scranton, Pa., in the library of First Bishop Fr. Hodur, called by him because of the death of Bishop J. Jasiński in Buffalo, N. Y., and the arrest of Father J. Padewski, the Bishop in Poland.[28] These were the two most important reasons for calling the Council, but in addition normal matters bound strictly to the life of the PNC Church in America were considered.

Regarding the fate of Bishop Padewski, Bishop Hodur based himself on reports of the delegation he sent in this matter to the Polish Consulate in New York and a second delegation to the State Department in Washington, and if the personal and diplomatic interventions will not have positive result, the First Bishop will proceed in this matter as he shall regard appropriate, having a free hand to act in defense of the arrested bishop.

Because implacable death has snatched from our ranks the leader of the Buffalo-Pittsburgh Diocese and it is impermissible to have a long break in the administration and the fulfillment of the duties of the pastor of the diocese in respect to the good of the Church, therefore on the proposal of Bishop Misiaszek, seconded by Bishop Grochowski, after receiving the prior agreement from the candidate, First Bishop Fr. Hodur named as permanent leader

---

[28] Bishop Jasiński died April 2. Bishop Padewski was first arrested in Cracow on January 7 and imprisoned in Warsaw on February 8. The severance of ties of the Church in Poland to the Church in America was quickly announced. Bishop Padewski died on May 10. For more information, see: Zawistowski, "On the Death of Bishop Padewski in a Communist Prison," and same author, "Notes from the Interrogation of Bishop Joseph Padewski," *PNCC Studies*, vol. 20 (1999-2000), pp. 51-68.

of the orphaned diocese Bishop J. Leśniak, who to this time was the Ordinary of the Eastern Diocese and who will assume his duties in Buffalo, N. Y., in the nearest future.

The place left empty by the departing bishop will be assumed by Father Senior J. Sołtysiak as administer of the Eastern Diocese, the pastor of Holy Trinity Parish in Manchester, New Hampshire.

On the issue of the breaking of the bonds of the Polish National Catholic Church in Poland with the Polish National Catholic Church in America, the First Bishop analyzed on the basis of facts the reasons which – in his opinion – caused this step and he counseled the members of the Supreme Council to not lose faith and hope but to exert their strength to regularize if not now then in the future this sorry situation for the good of the Polish nation as well as for the Polish National Catholic Church.

He warmly recommended to those present the matter of the Aid Fund for aged and infirm priests and asked especially the bishops to conduct this action on the territory of their dioceses in the concept of the announcement of the First Bishop and to unify the method of the collection among the parishes, to which the bishops stated their agreement.

At the end, on a motion by Bishop Grochowski, those assembled honored by standing the memory of the deceased Bishop Jasiński and Father Zieliński read the full text of the article in *Rola Boża* about the late bishop.

Taking part in the deliberations were Bishops: Fr. Hodur, L. Grochowski, J. Leśniak, and J. Misiaszek; Seniors: A. Wojtkowiak, L. Dąbrowski, J. Sołtysiak, R. Zawistowski, J. L. Zawistowski, F. Siemiątkowski, and M. Zawadzki; Fathers: E. Abramski, T. Zieliński, B. Goławski, and F. Kaczmarczyk; and Messrs.: J. Mikuta, J. Roman, A. Kinowski, W. Proń, and W. Juszkiewicz.

Father A. Walichiewicz, Recording Secretary

Rola Boża, vol. 27 (1951), no. 15, p. 230.

Meeting of the Supreme Council of the Polish National Catholic Church

The meeting of the Supreme Council of the Polish National Catholic Church was called by First Bishop Fr. Hodur for the day after the consecration [of Bishop Sołtysiak], that is, on Thursday, April 24 [1952].

The following members took part in the meeting of the Supreme Council: Bishop Franciszek Hodur, Bishop L. Grochowski, Bishop F. Bończak, Bishop J. Misiaszek, Bishop J. Leśniak, and Bishop J. Sołtysiak; Father Seniors: M. Zawadzki, J. L. Zawistowski, R. Zawistowski, L. Dąbrowski, F. Siemiątkowski, S. Szufladowicz, R. Pawlikowski, B. Goławski, and J. Jakobsche; Pastors: A. Walichiewicz, T. Zieliński, E. Abramski, J. Kardaś, F. Kaczmarczyk, J. Czyżewski, and T. Czarkowski; Laity: W. Proń, W. Juszkiewicz, J. Roman, J. Ostrowski, A. C. F. Kinowski, J. Stachura, and F. Matecki.

The following matters were discussed and decided:

1. Aid Fund for the Clergy of the Polish National Catholic Church of America. After Father Pastor T. Zieliński presented the matter, the following details regarding this Fund were accepted: under the chairmanship of First Bishop Franciszek Hodur, a committee was composed of the following persons: Father Senior S. Szufladowicz, chair; Father Pastor J. Kardaś, vice chair; Father Pastor T. Zieliński, financial secretary; Father Pastor Edward Abramski, recording secretary; Mr. Wincenty Juszkiewicz, treasurer; representatives of the individual PNCC dioceses: Western – J. Stachura, Buffalo-Pittsburgh – F. Matecki, Eastern – Father Senior L. Dąbrowski; plus the bishops *ex officio*. This committee was authorized to conduct a register of the parishes paying donations and gifts to the Fund, to communicate with the leaders of the dioceses as well as with the individual parishes of the PNC Church, and also to oversee the Fund under the leadership of First Bishop Franciszek Hodur.

2. First Bishop F. Hodur presented the matter of the PNCC administration, setting forth the democratic principles by which the Polish National Catholic Church conducts itself in contrast to monarchical and dictatorial systems.

3. Father Pastor Fr. Kaczmarczyk of Trenton, N. J., delivered a lengthy paper on the education and formation of the clergy. This paper will be published in *Rola Boża*.

4. Bishop J. Misiaszek presented the matter of the relationship of the Polish National Catholic Church in America with the Polish Catholic Church in Poland,[29] with additional remarks by Bishop Fr. Hodur that since the death of Bishop Padewski in Warsaw the situation has undergone fundamental change. As a consequence of the difficulty of coming to an understanding with the Church in Poland, the matter was left for further consideration.

5. Father Pastor J. Kardaś, the chaplain for the youth of the PNC Church, presented the necessity of introducing the topical societies of the Polish National Catholic Church and also the matter of establishing chaplains for the Church's youth serving in the armed forces of the United States. Father Pastor W. Tarka of Westfield, Mass., was designated chaplain by the First Bishop. Father Pastor J. Kardaś, as intermediary between the youth and the leadership of the Church, in the next issue of *Rola Boża* will present a plan on based on the paper he delivered.

6. In respect to the Seminary, the First Bishop turned to the members of the Supreme Council with a request for help in winning young, energetic candidates imbued with the spirit of God to the spiritual state.

7. Father Pastor Zieliński presented the very beneficial work of the Choirs of the PNC Church, united into districts and centrals, and encouraged support of this activity in the entire Church in America.

---

[29] In September 1951, the now separate and independent Church in Poland was renamed as the *Kościół polskokatolicki.*

8. On the relationship of the Polish National Catholic Church with the Polish American Congress, Bishop Hodur and Bishop Grochowski expressed their views. Bishop Hodur reminded that the task of the PNC Church is in the field of religion, the upbringing of children and youth, and material aid to the faithful of the PNC Church in America as well as in Poland. In political matters, the faithful of the PNCC are free, but they must be extremely careful. Bishop Grochowski, on the other hand, advised that the faithful of the PNCC should take advantage of the present time and in this way help Poland recover its freedom and independence.[30] Bishop Fr. Hodur counseled not putting the PNC Church or individual parishes at risk.

9. On the basis of requests from the Centrals of the Blessed Sacrament and M. Konopnicka Societies, and after explanations by First Bishop Fr. Hodur, the Council resolved to have representatives of the faithful women of the Polish National Catholic Church united in the Topical Societies of the National Church take part in the meetings of the Supreme Council of the PNC Church, to be called by the Chair of the Council, First Bishop Fr. Hodur.

Editor's Note: First Bishop Franciszek Hodur died February 16, 1953, age 86. Bishop Leon Grochowski, who had been elected in 1949, succeeded him.

---

[30] The editor of *Rola Boża* inserted a note at this point: "On page ten we present the text of a work by Father Senior J. Jakobsche of Central Falls, R. I., on the issue of the Polish American Congress."

For another introduction to some of the issues involved, see also: Richard C. Lukas, *The Strange Allies: The United States and Poland, 1941-1945* (Knoxville: University of Tennessee Press, 1978), pp. 120-121.

Minutes and Reports of Supreme Council Meetings

from the era of

Prime Bishop Leon Grochowski

1953 - 1969

Prime Bishop Leon Grochowski

The More Important Resolutions of the Supreme Council of the Polish National Catholic Church held in Scranton, Pa. February 21, 1953

The regular meeting of this Council had first been called by the late Bishop Hodur for the date of March 10; however, his death called for immediate action evoked by this occurrence, therefore the successor of the First Bishop, Bishop Leon Grochowski, in concurrence with all the members of our Episcopate, decided to call this meeting without delay because of the seriousness of the moment and concern for the future of the Polish National Catholic Church.

The hurriedly advanced session of the Supreme Council PNCC therefore was held on Saturday, February 21, at three in the afternoon in the library of the deceased First Bishop in Scranton, Pennsylvania.

The following members took part: Bishops L. Grochowski, J. Misiaszek, F. Bończak, and J. Leśniak. Seniors: S. Szufladowicz, J. L. Zawistowski, R. Zawistowski, M. Zawadzki, R. Pawlikowski, F. Siemiątkowski, L. Dąbrowski, J. Kardaś, B. Goławski, J. Jakobsche, T. Zieliński, A. Wojtkowiak, and W. Januszewski. Fathers: Pastor E. Abramski and Professor A. Walichiewicz. Lay members: A. Kinowski, F. Matecki, L. Podolski, W. Proń, S. Kotula, W. Juszkiewicz, J. Roman, J. Ostrowski, and A. Stachura plus Mesdames M. Gorgol and M. Kosik.

After thorough discussions, the following were resolved:

1. To enroll in the J. Savonarola Seminary for Priests, which is recognized as a school of higher type, a greater number of candidates to the spiritual state from all our dioceses in America

and to obtain permission to bring students from abroad, and all priests will appeal to parents and to the youth to gain candidates on the Holy Day of the Institution of the Polish National Catholic Church, the second Sunday of March.

2. The Supreme Council supports the decisions of Bishop J. Misiaszek in disciplinary matters in the territory of the Central Diocese PNCC.

3. The receiving of new men and women members of the Supreme Council is confirmed in accordance with the wishes of the late First Bishop Fr. Hodur.

4. Bishop L. Grochowski in the power of his office delegated authority in emergency matters to Bishop J. Misiaszek as the closest co-worker of the deceased First Bishop, of course in concurrence with Bishop L. Grochowski.

5. At the request of Bishop L. Grochowski, Mr. W. Proń, the Treasurer of the Supreme Council of the Church, delivered to those present the facts of the financial status at the disposal of the Supreme Council.

6. The individual funds were distributed in accordance with their allocation.

7. A Financial Audit Committee was instituted composed of: Mrs. Maria Gorgol and Messrs. Alfons Kinowski and Józef Roman.

8. Bishop J. Misiaszek was delegated by Bishop L. Grochowski to be the editor-in-chief and publisher of the Church organ, *Rola Boża*, while Fathers A. Walichiewicz and K. Dębowski were named as assistants in the editorial staff.

9. The Rector of the Seminary for Priests will be Bishop J. Misiaszek and Vice Rector Father T. Czarkowski.

10. Because of the situation in Poland, the money in the Permanent Mission Fund will be used for missionary purposes in the United States and Canada.

11. Our entire Church will co-operate with the Polish National Union in rebuilding the Home for the Aged and Infirm.

12. In the commission for rebuilding this Home, representing the Church: Bishop J. Misiaszek, Father Senior J. Kardaś, Mrs. Maria Kosik, and Messrs. J. Ostrowski and W. Juszkiewicz.

13. The entire Church will participate in providing aid to the flood victims in Holland, sending financial offerings to Scranton, Pennsylvania.

Father A. Walichiewicz, Recording Secretary

Rola Boża, vol. 29 (1953), no. 9, p. 12.

From the Meeting of the Supreme Council of the Polish National Catholic Church in Scranton, Pa.

Under the leadership of Prime Bishop Leon Grochowski

On June 30, 1953, the long-announced meeting of the Supreme Council of the Polish National Catholic Church was held, chaired by Prime Bishop Leon Grochowski of Chicago, Ill. The meeting began with a prayer at ten in the morning and it ended at ten in the evening.

Who took part in the meeting of the Supreme Council?

Bishops: Leon Grochowski, Jan Misiaszek, Józef Leśniak, and Józef Sołtysiak. Father Seniors: R. Zawistowski, J. L. Zawistowski, A. Wojtkowiak, F. Siemiątkowski, M. Zawadzki, T. Zieliński, J. Czyżewski, J. Kardaś, B. Goławski, and J. Jakobsche. Father Pastors: T. Czarkowski, A. Walichiewicz and Ed. Abramski. Lay representatives: J. Roman, W. Juszkiewicz, A. Kinowski, J. Ostrowski, E. Sznyter, M. Gorgol, and M. Kosik.

What was decided?

After hearing the minutes read by Father Pastor A. Walichiewicz and a financial report from the commission by Mr. A. Kinowski, after a discussion it was decided:

1. To collect offerings from the faithful once a month at the church door for mission purposes of the PNC Church. To aid flood victims in Holland, Bishop Leon Grochowski sent $500.00 first and $1,200.00 a second time. Total: $1,700.00.

2. It was decided to print a pamphlet in the English language on the ideals of the Polish National Catholic Church for broader use in the PNCC in America.

3. It was decided to erect a monument, crypt, chapel, and sarcophagus in which to place the mortal remains of the Organizer of the Polish National Catholic Church, the late Bishop Franciszek Hodur, in the cemetery of the National Church in Scranton, Pa.

4. It was decided to further the spread of the topical Youth Societies of the PNC Church, namely, the Resurrection, Young Women, Girls, and Defenders.

5. Archbishop A. Rinkel of Utrecht, Holland, was invited to the Synod of the PNC Church in Buffalo, N. Y.

6. A need is emerging for the election of two candidates for bishop of the PNC Church in America.

7. Bishop Józef Leśniak, Ordinary of the Buffalo-Pittsburgh Diocese, requested to be relieved of the duties of pastor of the PNCC parish in Buffalo and of bishop of the Buffalo-Pittsburgh Diocese due to poor health. The Council acceded to this request and named Father Senior T. Zieliński of Dickson City, Pa., to be pastor and administrator of the Buffalo-Pittsburgh Diocese during the illness of Bishop Leśniak, beginning September 15.

8. Prime Bishop Leon Grochowski will name the Synodal Commissions at the appropriate time and publish them in the press.

9. The Prime Bishop appointed Bishop J. Misiaszek and Father Senior J. Kardaś to attend the Congress of Old Catholic Churches to be held in Munich, Germany, September 1 to September 5.

10. Kindness was requested of the faithful of the PNC Church, clergy as well as laity, towards the students of the PNCC Seminary in Scranton, Pa., sent out to work for the *Rola Boża*, *Przebudzenie*,[1] mission, and the PNCC Seminary during the vacation season.

11. Prime Bishop Leon Grochowski will send an appropriate letter to the Clergy and faithful of the PNC Church regarding the resolutions of the Council with a request for help in fulfilling the decisions for the benefit of the entire PNC Church.

12. Invited by the Supreme Management with Mr. S. Kotula at its head, the Council took part in the opening of the remodeled offices of Spójnia. More than two hundred guests visited and admired the newly remodeled and splendid offices and first-class appointments of our brotherly organization. And then Prime Bishop Leon Grochowski, Bishop Misiaszek and Father Senior Kardaś took part in a short meeting of the Supreme Management which had as its purpose the development of Spójnia.

Rola Boża, vol. 29 (1953), no. 27, p. 4.

Meeting of the Supreme Council of the Polish National Catholic Church in Scranton, Pa.

Last Friday, July 23, a meeting of the Supreme Council of the Polish National Catholic Church was held in Scranton, Pa., in the building of the PNCC Seminary for Priests, chaired by Prime Bishop Leon Grochowski of Chicago, Ill. Present were the following members of the Council: Bishop Jan Misiaszek; the Administrator of the Buffalo-Pittburgh Diocese, Father Senior Tadeusz Zieliński; Father Senior Stanisław Szufladowicz of Plymouth, Pa.; Father Senior Siemiątkowski of Carnegie, Pa.;

---

[1] *Przebudzenie* [The Awakening], was the official publication of the Western Diocese. When Bishop Grochowski moved to Scranton, it was merged with *Rola Boża*.

Father Seniors: R. Zawistowski, J. Kardaś, J. Czyżewski, Ed. Abramski, and Father Professor T. Czarkowski; plus laity: Maecenas[2] A. Kinowski, J. Roman, J. Ostrowski, W. Juszkiewicz, St. Kotula, Maria Gorgol, Emilia Sznyter, and Maria Kosik.

The following resolutions were passed:

1. The report of Mr. J. Ostrowski, the Treasurer of the PNCC funds, was heard. He will present it to the Synod and to the Audit Commission named by the Prime Bishop and witnessed with the signatures of the Controlling Commission, Maecenas A. Kinowski, J. Roman and Maria Gorgol.

2. All the dioceses will also present financial reports.

3. It was resolved to make some corrections in the Seminary prior to the beginning of classes.

4. The assembled heard a report about the building of the Monument of Gratitude and the financial status; it was resolved to present the matter to the Synod. The Monument of Gratitude will cost about $80,000.00; in the Bishop Hodur fund account there is more than $40,000.00.

5. Corrections to the PNCC Constitution will be presented by the chair of the Constitution Commission, Father Pastor Wł. Słowakiewicz of Milwaukee, Wisc. The Commission worked in Chicago, Ill., July 20, 21 and 22. Basically, the Constitution will not be changed but necessary supplements and corrections will be presented to the Synod.

6. Social Security for the clergy of the PNC Church as well as the aid fund should be recommended to the Synod.

7. Two hundred dollars was designated for Synod announcements.

8. The project of Boy Scout insignias for Troops of the American organization within the Polish National Catholic Church, presented by Mr. T. Rudnicki of Buffalo, N. Y., was accepted with thanks.

---

[2] An honorific for attorneys favored by Prime Bishop Grochowski, it refers to the ancient Roman statesman Maecenas.

9. The Council decided to elect two candidates for bishops of the PNC Church, one for the Buffalo-Pittsburgh Diocese and another for the disposition of the PNCC.

Rola Boża, vol. 30 (1954), nos. 31-32, p. 32.

Supreme Church Council Communiqué

The Supreme Church Council at a joint meeting on December 14 resolved after lengthy debate to inform all the members of the PNC Church – **that each fiscal year enclosing the accounts of the Church will begin on March 1 and end the last day of February the next year.**

On the authority of this resolution, all offerings and obligations which parishes will pay to the main treasury of the Church by March 1, 1956, will be counted for the year 1955.

We remind the parishes of financial obligations according to the resolutions of the last General Synod. Parishes pay to the Church Treasury:

Diocesan Dues - $1.50 from each parishioner.

Mission Offerings – which the ladies normally collect on the first Sunday from the faithful leaving church.

Four Percent Administration Fund – Parishes pay four percent from offerings collected during morning and evening services in church and also from parish dues.

The Church Council decided to suspend the four percent tax from net income from parish events until the next General Synod.

Offerings to the Aid to Clergy Fund are paid by parishes once a year in the amounts:

Small parishes of less than 100 families pay $25.00 annually.

Parishes of 100 to 200 families pay $50.00 annually.

Parishes numbering 200 families or more pay $100.00 annually.

Please remit all payments to the address of Mr. John Ostrowski, 529 E. Locust St., Scranton 5, Pa.

We take this opportunity to inform that the Treasurer of our Church conducts his office without any recompense. He also has assumed the necessary bond so that the funds under his care should be properly guaranteed.

Rola Boża, vol. 32 (1956), no. 2, p. 6.

Report of the Meeting of the Grand Council
February 4, 1959

Present: Bishop Leon Grochowski; Bishops: Józef Sołtysiak, and Tadeusz Zieliński; candidate for bishop[3] Father Senior Franciszek Rowiński; Seniors: Wojtkowiak, Siemiętkowski, Rene Zawistowski, and Słowakiewicz; Father Niemiński; Messrs: Jan Ostrowski, Rudolf Koczera, Tadeusz Rudnicki, Stanisław Kotula, Antoni Śmigiel, Ernest Gazda, and Franciszek Orłowski; absent: Popek.

I.

Our Church in Poland

A. On the basis of the report of Director Sitko:

1. Because the Government of the United States requires that our humanitarian-aid work for Poland with the co-participation of the United States must be mediated by an institution in the Church in the form of an organization created specially for this purpose and composed of members (individuals and organizations), it was

[3] Changes had been instituted to elect candidates for bishop rather than bishops as previously. If not consecrated by the next Synod, the new candidacy lapsed whereas in the past one remained a bishop-elect for life if not consecrated.

resolved to maintain, expand and enlarge our organization "Pomost" and through it continue to make efforts for American aid for Poland.

2. Membership in the Pomost Society will be on the basis of an annual donation, minimum of one dollar.

3. To call into existence special committees which will undertake obtaining members of "Pomost," the collecting of clothing and the sending of such to Scranton; these matters are to be conducted separately from ordinary parish matters.

4. "Pomost" will continue to concentrate its efforts on sending clothing to Poland to attain the greatest credit in the Government of the United States.

B. On the basis of the report of the Prime Bishop, we know that the issue of the National Church in Poland is presently in a state of ferment, but if they themselves there create a program of activity in which we in America will have an opportunity to cooperate, and if a synod will be called there and we will be invited to it, then we shall assume a decision of cooperation of our Church in America with the Church in Poland.

II.

Candidate for bishop, Father Senior Jaworski

After listening to the explanations of the Prime Bishop, Messrs. Orłowski and Gazda, and Father Senior Jaworski regarding the verbal attack by him and public appearance against the Prime Bishop at the last annual meeting of the Scranton Cathedral Parish, the Council accepted as information and upheld the Prime Bishop and Parish in settling this matter.

III.

Consecration

A. Regarding Candidate Father Senior Rowiński.

After the presentation by Prime Bishop Leon Grochowski of Father Senior Franciszek Rowiński, duly elected candidate for bishop at the Tenth General Synod which was held in the city of Chicago in the state of Illinois on the dates July 1 to 4 inclusive, the Council ascertained that the accomplished election was legally conducted. It agrees to the consecration of the candidate for bishop at the time and place designated by the Prime Bishop.

B. Regarding the candidates: Father Senior Goławski and Father Senior Jaworski.

Because the question of fulfilling the requirements presented by the Nomination Commission even before the elections at the Synod remains as well as the question of qualification as a result of occurrences which happened during the time of the Synod, the Council called a special commission in the persons of Bishop Zieliński, Antoni Śmigiel and Ernest Gazda to examine the matters of conditions and qualifications in respect to consecration and to submit a report at the next regular meeting of the Council.

IV.

The Election of Candidates for Bishops

1. The Commission will be called for a period of at least two years before the elective synod for the specific examination of all conditions and qualities in respect to candidates.

2. The closing of the period for the presenting of candidates should be in a suitable time before the elective synod to make it possible for the Commission to carry out the above motion.

V.

The Parcel in Washington

A motion on the basis of the explanations by Father Sienkiewicz to examine the suitableness of the opportunity and if it is suitable to purchase the parcel in the name of the entire Church. The examination will be done by the Prime Bishop and Mr. Kotula.

VI.

The Fund for the Aid of Needy Parishes

Motion: the Prime Bishop and the Treasurer, Mr. Ostrowski, will set apart one percent of the Four Percent Fund for the Aid Fund and will impart it to where it will be indicated.

VII.

Publication Fund

Motion: the Prime Bishop and the Treasurer, Mr. Ostrowski, will set apart, in accordance with the original resolution at the creation of the Four Percent Fund, the appropriate percent for publications.

VIII.

Publications

1. To print the corrected Constitution in the English language.[4]

---

[4] Some controversy had arisen regarding the accuracy of some revisions to the Church Constitution enacted by the General Synod as reported in the official

2. To publish already in this year a Missal in English.

3. To print the Ritual as soon as the corrections shall be completed.

4. To print the Short Catechism in English, which Bishop Zieliński is giving to the ownership of the Church.[5]

5. To republish the Polish prayer book prepared by Bishop Grochowski with the addition of the Holy Mass, new Supplications and General Confession. Bishop Zieliński agreed to edit the additions. Two thousand copies will be printed or, if costs allow, three thousand.

6. To print, as yet another section of Sunday School of Christian Living lessons, the "Life of Christ" developed by Father Kawalkowski.

7. To gradually publish translations into English of suitable Polish language booklets of our Church; to find in each diocese resource persons to help with the translation.

IX.

New Home for the Aged

To conduct a two-year drive in the entire Church to raise $350,000.

---

minutes. In addition, two different editions of the Constitution were published some years apart but they looked identical in format and were not dated although revisions had occurred. Almost ten years passed before copies of the Constitution were again available to the Church's membership.

[5] At a time when the Church was short of funds, Bishop Zieliński had assumed personal responsibility to publish prayer books and catechisms in the English language for the Church at his own expense and received the proceeds therefrom to publish further editions as needed.

X.

Youth Societies

Because older persons now have governmental care, a greater concentration of forces will be possible for us for youth work. The approach to this will be a well thought out plan for a new youth program, beginning with the creation of younger branches of the Resurrection Society.

XI.

Council Meetings

Meetings of the Council will be held in the last full week of the month of April and will be two-day gatherings; the next will be held on the dates April 26 and 27, 1960.

Father Senior Władysław Słowakiewicz, Secretary

Declaration

The Supreme Council of the Polish National Catholic Church, at a special meeting convened in Scranton, Pa., on September 29, 1959, declares that in the matter of the episcopal consecration of Father-elect Bernard Goławski as a bishop of the Polish National Catholic Church, because his consecration on September 19, 1959, in the Church of the Most Blessed Virgin Mary in Cleveland, Ohio, was not lawfully conferred by Bishop Franciszek Bończak. The consecrator, as an inactive bishop, on the basis of Article IX, Section 1, of the Constitution of the Polish National Catholic Church, did not have the right or the authorization of the authorities of the Polish National Catholic Church to perform this act.

In accordance with the above, Father Bernard Goławski does not have the right to perform the functions of a bishop in the Polish National Catholic Church.

The Council of the Polish National Catholic Church hereby informs that Bishop Franciszek Bończak due to violating the laws of the Polish National Catholic Church, is divested of the privilege of performing the functions of a bishop in the Polish National Catholic Church.

Bishop Leon Grochowski	x
Bishop Józef Sołtysiak	x
Bishop Tadeusz F. Zieliński	x
Bishop Franciszek C. Rowiński	x
Father Senior F. J. Siemiątkowski	x
Father Senior Rene Zawistowski	
Father Senior Antoni Wojtkowiak	
Father Senior Władysław Słowakiewicz	
Father Józef Niemiński	
Tadeusz R. Rudnicki	
Rudolf Koczera	x
Jan F. Ostrowski	
Franciszek Orłowski	
Ernest J. Gazda	
Antoni A. Śmigiel	

DECLARATION
of the Supreme Council
of the Polish National Catholic Church
Convened in Special Session[6]

The Supreme Council of the Polish National Catholic Church met in special session in Scranton, Pennsylvania, on September 29, 1959. All members, with the exception of Attorney Smigiel, who was unable to attend due to pressing business, were present. One

[6] English original.

of the matters at the session was the reported consecration of Bishop-elect Bernard Golawski by Bishop Franciszek Bonczak. After a long discussion, in which the Very Reverend Bernard Golawski and the Right Reverend Franciszek Bonczak took part, the Supreme Council unanimously made the following declaration:

"The Supreme Council of the Polish National Catholic Church convened in special session at Scranton, Pennsylvania, on this 29th day of September, 1959, declares, in the matter of the consecration of Bishop-elect Bernard Golawski, that it does not recognize him as a Bishop of the Polish National Catholic Church, for the reason that his consecration on September 19, 1959, in the church of Saint Mary, in Cleveland, Ohio, WAS ILLEGALLY CONFERRED BY THE RIGHT REVEREND FRANCISZEK BONCZAK.

"THE CONSECRATOR, AS AN INACTIVE BISHOP, PURSUANT TO ARTICLE IX, SECTION 1, OF THE CONSTITUTION OF THE POLISH NATIONAL CATHOLIC CHURCH, DID NOT HAVE RIGHT NOR THE AUTHORITY FROM THE EXECUTIVE POWERS OF THE POLISH NATIONAL CATHOLIC CHURCH TO PERFORM THIS ACT.

"IN THE VIEW OF THE ABOVE, THE VERY REVEREND BERNARD GOLAWSKI DOES NOT HAVE THE RIGHT TO PERFORM THE FUNCTIONS APPERTAINING TO A BISHOP IN THE POLISH NATIONAL CATHOLIC CHURCH."

Prime Bishop Leon Grochowski,
Bishop Joseph Soltysiak,
Bishop Thaddeus Zielinski,
Bishop Francis Rowinski,
Very Rev. Francis J. Siemiatkowski,
Very Rev. Rene Zawistowski,
Very Rev. Anthony Wojtkowiak,

Very Rev. Walter Slowakiewicz,
Rev. Joseph Nieminski,
Thaddeus R. Rudnicki,
Rudolph Koczera,
John F. Ostrowski,
Frank Orlowski,
Ernest J. Gazda."

God's Field, October 10, 1959, p. 14

Decisions and Motions Undertaken at the Meeting of the Supreme Council of the Church, April 26 and 27, 1960

In place of the deceased member of the Council, Franciszek Orłowski, Maecenas Zygmunt Białkowski of the Cathedral parish in Scranton, Pa., was presented and accepted.

Items from the Minutes

1. Regarding the proposition of Maecenas Śmigiel in the matter of changes in respect to the methods used by the Nomination Commission, it was the general opinion of those present that the Council cannot, because it does not have the right, to make these changes, but rather it will request the next Synod to make such as corrections to the Constitution.

2. That the Publications Fund as foreseen in the Constitution refers to publications which are to serve for the development and propagation of the Church and are to be distributed without cost, and does not refer to the printing of the missal, ritual, prayer book or even the catechism because these pay for themselves eventually through their sale.

3. Regarding the new Spojnia Home for the Aged, when the collection for this will begin again, the Church will be called to cooperate.

4. Regarding the visitation of the whole Church by the Prime Bishop: the Prime Bishop visited the Seniorates of the Central Diocese with good result; he made some more distant visits, but the flood of other work and the obligations directly tied to the Central Diocese and also the First Cathedral Parish did not permit the continuation of further such trips. Because such internal mission of the Church is very necessary, he will continue it further as soon as he is free to do so.

5. The publication of the Constitution of the Church in Polish and English texts: the publication of the minutes of the last Synod in *Rola Boża* showed certain inaccuracies as to resolved corrections and this delayed the project. The proper text has now been delivered to the Church Central and therefore the printing of it will follow.

6. English Missal: the change in the plans to print the partial missal to the complete one delayed this project. The complete text will be given to the Prime Bishop for approval and then will go to press; the cost estimate and plan were already agreed to with the printer.

7. The Ritual for priests: it is already available to be purchased.

8. English Catechism: the new edition is already available; it is the property of the Church.

9. Polish Prayer Book: Bishop Zieliński informs that the material has been ready since November. The Prime Bishop announced that the prepared material has not yet been given to the printery due to reduced finances. There was a suggestion to have the Church in Poland print it but they have not yet indicated interest there.

10. English Prayer Book: the edition of 6,000 books, in white and black covers, will be ready in a week as the property of the Church.

11. Polish Missal: Bishop Rode[7] agreed to print it in Poland; $1,600.00 was given from America on the account of this work, but further details are not yet available.

New Business

12. After hearing the memorandum read by the Prime Bishop which he prepared and presented to those interested in Poland, the Council accepted a motion to publish it in the Polish and English languages.

13. In the matter of Father Senior Bernard Goławski, which Bishop Rowiński presented to the Council at his request, the Council declared that the decision taken in this matter on September 29, 1959, and properly published in the Church organ, stays.

14. The teaching materials for the Sunday School of Christian Living: After listening to the explanations of the Prime Bishop in respect to these materials and looking over the copies presented by Father Senior Magyar, the Council undertook a motion of recognition and thanks to the Prime Bishop for his initiative and leadership in this project and to Father Senior Magyar for his proficient accomplishment of it. The motion also included full support for this matter.

15. The title of bishop-elect: the matter of a more realistic title for candidates for bishops lawfully elected by the Synods will be presented at the next Synod with a request that the use of the expression bishop-elect be relinquished.

16. The office of Prime Bishop: a thought was undertaken to permit the Prime Bishop more time for fulfilling the offices of Ordinary of the Central Diocese and Prime Bishop. This possibility is closely tied to the possibility of his being freed from the duties of pastor of the Cathedral parish. To permit greater freedom in the discussion of this matter, the Prime Bishop called

---

[7] Bishop Maksymilian Rode was the head of the Polish Catholic Church.

Bishop Sołtysiak to preside over the deliberations and he left the hall. As a result of the discussion, the Council accepted the following motion:

a. The Prime Bishop will be on salary of the whole Church upon his possible release from the duties of pastor of the Cathedral Parish in Scranton. His salary is to be in the sum of $500.00 plus the costs incurred with the conduct of the office of Prime Bishop.
b. To build, on the parcel of land donated in Scranton, the Prime Bishop's residence, which cost is not to exceed the sum of $40,000.00.
c. This expense may be covered by the Mission Fund with loans from other Church funds.
d. The commission to carry out this motion will be composed of : Z. Białkowski, chair, J. Ostrowski, St. Kotula, and E. Gazda.

17. Motion: to begin an intensive internal mission of the Church on the territories of the seniorates.

18. Motion: to separate the mission of the Church in Poland from the rest of the mission work of the Church and to conduct such from the specially created Mission Fund for the Church in Poland.

19. Motion: that the Church should proceed as soon as possible to carry out the projects of the Commission for the Development of the Polish National Union accepted at the last Spójnia Convention.

20. To make it possible for the Treasurer, Jan Ostrowski, to have a sufficient amount of time to prepare a complete financial report after the closing of the books on the last day of February.

The next annual meeting of the Council will be held April 25 and 26, 1961.

Father Senior Władysław Słowakiewicz, Secretary

Short Report of the Meeting of the Supreme Council of the Polish National Catholic Church held April 25 and 26, 1962, in Scranton, Pennsylvania

Present: Prime Bishop Leon Grochowski, Bishop Józef Sołtysiak, Bishop Tadeusz Zieliński, Bishop Franciszek Rowiński, Father Senior Franciszek Siemiątkowski, Father Senior Rene Zawistowski, Father Senior Antoni Wojtkowiak, Father Senior Władysław Słowakiewicz, Father Senior Józef Niemiński, Messrs.: Jan Ostrowski, Ernest Gazda, Zygmunt Białkowski, Stanisław Kotula, Rudolf Koczera, Tadeusz Rudnicki.

After the reading of the minutes, Mr. Ostrowski informed that at the direction of the Prime Bishop about the resolution in the minutes regarding the signatures on the checks of the Seminary Fund. The checks are now signed by: Mr. Ostrowski and Father Senior Władysław Słowakiewicz. The change was confirmed on a motion by Bishop Zieliński, seconded by Bishop Sołtysiak.

In the place of the resigning secretary of the Council, Father Senior Władysław Słowakiewicz, Father Senior Józef Niemiński was elected, on a motion by Bishop Zieliński, seconded by Mr. Gazda.

On the matter of the Council minutes, on a motion by Mr. Ostrowski, seconded by Mr. Gazda, it was resolved to give copies of the minutes only to the bishops, who are to inform the lay members and the representatives of the clergy of their dioceses of their duties.

Matters from the Minutes

The Prime Bishop informed that the following were printed:

English Missal. (On the matter of the English Missal, Bishop Zieliński raised the issue of to which translation of the Holy scriptures we are to hold, since it was agreed to the "King James Version" at the meeting of the bishops and seniors, but now there are complaints. The Prime Bishop said that the bishops and the priests will give their positions on this matter to the Synod to settle.)

Polish Prayer Books.

Constitutions of the Polish National Catholic Church in the English language.

Ritual.

Sunday School

The Prime Bishop informed that the Church has its own printing press worth $6,000 and it can print in three colors. Presently being processed is a series of lessons on the basis of the Ten Commandments of God and that he is himself preparing lessons on the basis of the Lord's Prayer. In the later session, the Prime Bishop said that there are three series of Sunday School lessons, for which the following are responsible:

Series I – being prepared by Bishop Zieliński.

Series II – being prepared by Bishop Rowiński.

Series III – being prepared by the Prime Bishop.

On the matter of handbooks for the teachers of the Sunday School, the Prime Bishop authorized Bishop Zieliński to compose lists of such for all the parishes.

Bishop Rowiński raised the importance of preparing teachers seminars, as a result of which it was moved (Mr. Gazda, second Mr. Koczera) to designate $500.00 from the Sunday School of Christian Living Fund for one year for each diocese for conducting such a teachers seminar for Sunday School teachers.

Building a Residence for the Prime Bishop

On this matter nothing has been accomplished.

The Prime Bishop's Library

The Prime Bishop offered it to the entire Church. It is to be located in the Straż Building.[8] The President of the Polish National Union assured space.

The Church in Poland

The matter was discussed broadly. On the matter of inviting Bishop Rode from Poland to our Synod, no motions were made on this issue.

Clergy Fund

Bishop Zieliński gave a report and informed that the fund contains $18,000, that a meeting of the Commission was held, that two letters were mailed to the parishes with a plea for donations to this cause, and that the Fund must be raised and revived at the Synod.

Seminary

The Prime Bishop informed that the Seminary Council is functioning effectively, that we have twelve students and seven professors, that their salaries amount to about $450.00 monthly. He raised the subject of the meritorious Father Professor Teofil Czarkowski and advised that the Church should buy him a small home in Davie, Florida, at a cost of $4,500.00 with money from the Clergy Fund. This home would be the property of the Church.[9]

---

[8] The Straż Building in Scranton housed the offices of the Polish National Union of America and the Straż Printery. Later, it also housed the Prime Bishop's office.

[9] The Bishop Joseph Kardaś Memorial Rest Home is a retirement village, owned by the Western Diocese, located in Davie, Florida.

On a motion by Father Senior Siemiątkowski, seconded by Father Senior Rene Zawistowski, the Prime Bishop's counsel was adopted.

As a result of the discussion about Davie, Florida, Bishop Rowiński raised the matter of an eventual loan from the Clergy Fund for the Western Diocese for the further construction of the institution in Davie. On a motion of Mr. Gazda, seconded by Mr. Koczera, it was resolved to lend $5,000.00 at three percent.

The Prime Bishop spoke about the need of conducting a collection in the whole Church for the purpose of the institution in Davie, Florida, as well as the Home for the Aged in Waymart, Pennsylvania.

Bishop Jan Misiaszek

There was a longer discussion of this matter, as a result of which there was a motion by Mr. Rudnicki, seconded by Mr. Ostrowski, that the Prime Bishop should write a letter to the collegium of the Old Catholic bishops for an opinion in this matter and which would eventually settle this matter.[10]

Church Fire in Woonsocket, Rhode Island

Bishop Sołtysiak raised the subject of the great losses by fire of the church in Woonsocket, R. I. It was resolved to give $1,000.00 for this purpose on a motion by Mr. Kotula, seconded by Mr. Ostrowski. The Prime Bishop requested Mr. Białkowski to prepare a paper on the issue of insuring all the parish properties in the whole Church up to eighty percent of their value.

Bishop Rowiński raised the need for certificates of baptism, marriage, First Communion, and Confirmation issued by our

---

[10] Bishop Misiaszek had been required to resign several years earlier due to irregularities regarding his marriage.

Church. The Prime Bishop asked Father Senior Magyar to take care of this matter.

Synod Commissions

Bishop Zieliński raised this subject. The Prime Bishop said that these will be filled at the meeting of the bishops which will be held in June.

Father Senior Józef Niemiński, Secretary

Short Report of the Special Meeting of the Council of the Polish National Catholic Church held May 17, 1963, in Scranton, Pennsylvania

Present: Bishop Leon Grochowski, Bishop Tadeusz Zieliński, Bishop Franciszek Rowiński; Father Seniors: Franciszek Siemiątkowski, Rene Zawistowski, Antoni Wojtkowiak, and Józef Niemiński; Maecenas Ernest Gazda, Maecenas Zygmunt Białkowski, Mr. President Stanisław Kotula,[11] Mr. Rudolf Koczera, Mr. S. Śliwiński. Also present was Bishop Jan Misiaszek.

The Prime Bishop gave the reason for calling the meeting of the Council: a new review of the petition of Bishop Jan Misiaszek for rehabilitation.

Bishop Misiaszek was asked to explain his petition. He said that he does not want to be an Ordinary, but that without further humiliation he wants to serve the Church. Taking part in the further discussion were: Maecenas Białkowski, Bishop Zieliński, Father Senior Rene Zawistowski. Finally, Father Senior Franciszek Siemiątkowski made a motion, seconded by Maecenas Gazda, that Bishop Misiaszek should have the right to find himself

[11] President of the Polish National Union of America.

in the circle of bishops and that during ceremonies he should have the right to wear a miter, but he does not have the right to carry a pastoral staff and he does not have the right to conduct strictly episcopal functions. In the case of eventual invitations, Bishop Misiaszek has to have the agreement of the given Ordinary. Upon the advice of the Prime Bishop that Bishop Misiaszek should accompany him to the collegium of the Old Catholic bishops, Father Senior Wojtkowiak so moved, seconded by Koczera. Motion carried.

Next the Prime Bishop raised the subject of Father-elect Bernard Goławski, who is demanding recognition as a bishop. After a discussion, Maecenas Gazda moved, seconded by Koczera, that the Council should hold to its decision in the matter of Father-elect Goławski which was announced in *Rola Boża.* Motion carried.

In the matter of Father elect Jaworski, nothing was done.

In the matter of the petition of the Slovaks regarding the election as bishop-elect of Father Senior Eugeniusz Magyar, it was resolved to give this matter to the Synod to be determined.

With this the special meeting of the Council of the Polish National Catholic Church concluded.

Father Senior Józef Niemiński, Secretary

Short Report of the Meeting of the Supreme Council of the Polish National Catholic Church, May 26 and 27, 1964, Scranton, Pennsylvania

Present: Prime Bishop Leon Grochowski, Bishop Józef Sołtysiak, Bishop Tadeusz Zieliński, Bishop Franciszek Rowiński, Bishop Eugeniusz Magyar, Bishop Jan Misiaszek, Father Senior Franciszek Siemiątkowski, Father Senior Rene Zawistowski, Father Senior Antoni Wojtkowiak, Father Senior Józef Niemiński,

Mr. Treasurer Jan Ostrowski, Mr. Maecenas Ernest Gazda, Mr. Maecenas Zygmunt Białkowski, Mr. Wincenty Juszkiewicz, Mr. Rudolf Koczera, Mr. Stanisław Śliwiński, Mr. Józef Stachura, Mrs. Nadia Martin, plus in the character of the personal secretary of the Prime Bishop, Father Senior Józef Jakobsche.

Items from the Minutes

English Missal. A longer discussion on the method for bringing in English Holy Mass into the parishes: the problem of parishes with only one Sunday Mass – here eventually one a month in English; the matter of a funeral Mass in English. Result of the discussion: to hold to the synodal resolution regarding English Holy Mass and to send a copy of such to all the bishops, pastors and parish committees. Executor of the motion: Mr. Maecenas Gazda, member of the Constitution Commission of the Polish National Catholic Church.

Sunday School. A course for teachers in South Bend under the direction of specialists in the area of Sunday Schools. The Prime Bishop advised recording this on tape so that the latest methods of teaching could be studied in other dioceses.

Clergy Aid Fund. State of the fund: $24,210.00. It was resolved to place $10,000 (presently in the bank at 3 percent) in an institution with Federal Savings Insurance for higher interest.

Rola Boża. A longer discussion. It was resolved:

a. that *Rola Boża* is to be sent to every PNCC parish in bundles; the number of copies in each bundle: 25 percent of the paid-up parishioners;
b. if possible, to have the main articles translated into the English language;
c. to send letters to the Parish Committees from the publishers of *Rola Boża* informing about the new plan for the growth of the paper;

d. that the parishes should donate freewill contributions to cover the cost of the printing of the enlarged format;
e. that in the parishes should be found Circles of Friends of *Rola Boża*, which would undertake to distribute the paper and to collect offerings (Synod delegates in the parish should be responsible for the functioning of these Circles);
f. that *Rola Boża* should be published twice a month, on the 1st and 15th of the given month.

The Bishops will prepare statistics on the basis of which the number of copies in each bundle will be fixed. If possible, to introduce the new system beginning July 1. The Prime Bishop informed that he has an assistant editor for the Polish section in the person of Father Bolesław Sikorski.

Insurance on Church Properties. Mr. Maecenas Białkowski informed that in September an article will appear in the *Rola Boża.*

Handbook for Parish Committees. Mr. Maecenas Gazda informs that it will be ready shortly. The material will take up from six to eight printed pages.

Certificates of Baptism, etc. Father Senior Zawistowski informs that this work is progressing. The Prime Bishop nominated in addition to this Commission Bishop Magyar and Bishop Misiaszek.

Inactive Priests. This matter was settled definitively at the Synod with an appropriate motion and resolution.

Movement to Unite Four Protestant Churches in the United States. To continue to take part in these meetings in the character of observers only and to cover the costs of these observers.

Receipt of Funds. The Bishops are to send diocesan financial reports to the parishes once a year.

Music Workshop. It was resolved that Bishop Zieliński should be in care of this and if possible to expand it to the entire

Church, and the Music Commission, and to support future "Music Workshops" financially in accordance with the need.

New Business

Report of the Prime Bishop on His trip to England and Poland.

1. England: the Prime Bishop spoke about the content of the meeting of the leaders of the Anglican Church and those Churches associated with them; the paper of the Archbishop of Canterbury was read, following which there was a discussion of the terms "intercommunion" and "full communion."

2. Poland: twofold purpose of the trip to Poland:

   a. to determine the state of the Church in Poland and if it is still with us ideologically;

   b. to bring priests and clerics. He was to the Department of Religious Matters where it was promised that seven priests and ten clerics will receive passports for departure. The Prime Bishop presented receipts for the money transferred to the Church in Poland.

After a longer discussion, the Supreme Council granted the Prime Bishop its vote of confidence as to the members of the Home for the Aged Commission he nominated from the Church.[12] The result of the conversation with the delegation of the Polish National Union: to give the matter to an independent judge who will legally but without public announcement decide the matter.

Seminary. The Prime Bishop presented a plan for gaining candidates to the Seminary. It was resolved to have $500 stipends for ten clerics. The first year the clerics have free of charge, and for the next years they pay ten dollars each. Mr. Maecenas Gazda is to write a letter to the parishes with this information. It is to be

---

[12] The Spójnia Home for the Aged is a corporation jointly composed of representatives of the Polish National Catholic Church as such and the Polish National Union of America.

placed also in newspapers in Canada and in Cleveland as well as in New York advertisements on the matter of the need for candidates to the Seminary.

Youth Convocation. Bishop Zieliński informed about the first gathering of this type, which is to take place in Buffalo in August 1964. Youth from the entire Church are expected.

Financial Report. Mr. Treasurer Ostrowski presented that in all the Church treasuries there is $209,281.32. The new division of the Diocesan Fund: $2.00, from which $.50 remains in the treasury of the Ordinary; the remaining $1.50 is divided into three parts: $.50 each to the Mission Fund, the Seminary Fund and to the new Youth Fund.

Division of the Six Percent Fund.

2 percent: Sunday School Fund
1 percent: Publications
1 percent: Loans to parishes
2 percent: New Clergy Aid Fund for pensions.

Report of the Annual Meeting of the Council of the Polish National Catholic Church, May 26-27, 1964, Hotel Jermyn, Scranton, Pennsylvania

[Complete Manuscript]

Present were: Prime Bishop Leon Grochowski, Bishops: Józef Sołtysiak, Tadeusz Zieliński, Franciszek Rowiński, Eugeniusz Magyar, Jan Misiaszek; Father Seniors: Franciszek Siemiątkowski, Rene Zawistowski, Antoni Wojtkowiak, Józef Niemiński; Lay members: Treasurer Jan Ostrowski, Maecenas Ernest Gazda, Maecenas Zygmunt Białkowski, Wincenty Juszkiewicz, Rudolf Koczera, Józef Stachura, Stanisław Śliwiński, Mrs. Nadia Martin; and in the character of the personal secretary of the Prime Bishop with an advisory voice, Father Senior Józef Jakobsche.

At ten in the morning the Prime Bishop opened the meeting with a prayer and short greeting. The composition of the Supreme Council was then confirmed because this was the first post-synod meeting of the Supreme Council, after which the Prime Bishop requested Bishop Rowiński to administer the oath to the new members. The Prime Bishop asked of the members of the Supreme Council that Father Senior Jakobsche be permitted to take part in the discussions in the character of his personal secretary with advisory voice. Bishop Zieliński made a motion, seconded by Mr. Maecenas Białkowski, to accept the Prime Bishop's counsel. It passed unanimously.

Next, the Secretary, Father Senior Niemiński, read the report of the last annual meeting of March 12 and 13, 1963, which on a motion by Bishop Zieliński, seconded by Father Senior Zawistowski, was accepted without corrections.

The matters from the report were then taken up:

1. English Mass. This matter evoked a rather prolonged discussion about the method for introducing the English Holy Mass into our parishes. Bishop Rowiński claimed that the English Mass in the cathedral in Chicago enjoys the largest participation and that after the introduction of English Holy Mass, several families enrolled in the parish. Father Senior Jakobsche brought up the problem of a parish with only one Sunday Mass. After the passing of the resolution, the Polish Mass was eliminated in the parish. Bishop Zieliński counseled that in such cases to hold English Mass once a month. Bishop Zieliński raised the subject of funerals in the English language and how we are to resolve this issue. Mr. Maecenas Gazda reminded about the Synod resolution in respect to English Masses, which he then read. The Prime Bishop advised to keep to the Synod resolution in this matter and to present this resolution to the faithful of the Polish National Catholic Church and to publish it in *Rola Boża*. After longer discussion, Mr. Maecenas Białkowski made a motion to close further discussion of this topic and instead of *Rola Boża* to send copies of this resolution to each bishop, each pastor and to all parish committees; the executor of this motion is to be Mr. Maecenas Gazda, who was on the Constitution Committee. Mr. Koczera seconded the motion. It passed with one negative vote.

2. Sunday School. The Prime Bishop informed the Council that a new offset press was purchased in conformity with last year's resolution by the Council. The matter of Teachers Seminars was raised. Bishop Rowiński said that of the $500.00 which the Council approved last year for each diocese for organizing "Teachers Seminars" had a positive effect on the people of his diocese and that it would be good if this subsidy would be given each year. He said further that very soon there will be a "seminar" in South Bend, Indiana, during which a "laboratory" will be presented by professionals. The Prime Bishop advised taking advantage of a "tape recorder" so that this course for Sunday School teachers in South Bend could be studied in other dioceses.

A break was taken for dinner.

3. Seminary. The matter of Father Professor Teofil Czarkowski was raised. The Prime Bishop informed that the house in Florida was not purchased since Father Professor Czarkowski did not want to go there, that for practically a whole year he received a pension from the Central Administration of the PNC Church, and that presently he is at the parish in Rome, N.Y. Mr. Juszkiewicz informed that Father Professor requested a place on Spójnia Farm and he was given a room and he can take up residence there at any time.

4. Clergy Aid Fund. The chair of this fund, Bishop Zieliński presented a paper on this matter. He informed that this fund is not developing too much even though letters were sent to the parishes with a reminder to send contributions for this purpose. Recently a questionnaire was sent to the priests and on the basis of this a plan will be developed on the basis of which priests will receive

$100.00 monthly upon reaching age 68. Further, he suggested that the Polish National Union should take interest in this matter and come with aid. Bishop Misiaszek reminded that this fund was neglected because the accountants told us at the time that on the basis of our contributions to this fund priests could receive barely $19.00 a month. The Prime Bishop advised to continue to maintain our present plan of $100.00, $50.00 and $25.00 from the larger, middle-sized and small parishes. Mr. Juszkiewicz, the treasurer of this fund, gave a financial report. Overall in the fund's treasury there is only $24,210.00, of which more than $11,000.00 is in cash in the bank at three percent. The matter of placing this money at a more beneficial percent was raised. On the basis of a motion by Mr. Maecenas Białkowski, seconded by Mr. Treasurer Ostrowski, it was resolved to place $10,000.00 in a savings account in whichever financial institution which is covered by federal insurance and which pays the highest percent. Motion carried.

5. Rola Boża. The Prime Bishop informed the members of the Council that the *Rola Boża* matter is not good. We have barely 4200 subscribers. We are doing little to spread our ideals. Bishop Rowiński asked how much it costs to print one issue. The Prime Bishop said that something over $400.00. Bishop Rowiński suggested increasing the printing run to 10,000 or 20,000 copies and to distribute them to the parishes. Mr. Juszkiewicz reminded that not only the Prime Bishop but all the bishops and seniors are responsible for our publication and that all should help the Prime Bishop – that there must be cooperation. Bishop Zieliński counseled sending a bundle of copies of *Rola Boża* to each parish, the number of copies to be dependent on the number of paid up parishioners, of which 25 percent paid up would constitute the rule for the number of copies to each parish. Bishop Sołtysiak also spoke up for this plan. Bishop Misiaszek reminded that the fortieth anniversary of *Rola Boża* is at present and that on the occasion of the fortieth anniversary the publication can be revived and the circulation enlarged. After a longer discussion on this subject, it finally came to a resolution: 1. that *Rola Boża* should be sent to each parish in the number of 25 percent of the paid up parishioners; 2. that if possible the main articles should be translated into the English language; 3. that letters should be sent to the parish committees from the publisher of *Rola Boża* about the new plan to develop the publication; 4. that the parishes should donate freewill offerings to cover the cost of printing and enlarging the press run; 5. that Circles of Friends of *Rola Boża* should be found in the parishes which would undertake the distribution of the publication and the collection of offerings. Synod delegates should be among the members of such circles. The motion was made by Mr. Maecenas Gazda, seconded by Mr. Maecenas Białkowski. It passed unanimously. Next Father Senior Niemiński made a motion that *Rola Boża* should be issued twice a month on the first and fifteenth of each month. The motion was seconded by Mr. Maecenas Białkowski. Bishop Zieliński said that within a month the priests and bishops will prepare statistics on the basis of which the number of copies to each parish will be set and that from July 1 the system of bundles must commence. The Prime Bishop informed that he has an assistant editor for the Polish section in the person of Father Bolesław Sikorski, with a monthly salary of $50.00.

6. Insurance of Church Properties. Mr. Maecenas Białkowski informed that in September his article on this subject will appear in *Rola Boża.*

7. Certificates of Baptism, First Communion, etc. Father Senior Zawistowski informed that certain material is ready. The Prime Bishop nominated Bishop Magyar and Bishop Misiaszek to this commission. Bishop Rowiński reminded that some sort of documents are needed also for the Sunday School, and parish books to record payments and offerings. Father Senior Niemiński is to contact the artist, Mr. Eugeniusz Chruścicki, regarding the graphic art for these certificates.

8. Handbook for Members of Parish Committees. Mr. Maecenas Gazda informed that he already has some materials prepared and that the handbook will have some six to eight pages of information for the members of parish committees in regard to funds, etc.

9. Home for the Aged. Bishop Rowiński asked if the Church is represented in the Home for the Aged Commission. The Prime Bishop informed that according to the charter, it is a separate organization in whose composition there are two persons from the Polish National Union and two from the Church. Spójnia elects its own during the Convention while the Prime Bishop nominates two on the part of the Church. The Bishop further informed the Council that he nominated Mr. Wincent Juszkiewicz and Mr. Kochan, who is a professional accountant, but the Supreme Management of the Polish National Union rejected them claiming that this was to be done prior to their Convention. The same situation is to be found in the Education Commission where I nominated Mr. Maecenas Białkowski and Father Banaś and they too were not acknowledged. The Prime Bishop then asked the Council for suggestions and advice in this matter. Mr. Maecenas Gazda spoke claiming that on the basis of the Charter, which he examined carefully, the Polish National Union does not have the right to dictate to the Church as to the members of the Home for the Aged Commission nominated by the Prime Bishop, that that clause in the Constitution of the Polish National Union is invalid. As to the Education Commission, it is a different matter. Father Senior Wojtkowiak made a motion to invite the members of the Supreme Management of the Polish National Union to a session of the Council and to try in this manner elucidate this matter and eventually settle it. Seconded, the motion carried. The Prime Bishop nominated Bishop Rowiński, Father Senior Wojtkowiak and Mr. Koczera to inform the president, secretary, treasurer and attorney of the Polish National Union of our motion and to invite them to our session. Mr. Maecenas Gazda reminded that the delegation should have with it the original Charter.

A break was taken for supper.

10. Report of the Prime Bishop of His Journey to England and Poland. After supper, the evening session was held during which the Prime Bishop gave a report of his journey to England and Poland. At the outset, the Prime Bishop reported on the meeting in England chaired by Archbishop Ramsey. He told of his friendly relationship with us and our Church. Then the Prime Bishop asked the secretary, Father Niemiński, to read aloud the paper of Archbishop Ramsey delivered at the opening of the meeting.

A short discussion of the paper followed. Bishop Magyar explained the difference in the definitions of "intercommunion" and "full communion," saying that the relationship between our Churches did not change due to the change of terms and that "full communion" does not mean "organic communion." Bishop Zieliński said that for us "full communion" means "intercommunion" because we did not change the definition of this expression. The Prime Bishop said that Bishop Magyar also was present at the meeting in England and that he spoke twice.

The Prime Bishop now turned to the report of his stay in Poland. He said that he had a dual purpose: 1. to learn how the Church in Poland stands ideologically, is it distancing itself from us more. He stated that Bishop Maksymilian Rode has already stepped back from pseudo-Roman moves.[13] Bishop Rode called a meeting of the Church Council in Poland during which he learned that the Church in Poland has 116 priests, 78 active parishes, 60,000 faithful, and that eight million złotys has been spent on church renovations. The First Bishop said that the Church in

---

[13] Bishop Rode, a former Roman Catholic priest, rapidly rose to the leadership of the Polish Catholic Church after his conversion.

Poland nevertheless has grown. 2. The second purpose of the trip was to strengthen the Church in America with priests and clerics from Poland. I visited the Bureau of Religious Affairs [*Urząd do Spraw Wyznań*] and conducted discussions with Minister Żabiński. I was accompanied by Bishop Rode, Father Tadeusz Majewski and also two others. The discussions were very friendly and the Minister promised me that we will get passports for seven priests and ten clerics.

The Prime Bishop then presented receipts for the money which he took with him for the purposes of the Church in Poland: $500.00 for the construction of the church in Żarki-Moczydle, the birthplace of Bishop Hodur, $500.00 for the purchase of liturgical vestments and vessels, and $2,000.00 for the construction of the church in Lublin, $100.00 for the parish in Radom, and in addition to this the Prime Bishop gave $250.00 to Father E. Narbuttowicz who lies paralyzed.[14] The Prime Bishop concluded with the words that he departed with the conviction that the mission was a success.

During the report of the Prime Bishop, Bishop Sołtysiak presided over the Council meeting. Bishop Sołtysiak asked if there will be a synod in Poland. The Bishop answered yes, because it is needed, but I do not know when. I even proposed to Bishop Rode that after the election of a candidate for bishop he should come with him for consecration in Scranton. Next Father Rene Zawistowski made a motion that the Council should thank the Prime Bishop by rising for a well done mission in the name of our Church and to reimburse the Prime Bishop for all expenditures associated with the journey. Mr. Maecenas Gazda seconded the motion, the members of the Council rose and with applause accepted with thanks the report of the Prime Bishop.

---

[14] Father Edward Narbutt-Narbuttowicz long served as the Secretary of the Church in Poland. He was arrested and incarcerated at about the same time as Bishop Padewski in 1951. Bishop Padewski died in a Warsaw prison May 10, 1951. Father Narbutt-Narbuttowicz was incarcerated for some five years. He died in 1965.

The Second Day of Deliberations

The Prime Bishop opened the meeting with a prayer. Father Senior Wojtkowiak in the name of the Consulting Commission with Spójnia informed that the delegation of the Polish National Union will come to the meeting of the Council at two in the afternoon. The items from the agenda were returned to.

11. Inactive Priests. This matter was settled definitively at the Synod. Mr. Maecenas Gazda read the synod resolution pertaining to this matter.

12. The Uniting of Four Protestant Churches in the United States. Bishop Zieliński informed that the Prime Bishop, Bishop Magyar and he conducted a discussion with representatives only of the Episcopal Church, whereas Father Senior Rene Zawistowski took part in the second meeting in Princeton, N.J., in the character of observers, and that after four days nothing concrete was resolved. Bishop Zieliński asked if we are to take further part in these discussions as observers. After a short discussion the Prime Bishop summarized the views of the members of the Council and said that for the good of the Church may there be an observer from our Church at these meetings, but since there are costs related to this, Father Senior Wojtkowiak made a motion, seconded by Mr. Juszkiewicz, to cover the costs of the observer. Carried.

13. Receipts for the Rola Boża Funds. Father Senior Niemiński advised that the bishops should present to their parishes a financial report once a year on the general purposes of the Church. Senior Siemiątkowski made a motion for this, seconded by Senior Zawistowski. Carried.

14. Music Workshop. Bishop Zieliński gave a short report from the recent Music Workshop in which 165 persons took part. A Music Commission was elected. Such a course brings great benefit to the Church and should be held every two years. The Prime Bishop said that recognition is due Bishop Zieliński for its success. He advised granting the bishop care over the Music

Commission and if possible to expand the Music Workshop to the whole Church and that the Council should support it financially as may be needed. Bishop Misiaszek made the motion, seconded by Mr. Śliwiński. Carried. Bishop Rowiński raised the issue of having chaplains for these gatherings and the matter of paying of their costs of travel to the meetings. The Prime Bishop concluded that for the moment this matter will not be settled.

15. Youth Convocation. Bishop Zieliński informed that a Youth Convocation will be held August 18, 19 and 20 in Buffalo at which 300 youth from the entire Church are expected. The theme of the Youth Convocation will be "The Church and I."

16. Bowling Tournament. Mr. Juszkiewicz raised the matter of the bowling tournament and to take advantage of the presence of so many people from our Church to propagate the ideal of the Polish National Catholic Church.

With this, the items from the minutes were completed.

New Business

1. Seminary. The First Bishop presented to those present a plan for obtaining candidates to the Seminary. The plan depends on organizing meetings with boys who are finishing high school and, if possible, to have one of the clerics speak. He informed the Council that the Seminary Commission resolved to grant stipends of $500.00 for ten clerics.

A break was taken for dinner.

After dinner, the question of the Seminary continued. Bishop Rowiński asked how much the maintenance and instruction of the individual students costs. Mr. Maecenas Gazda, as the chair of the Seminary Commission, informed that the payment amounts to … which covers the instruction and meals.[15] As a result of this

---

[15] Amount not included in the typescript copy.

discussion, it was resolved that the first year in the Seminary should be free. The motion was made by Mr. Maecenas Gazda, seconded by Mr. Śliwiński. As to the next years, it was the motion of Bishop Zieliński to be $100.00 per school year. Father Senior Zawistowski seconded the motion. Mr. Maecenas Gazda asked how we are to give this information to the priests in the parishes. Mr. Treasurer Ostrowski advised that Mr. Maecenas Gazda should write a letter to all the priests to give them this information. Father Senior Niemiński said that it would be worthwhile to advertise the Seminary in the Polish newspapers in Canada. After a short discussion it was resolved that Father Senior Niemiński should undertake such advertising in Canada, Bishop Misiaszek in *Wiadomości Codzienne* in Cleveland and Father Senior Zawistowski in *Czas* in Brooklyn.

2. Home for the Aged. Next the matter of the Home for the Aged was taken up. The delegation of the Supreme Management arrived in the persons of Mr. President Stanisław Kotula, Mr. Secretary Tadeusz Rysz, Mr. Treasurer Fudala, and Mr. Attorney Maecenas Alfonse Kinowski. The Prime Bishop asked the Spójnia delegation why the names of those he nominated from the Church to the Home for the Aged and the Education Commissions were not published in *Straż*? Mr. President Kotula replied that in 1959 an amendment was entered into the Constitution of the Polish National Union which says that the nomination of members of the Home for the Aged Commission is to occur before the Convention and not after the Convention. Next the attorney of the Polish National Union, Mr. Maecenas Kinowski, read the excerpt from Home for the Aged Charter respecting the election of this Commission and claimed that if in the Constitution of the Polish National Catholic Church there is no mention of this matter then the Church must conform to the Constitution of the Polish National Union where there is mention of the election of the members of this Commission. Further, Mr. Maecenas Kinowski considered that since the names from the Church were given after the

Convention, therefore they are invalid and as a result thereof there is a vacancy in the Commission, and on the basis of the Polish National Union Constitution in the case of a vacancy, the President of Spójnia nominates to the empty places on the Commission, and the Prime Bishop confirms them. Mrs. Mary Gorgol, the recording secretary of the Home for the Aged Commission, was called to the meeting to read the minutes of the post-Convention meeting of this Commission at which the new Commission constituted itself. Bishop Sołtysiak then conducted a motion that the Supreme Council gives its vote of confidence to the Prime Bishop in his nomination of members from the Church to the Home for the Aged Commission. The motion was made by Mr. Maecenas Białkowski, seconded by Father Senior Rene Zawistowski. It passed unanimously. Then the Polish National Union delegation, which left the meeting for a short time while the Council passed the last resolution, was informed of our position. Mr. Maecenas Gazda suggested settling this matter in a manner friendly but legal by so-called "amicable action," whereby a neutral legal authority will decide the issue. The Polish National Union delegation agreed to this.

3. Financial Report. Mr. Treasurer Jan Ostrowski then gave a financial report for the fiscal year from March 1, 1963, to March 1, 1964. In the Misison Fund there is $50,116.79. In the Four Percent Fund $106, 312.32 divided as follows: 2 percent Sunday School $49,641.17; 1 percent Publications $21,487.16; 1 percent Loans to Parishes $22,468.20, and $12,715.79 in loans. In the Seminary Fund there is $52,827.21 and a $25 US Bond; total $209,281.32. On a motion by Mr. Maecenas Gazda, seconded by Mr. Koczera, it was resolved to accept unanimously the report of the Treasurer with great acknowledgement and deep thanks.

Bishop Zieliński raised the question of the crippled Father Ostrowski and eventually increasing the financial aid on the part of the Church Central. The Prime Bishop proposed raising his monthly assistance to $40.00, an increase of $10.00.

Mr. Treasurer Ostrowski requested a clarification in regard to the distribution of funds as a result of the resolutions of the last Synod. At present, diocesan dues are $2.00; from this diocesan bishops retain $0.50 and $0.50 goes to the Mission Fund, $0.50 to the Seminary Fund, and $0.50, which was resolved at the Synod, is to go to the new Youth Fund. As to the Six Percent Fund, the distribution is to be: 2 percent to the Sunday School of Christian Living, 1 percent for publications, 1 percent for loans to parishes, and the new 2 percent for support of clergy pensions. The Treasurer mentioned that new receipts must be printed to take into account the new funds.

After exhausting all the matters, the two-day deliberations of the Polish National Catholic Church Council concluded with a prayer by the Prime Bishop and the singing of the Hymn of the Polish National Catholic Church.

Father Senior Niemiński, Secretary

Minutes of the Special Meeting of the Supreme Council of the Polish National Catholic Church held November 28 and 29, 1967

in [*sic*] the Bishop Franciszek Hodur Hall of the Straż Building in Scranton, Pennsylvania, USA.

Present were: Prime Bishop Leon Grochowski, Bishops: Józef Sołtysiak, Tadeusz Zieliński, Franciszek Rowiński, Eugeniusz Magyar, and Jan Misiaszek; Father Seniors: Rene Zawistowski, Antoni Wojtkowiak, Józef Niemiński, Antoni Rysz, and Benjamin Mazewski; Lay Members: Treasurer Jan Ostrowski, Maecenas Ernest Gazda, Maecenas Zygmunt Białkowski, President of the Polish National Union Wincent Juszkiewicz, Stanisław Śliwiński, Feliks Czerwonka, Erwin Kalka, Norbert Cichy, Roman Wicherski, Jan Plaza, Nadia Spik; all together 22 persons.

At ten in the morning the Prime Bishop opened the meeting with a prayer and a short greeting, after which the hymn *Do Ciebiem przyszli Boże nasz* [To Thee We Come, Our God].

The Secretary of the Council, Father Senior Józef Niemiński, read the minutes of the last meeting of April 26 and 27, 1967. The Prime Bishop observed that the sums relating to the renovation of the Prime Bishop's residence given in the minutes are overstated. Bishop Zieliński moved to accept the minutes with the correction regarding the exact sum of the renovation of the residence.

Matters from the Minutes

1. English Mass. The Prime Bishop informed that the English Holy Mass is ready, however not yet printed since there are certain matters which must be settled, for example the matter of translating into the English language *Pan z wami*: should it be "The Lord be with you" or "The Lord is with you." A discussion ensued on this subject in which the following took part: Father Senior Zawistowski, Bishop Zieliński, Bishop Magyar, Bishop Rowiński, Father Senior Niemiński, and Mr. Kalka. Finally Bishop Zieliński made a motion that the form which is found in the English missal, "The Lord be with you," should be the rule. Father Senior Zawistowski seconded the motion. Carried.

Bishop Rowiński requested that the motions and principal resolutions discussed during the meeting of the Council be translated in the English language since the lay delegate from the Western Diocese does not understand the Polish language.[16]

2. Rola Boża. Bishop Rowiński made a motion to table this matter until the Synod report will be read and only then can we

[16] At this time, each diocese was represented on the Supreme Council by its bishop, a priest delegate and a lay delegate. At first appointed, later these delegates were elected during the Synod by the Synod delegates, clergy and laity respectively.

discuss it in the spirit of the Synod resolution. Bishop Misiaszek seconded the motion. Carried.

3. Church Insurance. Mr. President Juszkiewicz informed that the insurance firm in Philadelphia issued a project to insure all the churches under one policy, "en block," which would provide better conditions and significant savings. The Prime Bishop advised inviting the representative of this firm so he can present it personally tomorrow. The motion was made by Father Senior Zawistowski, seconded by Bishop Misiaszek. Carried.

Father Senior Zawistowski then made a motion to table the matters from the minutes and to directly take up the review of the Synod report. Mr. Czerwonka seconded the motion. Carried.

The Prime Bishop asked the Synod Secretary, Father Senior Rysz, to read the report of the General Synod of the Polish National Catholic Church held in Manchester, N.H., this year.

Father Senior Rysz began to read the report by informing that he is reading the entire proceedings of the Synod on the basis not only of notes but also on the basis of a tape recording. A lively discussion ensued on the subject of the report and what actually should be included in the official report. After a lengthy discussion, it was decided to eliminate discussions in the official report and to hold above all to all the Synod resolutions giving exactly the Synod motions. Bishop Zieliński so moved, seconded by Father Senior Wojtkowiak. Carried.

Next a discussion ensued on the matter of interpreting the Synod motion regarding English Holy Mass. The Prime Bishop, standing upon the Synod motion, claimed that it is permitted in the Polish National Catholic Church to celebrate only one Holy Mass in the English language on Sunday. Bishop Zieliński asked if it is permissible to celebrate funeral Masses in the English language. Mr. Śliwiński asked if it is permissible to celebrate Mass in the English language during the week. The Prime Bishop claimed that priests who celebrate funerals, Masses during the week, wedding Masses, etc. in English are not holding to the resolutions of the

Synod. At this time there is no resolution pertaining to these matters and he advised holding to the law. Bishop Rowiński claimed that those who made the motion regarding the English Mass were concerned that the Polish language should not be excluded and therefore the resolution speaks only about one Mass in the English language. A fundamental question in this matter should be: is this for the good of the Church? The Prime Bishop mentioned that a referendum could be conducted by sending ballots to the Synod delegates so they can express themselves on this issue, because he always emphasized that Synod delegates are valid from the Synod until the next Synod. The discussion concluded without any motion.

A break was taken for dinner. The members of the Council were the guests of the Polish National Union.

Afternoon Session

At three in the afternoon, the Prime Bishop requested Bishop Misiaszek to preside over the Council deliberations. Father Senior Rysz continued to read the Synod report. Presently the question of youth was considered. Bishop Rowiński informed that young people are complaining that the Synod authorized Youth Convocations for the entire Church to be held only once in four years. Mr. Maecenas Gazda informed that although the Synod so decided that does not mean that the Council is unable to resolve that Youth Convocations should be held every two years. Mr. Maecenas Gazda made a motion that these Convocations should be held every two years. Mr. Wicherski seconded the motion. Carried. Mr. Maecenas Gazda reminded that if the Synod nominates permanent commissions, these commissions should function within the bounds of their competence and the Youth Commission should be informed of this resolution so that it can carry it out.

Next Father Senior Rysz read matters pertaining to the Sunday School of Christian Living from the Synod report. The Prime Bishop asked if the lessons published by the Polish National Catholic Church are being used. Father Senior Wojtkowiak informed that he ordered them in September but has not received them to this time. Father Senior Rysz informed that the lessons are not assembled yet. Bishop Sołtysiak read a short paper on the purpose and good of the Sunday School on the basis of the school conducted in the cathedral parish in Manchester.

Bishop Rowiński and Mr. Cichy inquired into the matter of Arnold Mucha, who wrote asking if he is a member of an "interim" or permanent commission. Father Senior Rysz read from the Synod report that Mr. Mucha is a member of a permanent commission. Bishop Rowiński informed that those who are in commissions want to get to work and are waiting now for meetings to be called. However, they want to know what materials have been approved by the Polish National Catholic Church. The Prime Bishop said that the commission, which was elected to work on the works of Bishop Franciszek Hodur has done nothing and the booklets which I gave them to translate have not even been returned. The Prime Bishop further informed about the translation of the booklet *Nasza Wiara* [Our Faith] as *Our Way of Life*.

Bishop Rowiński then raised the subject of the possibility of receiving a subsidy to cover the costs involved with conducting the Sunday School seminar of the Western Diocese. The Prime Bishop asked the receipts to be sent to him and they will be paid eventually. Mr. Kalka made a motion to have the Church pay the costs, but the motion did not carry. Bishop Zieliński maintained that if one diocese receives a subsidy, all the dioceses will turn to the Council for subsidies. Bishop Rowiński maintained that if all the funds collected in the dioceses are submitted to the central treasury in Scranton, is the diocesan Sunday School seminar not to the good of the whole Church? He said further that he knows that all dioceses do not organize teachers seminars and that there are no diocesan synods.

A break was taken for supper, which was taken in the Seminary.

Evening Session

At 6:45 the Synod report was further discussed.

A discussion took place on the matter of "Scholarship Sunday" and on the matter of Polish hymnals. Bishop Zieliński made a motion that the Church should purchase 500 Polish hymnals from the United Choirs of the Polish National Catholic Church to be designated for Poland at a reduced price of $2.00 per copy. The motion was seconded by Father Senior Zawistowski. Carried. Bishop Zieliński made a motion regarding the United Choirs of the PNCC, that the PNC Church is ready to support the activities of the United Choirs to the amount of $1,000 and that if the United Choirs needs help it is to turn to the PNCC Council. Bishop Misiaszek seconded the motion. Carried.

Clergy Pensions. Bishop Rowiński claimed that we should give some definitive statement in this matter, because one priest has already turned to me in respect to granting pension help. Mr. Maecenas Gazda explained that the Constitution Commission did not present the proposal to the Synod, that the matter was presented to the Synod by a delegate from the Synod Chamber. The proposal to raise the pension was approved but the amendment to the Constitution did not carry because it did not receive 2/3 of the votes of the delegates. It was decided to not act on this matter at this time.

Pension Plan. On the basis of the Synod resolution we are to collect $4.50 from each member of the Polish National Catholic Church in the first year and then only $0.15 in the following years.

The goal of raising $300,000 is based on 70,000 faithful in the Polish National Catholic Church.

Next, the Prime Bishop nominated the Pension Plan Commission: 1. Bishop Rowiński, chair, on the motion of Father Senior Niemiński, seconded by Father Senior Zawistowski; 2 Irwin Kalka, on the motion of Mr. Maecenas Gazda, seconded by Mr. Śliwiński; 3. Mr. Stanisław Śliwiński, on the motion of Mr. Maecenas Gazda, seconded by Father Senior Wojtkowiak; 4. Bishop Zieliński, on the motion of Mr. Śliwiński, seconded by Mrs. Spik; 5. Mr. Maecenas Gazda, on the motion of Bishop Misiaszek, seconded by Bishop Zieliński. All the motions carried. The Committee will develop a plan for the collection and functions at a meeting after the evening session.

Canada. The Prime Bishop said that he is in favor of a Canadian Missionary Diocese in the concept of the Synod resolution, but since this is another country, he asked for a motion before he would give the matter over for discussion. Father Senior Zawistowski made the motion to create a missionary diocese in Canada. Bishop Misiaszek seconded. During the discussion, Bishop Zieliński said that materials must be gathered regarding under what conditions and laws this diocese is to function in Canada. Mr. Maecenas Białkowski advised that the three attorneys who are members of the Council should gather legal information, give a report at the annual meeting in April. The motion to do this was made by Bishop Misiaszek, seconded by Mr. Śliwiński. Carried.

Cooperation with the Church in Poland. The Prime Bishop said that it is necessary to consider the points of the passed resolutions and to endeavor above all to cooperate on the ideals of the Polish National Catholic Church. Bishop Zieliński advised discussion of these points in detail at the bishops' conference. The Prime Bishop informed that he desires to have one Old Catholic bishop and one bishop from Poland at the consecration of the elects.[17] In regard to cooperation with the Church in Poland, Bishop Zieliński moved, seconded by Mr. Śliwiński, to have the bishops at their conference study the points upon which such cooperation should be based. Carried.

The Matter of the "Inter-Clergy Paper," or the internal publication for priests and also the matter of the Historical Society. Father Senior Rysz read the Synod resolution regarding the eventual organization of such. The Prime Bishop asked Bishop Rowiński to communicate with Father Józef Zawistowski[18] on this matter to learn of the plans. If they are positive and will be of benefit to the Polish National Catholic Church, then we will provide financial assistance in this matter.

Bishop Zieliński raised the issue of the costs and payments of the members of the Supreme Council related to meeting of the Council. Mr. Maecenas Gazda informed that on the basis of the Constitution, the dioceses pay the costs of their lay delegates (two from each diocese). Other delegates are paid from Polish National Catholic Church funds.

The subjects from the minutes were exhausted and Mr. Maecenas Gazda made a motion to congratulate Father Senior Rysz for his work in preparing the minutes in such a short time. Mr. Śliwiński seconded the motion. Carried. Mr. Kalka proposed an honorarium of $250 for Father Senior Rysz for his work but he declined with thanks. Mr. Maecenas Białkowski proposed a vote of recognition with applause and also the purchase of a memento for his consecration.

Mr. Maecenas Gazda reminded that the Synod report is to be published in *Rola Boża* and made a motion to have only the

---

[17] The 1967 General Synod had elected as candidates Father Seniors Joseph I. Nieminski, Anthony M. Rysz and Walter Slowakiewicz, who were all consecrated in 1968.

[18] Father Senior Joseph C. Zawistowski, son of the late Father Senior Joseph L. Zawistowski, and older brother of Father Theodore L. Zawistowski. No relation to Father Senior Rene Zawistowski. The *Inter-Clergy Newsletter*, published and edited by Father Theodore, appeared for only a few months.

principal motions included. Bishop Zieliński seconded. Carried. Bishop Rowiński made a motion to have the report printed in the English language in *Rola Boża*. Mr. Śliwiński seconded. Carried.

The Prime Bishop raised the issue of the Constitution and the best way to print it. After a short discussion, it was resolved on a motion by Mr. Maecenas Białkowski, seconded by Bishop Sołtysiak, to have one page in the English language and the facing page in the Polish language. Carried.

The Prime Bishop next presented two letters which he had received from Bishop McCormick, the Ordinary of the Roman Catholic Diocese of Scranton. The first letter was thanks for the friendliness shown to Monsignor Clark during the meeting of the Supreme Council of the PNC Church; the second letter was in regard to participation in the Synod, that he nominates Monsignor Clark as his personal representative to our Synod.[19]

Because the hour was 10:30 in the evening, the Prime Bishop adjourned the session to the next day and asked the members of the Council to sing *"Wszystkie nasze dzienne sprawy"* [All our daily matters].

Second Day of Deliberations – November 29, 1967

At ten in the morning, the Prime Bishop opened the second day of deliberations of the Supreme Council of the Polish National Catholic Church with a prayer, after which all sang *"Kiedy ranne wstają zorze"* [When the rays of dawn are rising].

At the outset, the Prime Bishop reminded that the Pension Plan Commission does not have the right to sign agreements with any insurance company until the Council so resolves.

The Parish in Montreal, Quebec, Canada. The Prime Bishop presented a letter from Holy Cross Parish PNCC in Montreal in regard to borrowing $3,000 for the construction of a

---

[19] Bishop J. Carroll McCormick. Monsignor Eugene J. Clark, Director of the Diocesan Commission on Ecumenism and Human Affairs.

new church. Bishop Zieliński briefly described the matter of the Montreal parish and made a motion that the Council should grant a loan in the sum of $3,000 at three percent interest. Mr. Czerwonka seconded the motion. Carried.

The Parish in Rome, New York. The Prime Bishop presented the situation in Rome where they wish to build a rectory since the pastor currently is residing in the church sacristy. On a motion by Father Senior Zawistowski, seconded by Mr. Treasurer Ostrowski, it was resolved to grant a loan in the sum of $2,000 at three percent interest. Carried. In regard to the supplement to the salary of the pastor in Rome, Father Senior Wojtkowiak made a motion, seconded by Mr. Plaza, to supplement the salary by $40 monthly. Carried.

Next Bishop Zieliński presented and read a letter from the Old Catholic Church in Holland on the matter of removing the *filioque* clause from the Nicean Creed on the basis of episcopal decree. The Utrecht Declaration omits this clause and the Old Catholic Church claims that we are not consequential if we retain it. The Prime Bishop observed that the Council meeting is not a theological gathering but he feels that a telegram should be sent to Archbishop Rinkel that the Supreme Council is in solidarity with Utrecht in this matter. The Prime Bishop nominated all the bishops to a commission to send a telegram to Archbishop Rinkel and to Bishop Kury, secretary.[20] Father Senior Zawistowski so moved, seconded by Bishop Misiaszek. Carried.

Rola Boża. A long discussion developed on the matter of *Rola Boża*. Almost all the members of the Council participated. The Prime Bishop said that we must before all convince our faithful that we are abiding by the laws of the Polish National Catholic Church and that to this end Synods are called during

---

[20] Archbishop Andreas Rinkel, head of the Old Roman Catholic Church of the Netherlands and honorary head of the Old Catholic Union of Utrecht. Bishop Urs Kury, Ordinary of the Christ Catholic Church of Switzerland, an affiliate of the Old Catholic Union of Utrecht.

which we establish laws. Bishop Misiaszek reminded that it was indeed the Synod which resolved that *Rola Boża* should be found in the home of every faithful member of the Polish National Catholic Church and that the Parish Committee is responsible to carry out this resolution. On this basis, Mr. Treasurer Ostrowski made a motion to carry out this Synod resolution. Father Senior Zawistowski seconded the motion. Carried. On the basis of this resolution, a letter is to be sent to each pastor and to each Parish Committee with a request to present it to the parishioners to whom *Rola Boża* will be mailed and that the Parish Committee is responsible for paying the subscriptions thereof.

Mr. President Juszkiewicz inquired as to advertising the Polish National Union in *Rola Boża.* The Prime Bishop informed that the Polish National Union can advertise in *Rola Boża* at $50 a page.

Break for dinner.

Afternoon Session: 2:15

Opening the session, the Prime Bishop briefly described his plan to revitalize the entire Church. He plans, after freeing himself from the Scranton parish, to visit the seniorates where he will discuss vital matters of the Polish National Catholic Church together not only with priests but also with parish committees and the representatives of organizations.

Next Dwight Johnson, the representative of an insurance company from Philadelphia, presented in detail a project for the insurance jointly of all PNCC churches and parish buildings in the United States and Canada, on the basis of which it will be possible to save a great deal of money and have broader coverage. It will be possible to add a clause to the insurance pertaining to the account of committee members. After hearing the presentation of Mr. Johnson, Bishop Rowiński made a motion to call into being a commission which, in agreement with Mr. Johnson, would prepare a survey for eventual acceptance by the whole PNC Church. Bishop Misiaszek seconded the motion. It carried. Nominated to the commission were: Messrs. Juszkiewicz, Maecenas Białkowski and Kalka.

Bishop Rowiński asked if the Pension Plan Commission has permission to conduct a collection in the entire Polish National Catholic Church in the months of January, February and March. The Prime Bishop answered yes. Bishop Rowiński said further that by the meeting of the Council in April it will be possible to determine how the matter is progressing. He also recommended that Maecenas Gazda should study carefully the contract with the firm and present it at the April meeting for eventual acceptance. He further informed that the Western Diocese already has 14,000 dollars for this purpose; in addition, there is almost 34,000 dollars in the Clergy Aid Fund.

Next, Bishop Misiaszek, as chairman of the Education Commission of the Polish National Union, read a paper on the plans and projects of the Commission for the future. It was decided that in each diocese there should be one concert or one great concert of the entire Church. The income would be for youth purposes and the Music Workshop.

Mr. Juszkiewicz asked if there will be a tour to Poland in the year 1968. The Prime Bishop answered yes, but without the help of outside persons.

Bishop Rowiński inquired into the matter of the building of the church in Żarki.[21] The Prime Bishop replied that it was decided to construct a more humble church for 50,000 dollars, but the money must be sent to Poland, and he advised Mr. President Juszkiewicz to write to Poland in this matter.

---

[21] The birthplace of Bishop Hodur.

Bishop Rowiński asked if the consecration of the bishop-elects will be held.[22] The Prime Bishop answered yes, that he is planning to consecrate the elects in the last week of June.

Bishop Rowiński asked if it is permitted to celebrate English Holy Mass on holy days. The Prime Bishop answered yes, that it is permitted on great holy days just as on Sundays, but that it is not permitted to celebrate funerals in the English language.

Since the subjects were exhausted, the Prime Bishop warmly thanked the members of the Supreme Council of the PNC Church for taking part in the two-day deliberations having as a goal the benefit and development of the Polish National Catholic Church. With the words "Go to your homes," he closed the special meeting of the Supreme Council of the PNCC at four o'clock in the afternoon.

Father Senior Józef Niemiński
PNCC Council Secretary

Minutes of the Annual Meeting of the Supreme Council of the Polish National Catholic Church held April 16 and 17, 1968, in the Hotel Jermyn, Scranton, Pennsylvania

Present were: Prime Bishop Leon Grochowski; Bishops: Józef Sołtysiak, Tadeusz Zieliński, Franciszk Rowiński, Jan Misiaszek, Eugeniusz Magyar; Father Seniors: Józef Niemiński, Benjamin Mazewski, Antoni Rysz, Władysław Słowakiewicz; Lay members: Jan Ostrowski, Maecenas Ernest Gazda, Maecenas Zygmunt Białkowski, Maecenas Edwin Kosik, Polish National Union President Wincenty Juszkiewicz, Stanisław Śliwiński, Felix Czerwonka, Erwin Kalka, Norbert Cichy, Roman Wicherski, Jan Plaza, and Mrs. Nadia Spik. Together 22 persons.

---

[22] Bishop-elects Józef Niemiński, Antoni Rysz and Władysław Słowakiewicz.

The Prime Bishop convened the meeting at ten o'clock in the morning after which he requested Bishop Sołtysiak for a prayer. The Council Secretary, Father Senior Niemiński, read the minutes of the special meeting of November 28 and 29, 1967, which on a motion by Bishop Sołtysiak, seconded by Mr. Śliwiński, was accepted.

At the outset, the Prime Bishop raised the matter of a voice for the candidates for bishop present at the meeting, who are not members of the Council. On a motion by Mr. Maecenas Gazda, seconded by Bishop Sołtysiak, it was resolved to grant them the right to sit in the meeting with an advisory voice.

Matters from the Minutes

1. English Holy Mass. The Prime Bishop informed that the English Holy Mass [missal] is already printed but has not yet been assembled because there are no orders. He informed that at the bishops' meeting the principle "one confession and only one Holy Communion" was decided with the exception of Penitential Services during which the faithful may receive Holy Communion each day after a single confession. The Prime Bishop reminded that all liturgical changes must be with the agreement of the Liturgical Commission at the head of which stand the bishops.

2. Rola Boża. Mr. Śliwiński informed that it was resolved in Carnegie to bring into life the Synod resolution regarding *Rola Boża*, and that today he delivered a check for 260 subscribers. The Prime Bishop said that he became convinced during visitations to the seniorates that the cause of the Polish National Catholic Church is going forward, that we have almost 7,000 subscribers to *Rola Boża*, and he will endeavor to fulfill this Synod resolution. Bishop Sołtysiak said that two important financial matters were resolved at the Synod: *Rola Boża* and the Clergy Pension Plan. He asked if it would not be better to work first on the matter of *Rola Boża* and then to take up the issue of the Pension Plan; he asked why the illustration of the Sower was removed from the cover of *Rola Boża.* The Prime Bishop in his reply said that often people do not have respect for holy pictures, therefore the cover was changed, however, from time to time the picture of the Sower will appear on the cover.[23] He is announcing the one and the other matter in *Rola Boża* and already there are positive results. Bishop Rowiński informed that in Chicago 1,600 subscribers have been added from four parishes.

Mr. Juszkiewicz raised the subject of an editor for *Rola Boża.* The Bishop said that he has been making efforts to engage Father Kazimierz Krysiński as an editor-assistant, but it came to no result. Bishop Rowiński said that Father Krysiński spoke with him on this matter and he asked about housing, salary etc. He counseled elucidating this matter clearly.

Bishop Zieliński made a motion that the bishops should submit a detailed report of the parishes in the dioceses as to the bringing into life the resolution of the Thirteenth General Synod of the Polish National Catholic Church regarding *Rola Boża.* Bishop Sołtysiak seconded the motion. Carried.

3. Convocation. Bishop Zieliński asked if the Polish National Union is organizing the Convocation. Mr. President Juszkiewicz answered no, that the Church is organizing it. The Prime Bishop added that he regards it advisable that the Convocation should be held in Scranton on the weekend before the Youth Track and Field Meet and he asked the bishops to support this matter. A booklet in the English language is to be published on this occasion titled: "Why I am Polish National Catholic." Bishop Zieliński informed that he received a letter from the Synodal Youth Commission, headed by Father Senior Bolesław Bąk, regarding naming diocesan chaplains.

---

[23] A drawing of Christ sowing the good seed constituted the front cover of *Rola Boża* for many years. In later years, a reduced version was used in the masthead. The original drawing was created by Bishop Hodur.

4. School of Christina Living Seminars, that is, seminars for Sunday School of Christian living teachers. Bishop Zieliński began the discussion reminding that the Council has not taken a position on the matter of the costs involved with the above. Bishop Rowiński informed that such a seminar costs about three to four hundred dollars, not counting the travel costs of the teachers. Mr. Treasurer Ostrowski advised designating five hundred dollars for this purpose for each diocese from the School of Christian Living Fund, in which there is more than 60,000 dollars. Mr. Maecenas Białkowski reminded that these funds are for the preparing and conducting of such a seminar, not for travel costs. Mr. President Juszkiewicz made a motion to have each diocese receive five hundred dollars annually to arrange such seminars. Mr. Cichy seconded the motion. Carried.

5. Polish Hymnals. The resolution of the previous meeting was recalled on the matter of purchasing 500 hymnals for the Church in Poland. It is necessary to wait the arrival of a bishop from Poland to learn if these hymnals can be used in Poland.

6. Financial Aid for the United Choirs. The resolution of the previous meeting of the Council regarding the granting of financial aid to the United Choirs up to one thousand dollars also was reminded. Meanwhile, the United Choirs has not asked for help.

7. Clergy Pensions. Bishop Zieliński proposed leaving this matter to be settled by the individual parishes. Since the delegation from the Prudential Life Insurance Co. arrived to present to the members of the Council the proposed Pension Plan for the Clergy of the Polish National Catholic Church, Mr. Maecenas Białkowski made a motion to postpone this matter to later. Mr. Czerwonka seconded the motion.

Next, Mr. J. Umerick of the cathedral parish in Scranton introduced Mr. Fred Rymer, the regional director of the Prudential Insurance Co. Pension Plan, to the members of the Council. With the aid of illustrated placards, Mr. Rymer presented the principal points of the Pension Plan for the Clergy of the Polish National

Catholic Church. He also distributed to the members of the Council a portfolio with the details of his plan.

After hearing the Prudential Life Insurance Co. plan, a discussion followed on the matter of the Pension Plan. Bishop Zieliński asked what were the differences between this plan and the Bankers Life plan presented by Mr. Kalka. Answering, Mr. Kalka informed that there are very small differences, as for instance the percentage rate (4.5 instead of 4 percent), and also that Bankers Life proposes a plan on the basis of an initial deposit, an initial financial payment at the beginning of the plan in the sum of $330,000. Mr. Maecenas Białkowski said that he would prefer to read the contracts of the given firms and not just hear proposals, Bishop Rowiński asked which plan is the most beneficial for us. The Prime Bishop said that we must first have the fund collected and only then can we speak with the firms concretely. We cannot sign contracts which we cannot fulfill. He asked how the matter of collecting funds in the dioceses presents itself. Bishop Rowiński informed that the Western Diocese already has $30,000.00 and the goal of the drive is the sum of $75,000.00 in the course of one year.

In the course of the discussion the issue was raised of a letter which Mr. Kalka wrote to the clergy in a rather negative tone criticizing the Prime Bishop and the lay members of the Council from Scranton. The Secretary read the letter. The Prime Bishop made clear that he never stood in opposition to the Pension Plan but he only did not want to sign a contract with any insurance firm prior to a fundamental study of the terms of the contract. Mr. Maecenas Gazda advised to put aside this matter and turn rather to a discussion of the plan for raising the money.

Bishop Sołtysiak informed that for the moment he has no details regarding the progress of the collection in his diocese. Mr. Maecenas Gazda said that we lack a good fund-raising plan, we lack a professional approach to the collection of funds. Bishop

Rowiński informed that in his diocese they are benefiting from the help of the Synod delegates, who are volunteering their assistance.

Bishop Zieliński proposed a plan in three stages: 1. To inform the people as to the Synod resolution, 2. next to send letters to everyone, and 3. Announce the results of the collection in parish bulletins. He further informed that on this basis the cathedral in Buffalo will donate about $8,000. He further advised to have a progress report of the drive in *Rola Boża*. The Prime Bishop said that he would gladly publish in *Rola Boża* the details of the drive but that to this date he has not received any information from the Pension Plan Committee.

After a short break, Bishop Zieliński proposed the formation of a central Pension Plan Commission at the head of which would stand a lay member of the Council from Scranton; the members of the Commission would be all the priests, bishops and laity from each diocese. Mr. Maecenas Białkowski made a motion to accept this proposal and that the head of this Commission should be Mr. Maecenas Gazda. Bishop Rowiński seconded the motion. Carried. The Prime Bishop nominated from the Central Diocese Mr. President Juszkiewicz, Mr. Maecenas Białkowski, Mr. Maecenas Kosik, and Mr. Treasurer Ostrowski. Bishop Sołtysiak nominated Mr. Jan Plaza from the Eastern Diocese. Bishop Zieliński nominated Mr. Śliwiński and Mr. Czerwonka from the Buffalo-Pittsburgh Diocese. Names from the Western Diocese and from Canada will be submitted to the chairman of the Commission, Mr. Maecenas Gazda. The address of the Commission will be: Clergy Pension Fund, 1004 Pittston Ave., Scranton, Pa.

Canada. The Prime Bishop said that for the time being there will be a Mission Diocese in Canada, following the thought of the Synod resolution. Mr. Maecenas Białkowski said that the three attorneys will obtain information about the laws relative to the conditions and laws of this Mission Diocese by the consecration of the bishops in June.

PNCC Constitution. The Prime Bishop said that the English language is the official language of the Constitution due to court matters, while the Polish language is only a translation for those who understand the Polish language better. Mr. Maecenas Gazda informed that in three months 3,000 copies of the Constitution will be printed.

The Prime Bishop mentioned the meeting of the Sunday School of Christian Living Commission which he called to Buffalo, New York, on May 3 and 4.

Cooperation with the Church in Poland. The Prime Bishop informed the members of the Council about a letter from Poland on this matter. They wish to have a joint gathering and meeting in Poland; they agreed to provide maintenance plus hotel but we would have to pay for travel to Poland ourselves. I would advise the Council to send a delegation. He advised that the Polish National Union should also send a delegate for this joint meeting. On a motion by Mr. President Juszkiewicz, it was resolved that the Prime Bishop, Bishop Zieliński, Bishop Misiaszek, and Mr. Maecenas Gazda should go with the Polish National Catholic Church tour to Poland on July 3 as a delegation from the Church and that the Church should pay the travel costs of the delegates. Mr. Maecenas Białkowski seconded the motion. Carried.

New Business

The Prime Bishop gave to the members of the Council the positive results of the visitations to the seniorates in the entire Polish National Catholic Church. He has already visited the seniorates in his diocese and next he intends to visit the Eastern Diocese, then the Western and finally the Buffalo-Pittsburgh. He makes arrangements with the ordinary of the diocese regarding the visitations.

Salary of the Prime Bishop. The Prime Bishop presented to the members of the Council that he no longer receives a salary as the pastor of the cathedral parish in Scranton. Because the matter touches his personal benefit or the pension of the Prime Bishop, Bishop Zieliński presided. On the motion of Mr. Maecenas Białkowski, it was resolved that the monthly salary of the Prime Bishop is $600. Mr. Czerwonka seconded the motion. Carried.

Bishop Zieliński then read a letter from Bishop Kury of Switzerland in which he thanks in the name of the Old Catholic bishops for the telegram on the matter of removing the *filioque* clause in the Niceo-Constantinopolitan Confession of Faith by the Polish National Catholic Church, which was resolved during the November meeting of the Council.

Because it was already 9:30 in the evening, the session of the Council was adjourned to the next day.

Second Day of Deliberations – April 17, 1968

At 9:30 in the morning, the Prime Bishop convened the second day of the deliberations of the Council with a prayer, after which new matters were discussed.

Consecration of Three Bishops. First the Prime Bishop informed the members of the Council that he decided to consecrate the three candidates elected by the Twelfth General Synod of the Polish National Catholic Church and he asked for a motion of agreement by the Council with his determination. On a motion by Bishop Misiaszek, it was resolved that the Council agrees with the decision of the Prime Bishop to consecrate three candidates for bishop: Father Senior Władysław Słowakiewicz, Father Senior Józef Nieminski and Father Senior Antoni Rysz. The consecration is to occur on June 26 in Scranton, Pa. The motion was seconded by Father Senior Mazewski. Carried.

The Prime Bishop then raised the subject of the documents of the election of the bishop-elects, the document of the election by the Synod and the document of the confirmation by the Council. Because the Secretary of the Council is one of the elects, it would be appropriate for someone else to read this document; and again, the Secretary of the Synod is one of the elects, so it also is inappropriate for him to read the second document. On a motion by Bishop Sołtysiak, seconded by Bishop Misiaszek, it was resolved that Mr. Maecenas Gazda would read these documents in both languages. The motion carried.

Next consideration was given to whom to invite to participate in this ceremony. Named were: from the Episcopal Church: Presiding Bishop Hines, Bishop Warnecke, Bishop Scaife, and Bishop Emerick; from the Anglican Church of Canada: Primate Clark and Bishop Snell; from the Orthodox Church in New York; from the Roman Catholic Church: Bishop McCormick. Mr. President Juszkiewicz advised having the invitations printed. Bishop Rowiński reminded that the document of consecration should be on parchment. Bishop Zieliński suggested printing the program or order of the service. Mr. President Juszkiewicz informed that the Polish National Union can undertake the reception after the consecration in the new hall.[24] Mrs. Spik advised having a buffet lunch. On a motion by Mr. Cichy, seconded by Mr. Wicherski, it was resolved to accept the Polish National Union offer given by Mr. President Juszkiewicz. The motion carried. The Prime Bishop, ending the discussion on this matter, said that a local committee is needed which undertake getting information about hotels, the press, etc.

Bishop Misiaszek. Mr. President Juszkiewicz asked if Bishop Misiaszek has had returned the full rights of a bishop. The Prime Bishop answered yes; we have not yet established the scope of Bishop Misiaszek's responsibilities but this matter has already been somewhat discussed during the bishops' conference. Mr.

---

[24] St. Stansilaus Cathedral Parish Youth Center.

Maecenas Gazda said that in that case the range and division of our dioceses should be reviewed.

Insurance. Mr. President Juszkiewicz informed that we have not received any correspondence from Mr. D. Johnson, the representative of the insurance firm in Philadelphia, who attended the last meeting of the Council. No doubt he is waiting for a letter from the Prime Bishop.

Certificates of Baptism and Confirmation. Bishop Zieliński said that discussion of this subject has gone on for some years but nothing concrete has been settled. Father Senior Nemiński promised that he will confer with a Mr. Stanisław Libera, who is a commercial artist, to create certificates for the Polish National Catholic Church. The motion was made by Mr. Maecenas Gazda, seconded by Mr. Śliwiński, to have this matter so settled. Carried.

Sunday School of Christian Living. The Prime Bishop began the discussion of this subject saying that to this day we do not have appropriate lessons; above all, the teaching of the Polish National Catholic Church must be included in our lessons. He counseled the members of the Council to be vigilant that this work should be carried out properly. Bishop Rowiński said that the material will be given to the Commission, which is to meet in Buffalo on May 3 and 4, after which the material selected by the Commission will be given to the Prime Bishop for approval, and then printed.

Financial Report of the Treasurer, Mr. Jan Ostrowski. The Treasurer said that for the first time the report is printed in the English language. The overall state of the funds and treasure of the Polish National Catholic Church is $424,031.60. In addition to this there is in the Clergy Aid Fund $35,908.96. The Treasurer informed that two secretaries assist in the preparation of the report and with the bookkeeping. For their work, they receive $25.00 monthly. He advised giving them somewhat more. In addition, the cathedral parish assistants help and it would be appropriate to give them some honorarium. On a motion by Bishop Zieliński, seconded by Mr. Maecenas Białkowski, it was resolved to accept the Treasurer's report with thanks for his well-done work. Next Mr. Śliwiński made a motion, seconded by Father Senior Mazewski, to give the secretaries a raise of $10.00 a month and also to give an honorarium to the cathedral parish assistants. Both motions carried.

The Prime Bishop reminded about a remembrance for Father Senior Rysz for preparing the Synod report and nominated Messrs. Maecenas Białkowski, Maecenas Gazda and Maecenas Kosik plus Treasurer Ostrowski to take care of this matter.

Next a letter was read from Father Doctor F. Maćkowiak of St. Petersburg, Florida, who requested $1,260.00 for an eye operation and hospital costs. After a discussion of this subject, Mr. Maecenas Białkowski made a motion to ask the pastor from Miami to go to the doctor and to the hospital to perhaps obtain a reduction of this sum, and for the PNC Church to pay this debt. Mr. Maecenas Gazda seconded the motion. Carried.

Bishop Rowinski then presented the matter of $800.00 funeral expenses for the late Father Aleksy plus $1,300.00 in doctors' fees. After a discussion of this matter, Bishop Zieliński made a motion that Bishop Rowiński should seek a reduction of these sums and for the PNC Church to pay the remainder. Mr. Cichy seconded and motion. Carried.

At the conclusion, the Prime Bishop thanked the members of the Council for their participation and help. He mentioned that if necessary, he will call a special meeting of the Council; this may be after returning from Poland because important initiatives may happen.

On the motion by Mr. Maecenas Gazda, seconded by Mr. Maecenas Kosik, the two-day deliberations of the Council of the Polish National Catholic Church ended.

Father Senior Józef Niemiński
Secretary of the PNCC Council

Notes of the Supreme Council Conference[25]

The Grand Council of the Polish National Catholic Church met on April 8-9 (1969) in Scranton, Pa., under the leadership of Prime Bishop Leon Grochowski.

Minutes of the last Council were read by Bishop Joseph Nieminski of Canada, the secretary of the Council.

Bishop A. Rysz of Scranton, who had officiated as the secretary of the 12th General Synod, reported that for the reasons of economy he had mimeographed the minutes of the Synod and distributed copies to every member at the Council meeting. It was done with the intent that these minutes will be available and made known to all Seniors, Pastors, Delegates and Parishioners, since the delegates to the Council represent every diocese.

It is evident that neither the clergymen nor the delegates were informed of this plan, disappointed, they demand the minutes from the Prime Bishop.

To ameliorate the situation, the Prime Bishop advised Bishop Rysz to have the minutes printed. Because the Synod minutes were scrupulously recorded and in great detail, the account had grown to a large volume and the entailed cost of printing is one thousand dollars.

The Synodical minutes are now ready, and will be sent free of charge with a revised copy of the Constitution to every parish and to each delegate of the last Synod. Delegates who have had a change of address since the last Synod should submit a corrected mailing address.

The minutes and the Constitution are available to every member of the Church at 3.00 dollars post paid. For copies of books and change of address, write to: Miss Anne Pron, Book Department, 1002 Pittston Ave., Scranton PA 18505.

Criticism directed at the Prime Bishop for the delay of the minutes and of the Constitution were unfounded. Specified

---

[25] This item is copied in the original English.

Synodical committees were in charge of these projects. Attorney Gazda, chairman of the Constitution committee sacrificed much of his valuable time in bringing the accepted revisions into the context of the Constitution.

In the course of the conference, members of the Supreme Council expressed confidence that all laws which were freely established in our Church will be supported and carried out.

1. Dues contributed to General Church Funds are paid by almost all parishes. This is healthy indication of a concern for the welfare of the total Church.

2. Subscription to the *Rola Boża – God's Field* is not yet up to the prescribed standard. The ruling at the Synod helped to double circulation and increase a general interest among the public, our own as well as, non-members.

3. An agreement was reached where parishes would be represented to the Polish American Congress. The organization and its president is in need of strong support now, while a wave of Anti-Polish Defamation is being spread by the mass communication media. The American public must be informed with accuracy and historic facts of Poland's great contribution to world freedom and culture.

4. The Priest's Pension Fund has not reached its goal. The Western Diocese has made excellent progress, thanks to Bishop Rowinski. His plan of employing the Synod delegates for promoting the project is worthy of note and adoption.

5. Bishop Rowinski, head of the Pension Fund, was chosen to direct and activate and promote the Fund in areas where progress is slow.

6. A new organization was proposed to be formed. Membership will be composed of University trained people who will guide, counsel and lead the young members of the church in fields of missionary, social, cultural and patriotic national endeavors.

7. Program geared to public appeal will be adopted to commemorate great historic events of the U.S. and Poland, highlighted by personal appearances of American and Polish celebrities.

8. A motion was made to promote and support the United Choirs of the Polish National Catholic Church and to include the "Związek Śpiewaków w Ameryce" in the effort to publicize Polish and American art.

9. It was the dream of Prime Bishop Hodur, the organizer of the Polish National Catholic Church in America, to plant the seed of a free Church into Poland. That dream was fulfilled and God blessed the effort. The great ideals of Christ's religion took deep root among the people in spite of much persecution. Bishop Padewski gave his life for the cause, with him a host of priests and faithful had known the process of "fire and dungeon"; the trial and hardship only strengthened their faith.

10. Under very trying conditions of its own, the Polish National Catholic Church in America expended great effort, time and sacrifice to redeem the Polish soul from a religion of fear and lead it into a faith of love. Following the catastrophic world wars, whereby our houses of worship in Poland suffered almost total demolition, the Church continued to live and be resilient under Poland's new administration, which grants equality of religion. Unlike the prewar government which adopted and tolerated only the Roman church as the state religion. Our greatest need is more dedicated candidates to the priesthood. Recently, a great help in promoting the Church in Poland and indirectly in America, are the "Polish Catholics" known as POLKAT, with headquarters in Warsaw. Co-operation with this organization will definitely be a boon to the Church in Poland and America.

11. The School of Christian Living performs a vital role in the life of our Church. The Prime Bishop announced that a number of lessons are ready for use in the parish schools and recommends immediate implementation of them.

The School of Christian Living Commission is continuing to prepare even more material which reflects the teaching of the Church. The process is slow but steady.

12. Other topics discussed by the Council will be prepared for publishing by the secretary. The two day session closed with prayer and Church hymns.

Rola Boża, vol. 45 (1969), no. 6, p. 41.

Editor's Note: Prime Bishop Leon Grochowski passed away unexpectedly in Poland July 17, 1969, age 82. He was succeeded by Bishop Thaddeus F. Zielinski.

Sprawozdania i Protokoły z zebrań Głównej Rady

z ery

Pierwszego Biskupa Franciszka Hodura

1904 - 1953

Siewca - Sower. Front page of old Rola Boża - God's Fiel

Sprawozdania

Z miasta

Rada Główna Kościoła Narodowego na pierwszym posiedzeniu, jakie miało miejsce w ubiegły wtorek, uznała naszą *Straż* jako organ urzędowy Kościoła Narodowego i jako taki poleci członkom parafii narodowych szczeremu poparciu.

* * *

Starzy czytelnicy i przyjaciele *Straży*! . . . Gazetka nasza jest obecnie urzędowym organem Kościoła Narodowego . . . stosunek jej jednak do was nie ulega żadnej zmianie. Cena prenumeraty pozostaje bez zmiany, kto jednak jeszcze w tym roku nie wywiązał się z długu, niechże przynajmniej teraz poczuje się do obowiązku . . . i odwiedzi nas w redakcji.

* * *

Uwaga Bracia! . . . Rada Główna poleciła nam usunąć z łam *Straży* wszystkie ogłoszenia: wrogów naszej organizacji, ogłoszenia firm podejrzanej wartości, oraz wszelkie inne, których treść pozostawiałaby coś do życzenia. Do rozporządzenia tego chętnie się zastosujemy, jednak w zamian żądamy od was, po pierwsze: serdeczniejszego poparcia tych, którzy w *Straży* nadal będą się ogłaszać, oraz zwracania uwagi na naszą gazetkę we wszystkich sklepach w których czynicie zakupy. Niech każdy pamięta, że chociaż *Straż* pozostała oficjalnym organem Kościoła Narodowego, jednak z kasy naszej organizacji żadnych subwencji pobierać nie będzie i byt swój, jak dotychczas opierać jedynie tylko będzie na poparciu serdecznym życzliwych przyjaciół-czytelników.

* * *

Na podstawie orzeczenia Synodu i Rady Głównej, *Straż* nie będzie popierała żadnej partii politycznej, bezwarunkowo, wolno nam jednak zabierać głos informacyjny. . . . Stosując się do tego zaznaczamy, że po za partią robotniczą, zasługują na poparcie ogółu polskiego, a zwłaszcza naszych obywateli tylko kandydaci . . . partii republikańskiej.

Straż, 24 września 1904, s. 8

Rada Kościoła Polsko Narodowego Katlickiego w Ameryce

Minionego tygodnia odbyło się we wtorek i środę pierwsze zebranie Rady Narodowego Kościoła w plebanii ks. biskupa Hodura w Scranton. Byli obecni: ks. biskup Hodur, księża biskupi sufragani, wybrani na ostatnim synodzie: Franciszek Bończak z Milwaukee, Walenty Gawrychowski z Rochester, Józef Plaga z Chicago i Walenty Cichy z Toledo, ks. Bronisław Krupski z Plymouth, ks. Leon Grochowski z Priceburga. Świeccy członkowie byli: Mieczysław Sznyter, Walenty Białkowski, Ludwik Kosin ze Scranton i Roch Dombrowski z Buffalo, N. Y.

Straż, 18 lutego, 1915, s. 12

Sprawozdanie z posiedzenia Rady KościołaPolskiego Narodowego Katolickiego odbytego dnia 16 maja 1916 r. w mieście Buffalo stan New York

Dnia 16-go maja 1916 r. o godzinie 10 rano Najprzewielebniejszy ks. bp. Franciszek Hodur otworzył posiedzenie Rady Kościoła zebranej w mieście Buffalo, N. Y. Członkowie Rady tak duchowni jak też i świeccy, stawili się w komplecie. A więc: ks. bp. Ordynariusz Franciszek Hodur, księża biskupi elekci – Walenty Gawrychowski, Franciszek Bończak, Walenty Cichy, Józef Plaga. Kierownik Seminarium Polsko Narodowego ks. Bronisław Krupski, oraz niżej podpisany jako sekretarz oraz członkowie świeccy: obywatel Nowak z Chicago, obywatel Wielgosz z Milwaukee, Wisc., obywatele Sznyter, Kosin i Białkowski ze Scranton, Pa.

Po wstępnej modlitwie do Ducha Świętego jako kierownika tych wszystkich serc i umysłów, które sobie za cel w życiu obierają Boga i dążą do wcielania w życie Jego świętych ideałów, przystąpiono do odczytania protokółu z ostatniego posiedzenia Rady.

Na wniosek ob. Białkowskiego poparty przez ob. Nowaka z poprawką ks. el. bp. Gawrychowskiego, iż z terytorium ks. el. bp. Plagi opuszcza stan Indiana, został jednogłośnie przyjęty.

Dyskusja względem uchwał ostatniego posiedzenia Rady. Zabiera głos ks. el. bp. Cichy i radzi ażeby sekretarz z każdego posiedzenia Rady wysłał sprawozdanie zarówno członkom Rady jak też wszystkim księżom narodowym, gdyż w przeciwnym razie niektóre z uchwał idą w zapomnienie.

Wywiązała się dłuższa dyskusja, w której biorą udział: ks. el. Bp. Gawrychowski, ks. el. bp. Plaga, ob. Wielgosz i Nowak. Na wniosek ob. Nowaka poparty przez ob. Wielgosza uchwalono, ażeby sekretarz w przeciągu 60 dni przygotował sprawozdanie i rozesłał członkom Rady oraz wszystkim księżom i żeby takowe ogłosił w urzędowym organie *Straży*.

Aby diecezjalnemu sekretarzowi ułatwić pracę biurową, na wniosek ks. bp. el. W. Gawrychowskiego poparty przez ob. Kosina postanowiono z funduszu diecezjalnego zakupić wszystkie potrzebne przybory kancelaryjne, jak: maszynę do pisania, duplikator do robienia kopii itd.

Następuje sprawozdanie finansowe. N. ks. bp. Franciszek Hodur sprawozdaje jak następuje:

Fundusz Seminaryjny

Dochód	
W czasie Synodu było w kasie	$ 987.74
Do lutego do posiedzenia Rady wpłynęło	649.29
Do 11go maja 1916 r.	834.35
Razem	$2,471.38
Rozchód	
Od Synodu do posiedzenia Rady	$ 125.65
Od posiedzenia Rady do 11go maja 1916	997.26
Razem	$1,122.91
Pozostaje	$1,348.47

Fundusz Diecezjalny

Dochód	
W dniu Synodu było w kasie	$316.44
Od Synodu do 11 maja wpłynęło	801.69
Razem	$818.13
Rozchód	
Do dnia 11go maja 1916 r.	$149. 95
Dochód	818.13
Rozchód	149.95
Pozostaje	$668.18

Fundusz Misyjny

Parafia Wszystkich Świętych z Chicago, Ill. złożyła $116.62

Fundusze diecezjalne razem wzięte w dniu 11go maja 1916 roku przedstawiają sumę jak poniżej:

Seminarium	$1,348.42
Diecezjalny	668.18
Misyjny	116.62
Razem	$2,133.27

Sekretarz porusza sprawę "Funduszu Pomocy", który został założony przez niektóre parafie, a który jako fundusz złożony przez parafie Narodowe powinien być połączony z funduszem diecezjalnym. Po dłuższej dyskusji na wniosek sekretarza ks. Grochowskiego, poparty przez ob. Białkowskiego, postanowiono fundusz pomocy połączyć z funduszem diecezjalnym.

Wywiązuje się dyskusja w sprawie funduszu, z którego by pokrywano koszta zjazdów Rady. Na wniosek ob. Nowaka, poparty przez ob. Wielgosza uchwalono, ażeby koszta obecnego zjazdu były pokryte z funduszu pomocy, co zaś do kosztów następnych zjazdów, na wniosek ks. Krupskiego, uchwalono urządzić raz w roku kolektę we wszystkich parafiach narodowych, we święto Założenia Kościoła Narodowego, t. j. w drugą niedzielę marca.

Ks. sekretarz odczytał telegramy z życzeniami przysłane przez *Straż* i parafię Wszystkich Świętych w Chicago.

O godzinie 1szej po południu W. ks. bp. Fr. Hodur odroczył posiedzenie do 2giej po południu.

O godzinie 2giej W. ks. bp. Fr. Hodur otworzył posiedzenie w obecności wszystkich członków Rady. Najpierw zastanawiano się nad czasem, oraz ile razy do roku ma się zbierać Rada. Po krótkiej dyskusji, za radą ks. bpa Hodura uchwalono ażeby zwyczajne posiedzenia Rady odbywać raz w roku, w miesiącu czerwcu, nadzwyczajne zaś, w każdym czasie jeżeli będzie tego potrzeba.

Ks. sekretarz zawiadamia, iż na jego ręce ks. Sokoliński przysłał referat omawiający sprawę stworzenia funduszu diecezjalnego, z którego można by było czerpać pożyczki dla nowo budujących się kościołów, jak też i starszych parafii, które mają pożyczki bankowe. Na polecenie księdza biskupa przewodniczącego odczytano referat. Wywiązuje się dyskusja, w której zabierają głos: ks. el. bp. Bończak oraz ob. Nowak. Jak jeden tak i drugi wykazują słabe strony projektu. Na wniosek ob. Nowaka uchwalono polecić ks. Sokolińskiemu ażeby dokładniej opracował ów projekt i takowy przedstawił na następnym posiedzeniu Rady.

Ks. sekretarz zabiera głos i wyjaśnia, iż zaledwie cząstka naszych parafii zapłaciła podatek diecezjalny. Na wysłane listy do proboszczów w tej sprawie zaledwie czterech odpisało. Dyskusja. Członkowie Rady zabierają głos, niektórzy radzą, ażeby parafie, które nie opłacają należnego podatku i nie chcą się zastosować do uchwał synodalnych, były wykluczone z Kościoła. W końcu jednak przechodzi wniosek ob. Nowaka, aby sekretarz upomniał parafie, żeby każda chociażby minimalny podatek płaciła.

Ks. bp. Fr. Hodur zapytuje się komitetu, któremu było powierzono opracowanie i wydanie księgi obrzędowej w języku polskim, czy takowy powierzoną pracę wykonał. Ks. el. bp. Fr. Bończak, w imieniu komitetu, daje sprawozdanie, iż opracowanie księgi obrzędowej jest na ukończeniu. Po krótkiej dyskusji powierzono ks. el. bp. Bończakowi, żeby się postarał w najbliższym czasie księgę wydać.

Wyłania się dyskusja w sprawie śpiewników, które są potrzebne do użytku wiernych podczas nabożeństw kościelnych. Ks. el. bp. Bończak wyjaśnia, iż takowe śpiewniki są niezbędne, aby pobudzić wiernych do brania czynnego udziału w nabożeństwach. Zaznaczył także, że nad podobnym śpiewnikiem już pracował czas jakiś i ma już dużo potrzebnego materiału. Po krótkiej dyskusji powierzono ks. el. bp. Bończakowi, żeby wydał śpiewnik. Aby w sprawie tej agitował w *Straży*, a członkowie Kościoła naszego. przez dobrowolne ofiary, złożą potrzebny fundusz.

Ks. bp. Fr. Hodur referuje w sprawie organu Kościoła *Straży* i wyjaśnia, że *Straż* za mało ma poparcia. Po długiej dyskusji, obecni członkowie Rady, przyrzekają szczere poparcie na przyszłość. Przyrzekają też pracować w swoich dystryktach ażeby wszyscy członkowie N. K. wypełnili uchwałę ostatniego synodu tj. aby każdy członek Kościoła zakupił przynajmniej jedną akcję Straży.

Następuje 10 minut przerwy. Po przerwie ks. sekretarz czyta telegramy od księży: Sokolińskiego, Pękali, Wahlera, Lebiedzika, Starorypińskiego i Grittenasa.

Dyskusja w sprawie funduszu misyjnego

Fundusz misyjny jest niezbędnym w celu rozszerzenia idei P. Narodowego Kościoła w Ameryce jak też i w Ojczyźnie. Ostatni synod Kościoła, po przedstawieniu tej ważnej sprawy przez ks. bpa Fr. Hodura, gorąco polecił zająć się misją naszego Kościoła. Urządzone misje po niektórych parafiach w Ameryce przyniosły wiele pożytku Kościołowi. Przyniosłyby jednak dwakroć większe korzyści duchowe, gdybyśmy posiadali odpowiednią literaturę. Literatury jednak stworzyć nie możemy nie mając na ten cel odpowiedniego funduszu. Synod polecił zająć się misją Kościoła Narodowego w kraju. Bez wątpienia, Kościół Narodowy znalazłby bardzo wielu zwolenników w Ojczyźnie, ale chcąc tam pracę rozpocząć potrzeba także funduszy. Zastanowiwszy się nad tą ważną sprawą, członkowie Rady postanowili fundusz misyjny powiększyć. Na wniosek ob. Wielgosza, poparty przez ob. Nowaka wybrano ks. L. Grochowskiego komisarzem funduszu misyjnego.

Sekretarz sprawozdaje, że Konstytucja Kościoła Narodowego, w której jest jednocześnie załączony kwitariusz dla parafian opłacających podatki parafialne, jest już wydrukowana. Postanowiono takową rozprzedać po 10 centów za egzemplarz, a nadwyżkę, która pozostanie ze sprzedaży Konstytucji, polecono użyć na inne wydawnictwa kościelne.

Prawie wszystkie parafie żądają książek metrykalnych. Książki takie są wprost konieczne do utrzymania porządku we wszystkich kancelariach proboszczów, oraz do ułatwienia im pracy. Członkowie Rady po zastanowieniu się nad tą sprawą polecili ks. el. bp. Cichemu opracowanie takich książek, oraz w możliwie krótkim czasie wydanie takowych.

O godzinie 6:15 tą sesję odroczono.

O godzinie 7mej ks. bp. Ordynariusz otworzył sesję. Zaraz na wstępie ks. bp. Hodur referuje w sprawie Spójni, podkreślając, iż organizacja ta powstała, ażeby pomagać w rozwoju Kościołowi Narodowemu. Spójnia pomaga nam przy zakładaniu nowych parafii, gdyż ludzie ubezpieczeni w rzymskich organizacjach mają możność wstąpienia na tychże warunkach do Polsko Narodowej Spójni. Spójnia pomaga nam w szkolnictwie, dając zapomogi szkółkom naszym oraz dając stypendia członkom Kościoła Narodowego, którzy się kształcą w szkołach amerykańskich. Po dłuższej dyskusji postanowiono polecić Polsko Narodową Spójnię wszystkim proboszczom oraz członkom świeckim, ażeby gorliwie agitowali i pracowali za organizowaniem nowych i powiększaniem już istniejących oddziałów P. N. Spójni.

Ks. bp Franciszek Hodur porusza sprawę zjazdów prowincjonalnych. Członkowie Rady pozostawili tę sprawę do dyspozycji ks. biskupowi Hodurowi.

O godzinie 6 wieczorem posiedzenie Rady Kościoła zakończono modlitwą.

Ks. Leon Grochowski, Sekretarz

Rękopis i
Straż, 25 maja 1916, s. 1; 27 lipca 1916, s. 6; 3 sierpnia 1916, s. 2

Rada Biskupia

Pierwsze posiedzenie Rady Biskupiej odbyło się w poniedziałek wieczorem i trwało od 7 do 11 wieczorem. W skład Rady wchodzą: ks. bp Hodur, ks. bp elect Gawrychowski, księża Leon Grochowski, Roman Pawlikowski, Jan Grittenas i Stanisław Zawadzki. Świeccy członkowie: M. Ptaszyński, Bronisław Wysocki, i J. Bartosiewicz.

Straż, 23 czerwca 1921, s. 1

Rada Kościoła

Na posiedzeniu Rady P. N. K. Kościoła, które się odbyło dnia 30 stycznia w Scranton, byli obecni: ks. bp Franciszek Hodur, ks. ks. el. Walenty Gawrychowski, Leon Grochowski, Stanisław Zawadzki, Jan Grittenas, Teofil Czarkowski, Piotr Kuznik, Bronisław Krupski, pp. M. Ptaszyński, Bronisław Wysocki i J. Bartosiewicz.

Straż, 1 lutego 1923, s. 1

Zwracać się do Rady Kościelnej

W czasie mego dwumiesięcznego pobytu poza Stanami Zjednoczonymi nadzór nad bieżącymi sprawami P. N. K. Kościoła w Ameryce wykonuje Rada Kościoła, w skład której wchodzą: Ks. bp el. Walenty Gawrychowski, ks. Leon Grochowski, sekretarz, ks. Stanisław Zawadzki, kasjer, ks. Jan Grittenas, p. M. Ptaszyński, p.

Bronisław Wysocki, p. J. Bartosiewicz.. Adres sekretarza: ks. Leon Grochowski, Dickson City, Pa. Mój adres w Polsce: Kraków-Dębniki, ul. Madalińskiego 7.

Hodur, Franciszek bp

Straż, 5 kwietnia1923, s. 1

Najważniejsze Uchwały Pełnej Rady Polsko Narodowego Katolickiego Kościoła z dnia 25 I 26 września przyjęte na zgromadzeniu w Cleveland, Ohio

1. Poleca się wszystkim Kierownikom Kościoła, tak duchownym jak i świeckim dążyć do większej jednolitości w nauce, zwyczajach i obrzędach P. N. K. Kościoła, aby idea nasza święta mogła się urzeczywistnić w całej pełni w duchowym życiu wyznawców tegoż Kościoła.

2. Rada Kościoła wybrała skarbnika i sekretarza finansowego w osobie p. Bronisława Wysockiego, kontrolera Spójni i ks. Stanisława Zawadzkiego, proboszcza P. N. K. Kościoła w Scranton, mających się opiekować finansowymi sprawami diecezji pod nadzorem ks. Biskupa.

Odtąd uprasza się nadsyłać wszystkie daniny, podatki i ofiary pod adresem: Finansowy Sekretariat, 529 Locust St. Scranton, Pa.

Tak skarbnik jak i sekretarz postawią kaucję w wysokości po $5,000.00.

3. Ks. bp Hodur prosił o uwzględnienie jego planu pensyjnego. Do tego czasu pobierał od diecezji $150.00 miesięcznej pensji, a z parafii w Scranton $50.00, razem $200.00. Aby zebrać fundusz, z którego by można czerpać owe $150.00 miesięcznej pensji, trzeba użyć nieraz moralnego nacisku i przymusu, a takiej pensji, z takiego źródła pochodzącej, nie życzy sobie Przewodnik Narodowego Kościoła. Uważa, że Kościół jest dobrowolnym zjednoczeniem się ludzi wyznających naukę Boskiego Mistrza,

podążających wspólnie za Nim do urzeczywistnienia Bożych zamiarów na świecie, a w takim razie nie powinno się zmuszać nikogo do płacenia podatku. Gdy wierni widzą potrzebę utrzymania stałego księdza, czy biskupa i widzą, że ten ksiądz czy biskup pracuje dla nich pożytecznie, winni łożyć na ich utrzymanie. Umożliwić pracę w kościele, w szkole, w towarzystwach, w diecezji, ułatwić spełnianie obowiązku. Ale nie z musu, wskutek nawoływań, gróźb, albo jakichkolwiek niegodnych sposobów.

W ciągu dwu lat, to jest od ostatniego Synodu, gdy pobierał regularną pensję od diecezji, czuł się biskup skrępowanym i upokorzonym, gdy musiał w kilku wypadkach użyć nacisku na te parafie, które zalegały w podatkach, albo brać daniny od takich księży i parafii, od których z różnych względów nie powinien był wziąć ni złamanego szeląga.

Aby temu zapobiec biskup oświadcza, że mógłby u kresu swego życia i swej działalności pracować skuteczniej i z większym zadowoleniem wewnętrznym, gdyby parafie składały dla niego dobrowolną ofiarę, tylko wtedy, gdy będzie dla nich pracował w czasie diecezjalnej wizyty, głosząc Słowo Boże, udzielając sakramentu bierzmowania, nawołując do pokuty, regulując sprawy parafii i towarzystw. Ci wszyscy, którzy wierzą w posłannictwo Narodowego Kościoła i w pracę jego przewodnika, biskupa, złożą taką ofiarę, na jaką ich stać w danym czasie i ta ofiara będzie stanowiła główne źródło utrzymania i opłacenia podróżnych wydatków Narodowego Biskupa.

Pełna Rada Kościoła zgodziła się na propozycję Biskupa i prosi tak duszpasterzy, jako też świeckich przełożonych poszczególnych parafii, aby tę propozycję uwzględnili i do niej się zastosowali.

4. W miejsce *Straży*, która na mocy uchwał VII Sejmu Polsko Narodowej Spójni przejdzie na własność tejże organizacji i ma wychodzić od pierwszego grudnia b. r. jako jej samodzielny organ, będzie wydawał Narodowy Kościół pismo tygodniowe,

poświęcone głównie religijnym sprawom. Wybrany przez Pełną Radę Komitet Wydawniczy z ks. biskupem Hodurem na czele, ma się zająć zrealizowaniem postanowień Rady. Według przyjętego planu, wypuszcza się akcje, czyli udziały $10.00. W pół godziny po uchwale, zamówili i rozkupili księża i świeccy akcji (udziałów)za $3,000.00. W dalszym ciągu można zamawiać akcje u ks. Leona Grochowskiego, Dickson City, Pa. Lackawanna Co.

5. Finansowe sprawozdanie będzie przesłane każdej parafii, która od ostatniego Synodu zastosowała się do praw Kościoła.

Straż, 4 października 1923, s.1

Sprawozdanie z Posiedzenia Głównej Rady Kościoła w Brooklynie, N. Y. dnia 29 i 30 września 1927 r.

Pierwsze posiedzenie otworzył ks. bp. Franciszek Hodur i poprosił ks. bp. Gritenasa o odmówienie modlitwy. Z kolei, powołani zostali na sekretarzy ks. Bronisław Krupski, ks. Jakobsche i Michał Mietlicki. W prezydium zasiedli też księża biskupi: Walenty Gawrychowski, Leon Grochowski, Jan Gritenas, a ze świeckich na wniosek ob. W. Filipczaka, wszedł do prezydium ob. Ptaszyński ze Scranton , Pa.

Ks. Krupski odczytał protokół z ostatniego Nadzwyczajnego Synodu, odbytego w Scranton w czerwcu 1924 r. Protokół został przyjęty z poprawką ks. Turkiewicza, iż on doręczył swe dokładne sprawozdanie z posiedzeń Rady Kościoła.

Delegaci duchowni:

Ks. biskup Franciszek Hodur, Biskup Wschodniej diecezji – ks. Walenty Gawrychowski, Biskup Zachodniej diecezji – ks. Leon Grochowski, Biskup Litewskiej diecezji – ks. Jan Gritenas; ks. J. Sołtysiak, Westfield, Mass., ks. J. Misiaszek, Hazleton i McAdoo, Pa., ks. St. Cybulski, Reading, Pa., ks. J. Padewski, Dickson City, Pa., ks. F. Siemiętkowski, Carnegie, Pa., ks. A. Wojtkowiak,

Woonsocket, R. I, ks. J. L. Zawistowski, Detroit, Mich., ks. J. Zięba, Bayonne, N. J, ks. F. Woźniak, Youngstown, Ohio, ks. J. Solak, Webster, Mass., ks. M. Pulit, Norwich, Conn., ks. S. Guzik, Central Falls, R. I, ks. P. Guderski, Wallingford, Conn., ks. J. Janik, Lawrence, Mass., ks. J. Michalski, Bridgeport, Conn., ks. W. Januszewski, Dupont, Pa., ks. J. Hornik, Wilkes-Barre, Pa., ks. Br. Krupski, Plymouth i Nanticoke, Pa., ks. J. Rękas, Washington i Cannonsburg, Pa, ks. J. Wróblewski, Passaic, N. J, ks. R. Ząbek, Allentown i Bethlehem, Pa., ks. F. Rękas, Frackville, Pa., ks. A. Krauze, Cleveland, Ohio, ks. F. Lachmaier, New York Mills, N. Y, ks. E. Wandowski, Amsterdam, N. Y., ks. L. Dąbrowski, Utica i Little Falls, N. Y., ks. Jan Jasiński, Buffalo, N. Y, ks. M. Zawadzki, St. Louis, Mo. i Madison, Ill., ks. J. Jabłoński, Baltimore, Md., ks. Pawłowski, Albany, N. Y, ks. R. Ostrowski, McKees Port, Pa., ks. T. Czarkowski, New London, Conn., ks. A. Turkiewicz, Shenadnoah, Pa., ks. A. Bączewski, Middleport i Minersville, Pa., Ks. F. Miklaszewski, Fall River, Mass., ks. W. Trzepierczyński, Brooklyn, N. Y, ks. K. Sinkewicz, Philadelphia, Pa., ks. R. Zawistowski, Brooklyn, N. Y, i ks. J. Jacobsche, Duryea i Kingston, Pa.

Delegaci świeccy:

J. Grocle, Lawrence, Mass., S. Górski, Paterson, N. J, W. Ignasiak, Duluth, Minn., J. Menner, Bridgeport, Conn., K. Kutarski, Trenton, N. J, F. Piaścik, Westfield, Mass., K. Małyszek, Buffalo, N. Y, A. Świeczkowski, Baltimore, Md., A. Pąprowicz, Lowell, Mass., W. Grabowski, Union City, Conn., A. Kocyłowski, Wilkes-Barre, Pa., A. Cichowski, Shenandoah Pa., J. Socha, Wallingford, Conn., F. Zygmunt, Southington, Conn., A. Fus, Fall River, Mass., J. Sadowski, Chicago Ill., F. Kamiński, Detroit, Mich., J. Mietelski, Kingston, Pa., W. Mrówczyński, Plymouth, Pa., J. Pieniążek, Nanticoke, Pa., J. Garbiński, Washington, Pa., E. Olczak, Duryea, Pa., S. Maslik, Cannonsburg, Pa., F. Lipo, Scranton, Pa., S. Naspiński, Frackville, Pa., J. Stachura, E. Chicago, Ill., J. Bartoszewicz, Dupont, Pa., L. Furman,

Woonsocket, R. I, S. Jarosz, Webster, Mass., F. Solarz, Minneapolis, Minn., J. Roman, Dickson City, Pa., M. Mietlicki, Scranton Pa., J. Ptaszyński, Scranton, Pa., H. Bratkowski, St.Louis, Mo., J. Tupaj, Chicopee, Mass., Z. Kopczyński, Bayonne, N. J, M. Igras, Minersville, Pa., J. Kakowski, Madison, Ill., F. Kordysz, Youngston, Ohio, S. Nowak, Central Falls, R. I, W. Filipczak, Philadelphia, Pa, Weronika Jankowska, Lowell, Mass., i J. Pendrys, Brooklyn, N.Y.

Dwaj delegaci duchowni: ks. J. Leśniak z Milwaukee, Wisc., i ks. S. Walas z Hamtramck, Mich., zostali usprawiedliwieni, ponieważ musieli w ważnej sprawie odjechać.

Ks. biskup Hodur daje sprawozdanie z tego, co dało się wypełnić z poleceń, uchwalonych na ostatnim Zjeździe Głównej Rady Kościoła. Terytorium Kościoła w Ameryce zostało podzielone na 3 diecezje: Wschodnią, Środkową i Zachodnią. Są braki w administracji, a to skutkiem tego, iż terytorium jest ogromnie rozległe; przy tym, niektórzy księża i komitety nie orientują się w stosunku do swego biskupa diecezjalnego. Przy tym i stosunek biskupów nie został ściśle określony. Siła leży w harmonijnej współpracy – jednak są takie jednostki, którym się zdaje, że muszą sobie wybierać biskupów. 90 procent rozumie, iż posłuch biskupom jest konieczny dla rozwoju Kościoła.

Służba kapłanów Słowa Bożego nie weszła w życie, a to z powodu, iż stosunki na to nie pozwalały. W Polsce jest jedno biskupstwo z siedzibą w Krakowie. W Polsce jest 19 parafii. Niektóre parafie są bardzo słabe, pięć zaledwie może się utrzymać bez finansowej pomocy. Miesięcznie posyła się do Polski przeciętnie po 500.00 dolarów, a gdy powstaje nowa parafia, potrzeba od 100 do 500 dolarów na pomoc. Piekącą sprawą jest uzyskanie od rządu polskiego uznania Kościoła. Na razie jednak nie ma nadziei, by to się mogło stać w bliskiej przyszłości. Obecny rząd jest życzliwy, ale nie chce się narażać rzymskiemu kościołowi i taki stan potrwa jeszcze długo, chyba, że będzie wybrany bardziej postępowy Sejm, który załatwi odnośny projekt prawa, przygotowany przez Ministerstwo Wyznań religijnych. Tymczasem członkowie Kościoła Narodowego w Polsce muszą być cierpliwi i wytrwali, a w Ameryce gorliwi i ofiarni. Może to i dobrze, że tak długo musimy czekać na uznanie Kościoła ze strony rządu, bo mamy czas odpowiednio się przygotować. Że w Polsce są księża i świeccy, dzielni szermierze sprawy Narodowego Kościoła, dowodem tego są wypadki w parafiach w Grudziądzu, Bydgoszczy, Lipnie, Piaskach, Zamościu, Jastkowicach itd.

Ksiądz biskup Bończak w liście nadesłanym, prosi o zezwolenie przeniesienia się z Krakowa do Warszawy. Ks. Jan Jasiński, który jako delegat Kościoła był w Polsce w miesiącach kwietniu i maju 1927 r., daje wyjaśnienie co do tej sprawy. Za przeniesieniem biskupstwa do Warszawy przemawiają następujące okoliczności: Warszawa jest stolicą kraju, tam można mieć lepszy i szybszy kontakt z rządem; cały nasz Kościół w Polsce, w czasie zjazdu delegatów parafii, tak duchownych jak i świeckich, orzekł się za przeniesieniem biskupstwa do Warszawy. Przy tej sposobności ks. Jasiński przedstawia stosunki panujące w naszych parafiach w Polsce. Najsilniejsze parafie są na Pomorzu i na Lubelszczyźnie – słabe w Małopolsce. Prawie wszędzie dają się odczuć braki pod względem materialnym. Parafie nie posiadają potrzebnych aparatów kościelnych i dlatego parafie w Ameryce, posiadające zbędne aparaty proszone są o posyłanie tychże do Polski za pośrednictwem Scrantońskiego Komitetu Pomocy.

Kwestia przeniesienia biskupstwa z Krakowa do Warszawy, wysuwa pytanie, co zrobić z posiadłością, którą ma Kościół z Ameryki w dzielnicy Dębniki w Krakowie. Ks. J. Jasiński wyjaśnia, iż za tę posiadłość można dostać 10 tysięcy dolarów, za które by można nabyć własność w Warszawie. Nad tą sprawą izba zastanawia się dłuższy czas. Przemawiają: ks. Krupski, ks. bp Grochowski, delegaci z St. Louis, Mo. i Madison, Ill. Ks. J. Wróblewski podał wniosek, aby Rada Kościoła w Ameryce dała pozwolenie Radzie Kościoła w Polsce na przeniesienie biskupstwa do Warszawy, i że sprawa ta będzie przeprowadzona w ścisłym porozumieniu obu Rad, i Rada Kościoła w Ameryce ma być powiadomiona o każdej decyzji Rady w Polsce, zanim decyzja zostanie wykonaną. Wniosek został poparty i przeszedł.

Pierwszy biskup daje swoje sprawozdanie. W ostatnim czasie powstało kilka nowych parafii: w Hazleton, Pa., Frackville, Pa., Middleport, Pa., Minersville, Pa., Allentown, Pa., Bethlehem, Pa., Kingston, Pa., Reading, Pa., Throop, Pa., Madison, Ill., Beaver, Pa., Youngston, Ohio, Standish, Mich., i Cudahy, Wisc. Nie należy organizować małych parafijek, słabych, odległych bardzo od innych parafii, bo to utrudnia ogromnie pracę księdzu.

Bolączkami naszymi są: rozbieżność pojęć religijnych: w jednych parafiach istnieje czysty kierunek Narodowego Kościoła, w innych na gwałt trzyma się kierunku rzymskiego; nasz bierny charakter, który z początku pcha nas do czynu, a potem stajemy się zimni i obojętni. Nie rozumiemy, że musimy burzyć, budować, a nie odpoczywać i zjadać. Ksiądz nie powinien narzekać, gdy jest posłany na małą parafię, ale pracą zdobyć więcej parafian. Pomiędzy niektórymi księżmi i świeckimi zagnieździła się zaraza w postaci hasła: jedz, pij i popuszczaj pasa! W parafiach takich nie ma obchodów narodowych, szkółka polska marna, nie ma towarzystw, nie ma Spójni.

Lekarstwo na nasze bolączki: Nie dzielmy się na pracujących i zjadaczy pracy drugich. Wszyscy, księża i świeccy pomagajmy w tym, czym najlepiej pomóc możemy. Świeccy wyznawcy muszą ufać swym przewodnikom duchownym, a ci na to zaufanie muszą zasługiwać i muszą starać się je zdobyć.

Musimy skoncentrować naszą wolę i nasz umysł na pracę konstruktywną, zdecydować się na program nasz: Kościoła polskiego, ludowego, katolickiego w najszerszym tego słowa znaczeniu, nie rzymskiego, protestanckiego, czy prawosławnego. Świeccy muszą swym księżom z natury religijnej; nie żądać, by ksiądz robił wszystko, a nawet był wodzirejem na zabawach, przedstawieniach itp. Pośród księży powinna być większa solidarność w sprawach dobrych i mających na celu wzrost i siłę Kościoła.

Księża powinni być gotowymi do samozaparcia się nawet w sprawach dozwolonych. Unikać tego wszystkiego, co jest kamieniem obrażenia dla maluczkich. Za częste, niepotrzebne przejażdżki automobilami, a szczególnie z płcią żeńską, stanowczo miejsca mieć nie powinny. Żony księży nie powinny zabierać głosu w sprawach, dotyczących Kościoła i parafii. Małżonka księdza powinna mu być pomocną w pracy, a nie przeszkodą.

Konieczną jest rzeczą, by pośród księży nastąpiło stosowne rozłożenie ciężarów, obowiązków i korzyści, bo do tego czasu, jedni robią i nie mają nic, a drudzy przeciwnie.

Najlepszą radą na wszystkie nasze bolączki to zasada; abyśmy nauczyli się kierować nie tyle surowością litery prawa, ale uszlachetnieniem duszy. Prawdziwie religijne życie jest naszą koniecznością.

Przewodniczy ks. bp. Grochowski

Delegatka z Lowell, Mass., pani W. Jankowska, zabiera głos w sprawie drobnej, bo kupowania rzeczy na plebanię, i skarży się, że czasami księża, a raczej te kobiety, które są na plebanii, za wiele wymagają. Na to odpowiada delegat z Buffalo, N.Y, stwierdzając, iż tak drobnych kwestii nie powinno się podnosić w czasie poważnych obrad, bo to są sprawy czysto miejscowe. Przy tej sposobności, w imieniu parafii buffalowskiej przeprasza ks. bpa Gawrychowskiego za przykrość, jaka go spotkała w czasie obrad Głównej Rady na zjeździe w Cleveland, Ohio, trzy lata temu. Ks. bp. Gawrychowski wygłasza piękny odczyt o kapłaństwie.

Sprawozdanie Finansowe Skarbnika Rady Kościoła

Ob. Bronisław Wysocki, skarbnik Rady Kościoła odczytuje swe bardzo szczegółowe sprawozdanie za czas od listopada 1923 roku do 1-go września 1927 roku. Dochód Funduszu Misyjnego wynosił 22 032.03 dolarów, a rozchód 20,465.26 dolarów - pozostawało zatem w kasie dnia 1 września 1927 r. 1,566.77 dolarów. W rozchodzie najwyższe pozycje są: na cele misyjne w Polsce 16,741.31 dolarów; zapomogi dla księży 1,225.24 dolarów; zapomogi dla parafii w Polsce i Ameryce 635.76 dolarów.

Fundusz Seminaryjny. Dochodu było w tym samym czasie 22,278.90 dolarów – a rozchodu 21,657.79 dolarów – czyli w kasie było 1-go września 1927 r. $621.11; z tego funduszu posłano do Polski 4,447.84 dolarów. Seminarium mieści się we własnym budynku, na którym jeszcze ciąży dług hipoteczny. W bieżącym roku szkolnym jest 14 studentów. Zarządcą Seminarium jest ks. Józef Padewski, rektorem Pierwszy Biskup, któremu pomagają księża Bronisław Krupski i A. Wiączkowski, jako stali profesorowie.

Do Funduszu Diecezjalnego wpłynęło 12,481.34 dolarów – a wydano 11,143.09 dolarów – pozostawało w kasie 1-go września 1927 roku 1,338.25 dolarów. Z tego funduszu do Polski także wysłano poważną sumę, bo 6,510.18 dolarów.

Sprawozdanie kasjera przyjęte zostało jednogłośnie, po udzieleniu wyjaśnienia delegatowi parafii Wszystkich Świętych w Chicago, Ill., co do datków nadesłanych z tejże parafii.

Ks. A. Bączewski przemawia w sprawie szkółek parafialnych, by rodzice więcej dbali o te szkółki i przypilnowali swe dzieci, aby nie opuszczały nauki. W tej samej sprawie przemawiają ob. Pąprowicz z Lowell i ob. Filipczak z Philadelphia. Ob. Lipo ze Scranton, Pa., przemawia w sprawie Stowarzyszenia młodzieży „Zmartwychwstanie" apelując do księży i świeckich delegatów, by dołożyli usilnych starań, aby w ich parafiach zostały zorganizowane oddziały towarzystw „Zmartwychwstanie." Rzeczowe przemówienie ob. Lipo przyjęto oklaskami.

Modlitwą, posiedzenie odroczył przewodniczący o godz. 11 w nocy.

Sesję ranną, w piątek, 30go września, poświęcono trzem drastycznym sprawom parafii w Hamtramck, Mich., Trenton, N. J.

i Yonkers, N.Y. Załatwienie tych spraw pozostawiono ostatecznie w rękach biskupów diecezjalnych i Pierwszego Biskupa. Ogólnie zaś przyjęto następujące uchwały, zanotowane zresztą w Konstytucji Kościoła: Komitet parafialny nie ma prawa przyjmować lub usuwać proboszcza bez porozumienia się z odnośnymi biskupami. Również księża nie mają prawa obejmować lub opuszczać parafii bez porozumienia się z biskupami. Ani komitety, ani księża nie mają prawa nabywania własności ruchowej lub nieruchomej bez uprzedniego uzyskania zgody parafii na zebraniu parafialnym. Nie wolno własności parafialnej zapisywać na księdza lub jakąkolwiek osobę prywatną

Ponieważ pora jest spóźniona, sprawozdania przedstawicieli duchownych jak i świeckich odłożono. Mają one być podane w *Roli Bożej* po piśmiennym nadesłaniu tychże do redakcji przez księży proboszczów i księży biskupów.

Ksiądz August Krauze z Cleveland, Ohio, zabiera głos w sprawie niesienia pomocy księżom w Polsce i proponuje, by każdy ksiądz opodatkował się na ten cel po 2.00 dolary miesięcznie. Ks. Padewski wyjaśnia, że księża, należący do 1-go Koła Kapłańskiego w diecezji środkowej płacą po 5.00 dolarów miesięcznie. Wobec tego po dłuższej dyskusji uchwalono, by każdy ksiądz płacił 2.00 dolarów miesięcznie na rzecz pomocy księżom w Polsce. Pieniądze mają być nadsyłane do Scranton, do Zarządu Rady Kościoła. Delegat świecki z Buffalo podnosi, iż nie tylko księża powinni się na ten cel opodatkować, ale także i świeccy. Pierwszy Biskup zwraca uwagę, że na to nie potrzeba specjalnej uchwały, bo uchwała nadzwyczajnego Synodu, odbytego w Scranton, w czerwcu 1924 roku przewiduje, iż każdy członek Narodowego Kościoła jest obowiązany płacić rocznie 1.50 dolarów, w czym już jest podatek na sprawę misji. Niech tylko każda parafia spełni swój obowiązek, a będzie dobrze.

Ks. Krupski przedstawia Izbie sprawę zebrania 50 000 dolarów na rzecz żywszej agitacji w Polsce i tu w Ameryce. Kilkunastu delegatów duchownych i świeckich gorąco roztrząsało tę sprawę i ostatecznie zebrani doszli do przekonania, że taki fundusz dałoby się zebrać w przeciągu pewnego określonego czasu, jednak do konkretnej decyzji pod tym względem nie doszło.

Narady odroczył Pierwszy Biskup modlitwą, a zebrani odśpiewali hymn Narodowego Kościoła.

Ks. Bronisław Krupski

P.S. Życzenia telegraficzne nadesłali: F. W. Kogut z Bridgeport, Conn., Towarzystwo „Zmartwychwstanie" ze Scranton, Pa., Chór Chopina ze Scranton, Pa., W. Czubakowski w imieniu parafii z Youngstown, Ohio, Towarzystwo Dziewic ze Scranton, Pa.

Straż, 15 października, s. 229;29 października 1927, s. 342

Z Posiedzenia Rady Kościoła

We środę, dnia 16-go listopada odbyło się posiedzenie Rady P. N. K. Kościoła. Na posiedzeniu byli obecni: Ksiądz biskup Hodur, księża: Józef Padewski i Bronisław Krupski; ob. Bronisław Wysocki i ob. J. Roman. Ze sprawozdania kasjera wynika, że w kasie do dnia 1-go listopada pozostało:

Funduszu Misyjnego	$1,624.03
Funduszu Seminaryjnego	$ 583.67
Funduszu Diecezjalnego	$1,318.89

Do miesiąca listopada wysłano do Polski następujące sumy:

Na ręce ks. Biskupa Bończaka	$3,772.00
Na pomoc poszczególnym księżom	$ 900.00
Przez ks. Jasińskiego na ręce ks. bp. Bończaka i poszczególnych parafii	$3,000.00

Uchwalono wysłać 16-go listopada 1,000.00 dolarów przekazem bankowym wystawionym na ks. biskupa Bończaka, ks. Tomaszkiewicza i ks. Farona.

W przeciągu zatem 11 miesięcy tego roku wysłano do Polski 8 672.00 dolarów, czyli, obliczając przeciętnie, na miesiąc 788.36 dolarów. Przesyłka pieniędzy kosztowała 148.58 dolarów

Ks. Bronisław Krupski

Straż, 26 listopada 1927, s. 384

Z Posiedzenia Rady Kościoła

W poniedziałek wieczorem, dnia 9-go stycznia odbyło się posiedzenie Rady P. N. K. Kościoła. Na posiedzeniu byli obecnymi księża biskupi: Franciszek Hodur i Franciszek Bończak; księża: Józef F. Padewski, Stanisław Cybulski, Bronisław Krupski, oraz świeccy członkowie Rady, obywatele: Marian Ptaszyński, Bronisław Wysocki i Józef Roman.

Kasjer, Bronisław Wysocki, zdał sprawozdanie ze stanu funduszów diecezjalnych. Ze sprawozdania wynika, że do dnia 1 stycznia 1928 były w bankach następujące sumy:

Fundusz Misyjny	$ 881.23
Fundusz Seminaryjny	$ 210.88
Fundusz Diecezjalny	$1,527.64
Razem	$2,619.75

Uchwalono wysłać do Polski na ręce księdza Władysława Farona 800 dolarów.

Ks. biskup Bończak zdał szczegółowe sprawozdanie ze stanu Kościoła w Polsce. Sprawozdanie zostało przyjęte, a ponieważ Ks. Biskup żądał zbadania książek finansowych przez specjalną komisję, wyznaczył ks. biskup Hodur rewizorów książek. Rewizorzy znaleźli książki finansowe w zupełnym porządku.

Ks. biskup Bończak zgodził się urządzić szereg wieców po Narodowych parafiach w celu zaznajomienia członków Narodowego Kościoła z sytuacją w Polsce, oraz zebrania potrzebnych funduszów na prowadzenie dalszej pracy Narodowego Kościoła. Ks. J. Padewski został wybrany do ułożenia trasy i porozumienia się z księżmi w celu odpowiedniego przygotowania wieców.

Rada Kościoła potwierdziła plan ks. biskupa Hodura zwołania generalnego synodu w Warszawie z końcem czerwca 1928 roku.

W stosownym czasie ks. biskup Hodur powoła odpowiednie komisje, które opracują szczegółowe plany i przedłożą je do zatwierdzenia lub ewentualnego zmienienia i poprawienia prowincjonalnemu synodowi, który ks. biskup Hodur zamierza zwołać do Scranton na początek marca b.r.

Ks. Bronisław Krupski, sekr.

Straż, 21 stycznia 1928, s. 25

Protokół z Posiedzenia Wielkiej Rady Polskiego Narodowego Kościoła, które odbyło się w mieście Buffalo, N. Y., w sali szkolnej katedralnej, w dniach 26 I 27-go listopada 1934 roku

Przed rozpoczęciem obrad Wielkiej Rady Kościoła ks. biskup Franciszek Hodur w asyście księży: Jana Misiaszka z Dickson City, Pa., jako diakona, Józefa Sołtysiaka, subdiakona i Józefa Leśniaka - mistrza ceremonii, odprawił solenne nabożeństwo w kościele katedralnym o godzinie 9:30 przed południem. Następnie, po krótkiej przerwie, o godzinie 11-tej ks. biskup Hodur modlitwą do Ducha Świętego otworzył posiedzenie Wielkiej Rady w obecności księży biskupów: Leona Grochowskiego z diecezji Zachodniej i Jana Z. Jasińskiego z diecezji Buffalo-Pittsburgh. Obecni księża i świeccy z poszczególnych rad diecezjalnych: Rady

Głównej – Środkowej; księża – Jan Misiaszek, Józef L. Zawistowski, Stanisław Szufladowicz, Rene Zawistowski; świeccy: Bronisław Wysocki, Józef Roman i Władysław Proń. Z Zachodniej: ks. J. Siembida i ob. Franciszek Nowak. Ze Wschodniej: księża – Józef Leśniak, J. Hornik, Józef Sołtysiak, August Krauze i Jan Wróblewski. Z Buffalo-Pittsburgh: księża – Antoni Turkiewicz, Franciszek Siemiątkowski; świeccy: F. Wyglądalski i T. Małyszka, a jako rzecznik, ks. prof. Teofil Czarkowski.

Na wice-przewodniczących powołał ks. biskup Hodur księży Biskupów, a ze świeckich ob. Bronisława Wysockiego, na sekretarza Głównej Rady - ks. Jana Misiaszka, a na zastępcę ks. Stanisława Szufladowicza. Po ukonstytuowaniu się zgromadzenia Wielkiej Rady ks. biskup Hodur oznajmił cel zebrania, mówiąc:

> Wielka Rada została zwołana dla umocnienia stanowiska Kościoła wobec przełomowych prądów i wyświetlenia różnych spraw, ... Pełna Rada Kościoła zbiera się co trzy lata, a właśnie tyle upłynęło od ostatniego Synodu Powszechnego, odbytego w Buffalo, N.Y. Wiele zmian nastąpiło w ciągu tych trzech lat, - „panta rei" - wszystko płynie, idzie naprzód. Nowe prądy następują, z którymi trzeba się liczyć. Musimy zbadać, co jest zdrowego, oraz co jest słabego i zmieniać stosownie do potrzeb.

Po czym przedstawił do zaakceptowania następujący program obrad:

1. Sprawozdanie Księży Biskupów i świeckich, dyskusja.
2. Odczytanie konstytucji i omówienie poszczególnych paragrafów, które wymagają szczególniejszego uwzględnienia.
3. Omówienie i potrzeba zwołania Synodu.

Ks. biskup Jasiński podał wniosek, aby proponowany program obrad przez Pierwszego Biskupa przyjąć, poparł ks. biskup Leon Grochowski, wniosek przeszedł jednogłośnie.

Z dziennikarzy na Zjeździe byli obecni: Czesław Łukaszkiewicz, M. Nestorowicz i Stanisław Klukowski.

Sprawozdanie Pierwszego Biskupa, ks. Franciszka Hodura, z diecezji Środkowej i Wschodniej i kierownika całego P. N. K. Kościoła, było nadzwyczaj interesujące dla zebranych, ponieważ ks. biskup Hodur oparł swoje sprawozdanie na żywych faktach. Na wstępie zaznaczył, że od trzech lat, t.j. od ostatniego Synodu, wiele się zmieniło w Kościele, jak w ogóle w całym świecie wiele się również zmieniło, Kościół nasz nie może być wyjątkiem. „Żyjemy w czasie przełomowym – mówił – kiedy wszystko się zmienia, systemy polityczne, społeczne, nawet w sztuce i literaturze występują nowe prądy i nowe idee. Kościół nasz, jako instytucja stosunkowo młoda, musi się liczyć z tymi prądami i musi czuwać, abyśmy nie stracili gruntu pod nogami i aby nas nie zmieciono z powierzchni ziemi."

Następnie dalej ze sprawozdania ks. biskupa Hodura dowiedzieli się zgromadzeni, że w ostatnich latach, pomimo depresji, Kościół nasz w dwóch diecezjach, t.j. Środkowej i Wschodniej, nie osłabł, ale przeciwnie jest silniejszy, niż trzy lata temu. Praca po parafiach wre w całej pełni życiem duchowym, religijnym i patriotycznym. Żyją i rozwijają się towarzystwa, jako główne ogniska pracy przy naszych parafiach, a praca Centrali Zjednoczonych Towarzystw, takich jak: A. N. S. Niewiast, Młodzieży Zmartwychwstanie, Dziewic, Chórów N. K. i w stanie organizacyjnym Towarzystwo Przyjaciół Szkoły Polskiej, przynosi błogosławione skutki.

Przy wszystkich parafiach prowadzona jest nauka języka polskiego, z wyjątkiem jednej. A w parafii scrantońskiej obok szkoły dziennej prowadzone są 3 szkoły uzupełniające, oraz jedna uczelnia ludowa o oryginalnym typie dla starszych i młodzieży. Do ożywienia życia religijnego i patriotycznego wiele się przyczyniają wieczornice i akademie, które w diecezji środkowej urządza niemal każda parafia.

Od ostatniego Synodu odbytego w Buffalo, N.Y, t.j. w ciągu trzech lat, Seminarium nasze w Scranton, Pa., wydało 26-ciu księży, z których 24-ch pracuje gorliwie i z pożytkiem dla Kościoła w poszczególnych parafiach, z wyjątkiem dwóch, którzy w pracy duszpasterskiej się załamali.

W sprawozdaniu swoim wykazał również kierunek i charakter Polsko Narodowej Spójni, podkreślając dosadnie, że jest to organizacja ludowo-robotnicza, oparta na tych samych zasadach i ma na względzie tę samą myśl duchową, co i Kościół Narodowy, ponieważ wzięła z niego swój początek, a jej kierownicy przez pogłębienie życia religijnego w zasadach chrześcijańskich są naprawdę szczerymi współpracownikami Kościoła i kapłana.

Następnie co się tyczy ujemnych stron naszego Kościoła i naszej pracy po parafiach, Ksiądz Biskup przedstawia rzecz w następujący sposób:

1-sze – bezplanowe w początkach organizowanie parafii; ze względu na wielką odległość jednej od drugiej, co utrudniało administrację dla władzy centralnej, a w niejednym wypadku osłabiało życie i ruch za Kościołem.

2-gie – brak doświadczenia, słabi księża, którymi niejednokrotnie z braku, musiał Organizator obsadzać daleko wysunięte placówki. Obok nieraz osobistych słabości księdza, w poszczególnych parafiach, z natury rzeczy świeccy ludzie, wyznawcy Kościoła, mieli wygórowane wymagania, których słabi księża nie byli w stanie zaspokoić, a tym samym przyczynić się do rozwoju parafii.

3-cie – sprawa finansowej natury, gdzie poszczególne parafie nie stosują się do uchwał synodalnych, aby regularnie zasilać fundusze: diecezjalny, misyjny, seminaryjny i ogólny. W takich warunkach misja naszego Kościoła napotyka na wielkie trudności i sprawa ta musi być gruntownie omówiona na najbliższym Synodzie.

Po swoim sprawozdaniu Pierwszy Biskup otwiera dyskusję, w której zabierają głos: ks. bp. Leon Grochowski, Władysław Proń i ks. Józef L. Zawistowski. Ks. biskup Grochowski zapytuje: w jaki sposób radzą sobie parafie w diecezji, obciążone zbyt wielkim długiem? – Wyjaśnia ks. biskup Hodur: „My w środkowej diecezji utrzymujemy ‚*status quo*,' ograniczamy się na razie do opłacania bieżących wydatków, pozostawiając spłaty długów na przyszłość" do tego dołącza, że banki w trzech wypadkach dla poszczególnych parafii zrobiły ustępstwa, jak n.p. zniżyły stopę procentową, odłożyły spłacenie not na przyszłość, a z życzliwością uspakajali umysły parafian, w nadziei nadejścia lepszych czasów.

Charakterystyczną rzecz podniósł ob. Władysław Proń, a mianowicie: czy nie było by rzeczą wskazaną, aby komitety parafialne miały swoją centralę, aby się mogły zbierać co pewien czas i omawiać sprawy gospodarczej natury? Zabiera głos ks. biskup Hodur i mówi, że ma projekt, aby w najbliższej przyszłości nasz Kościół był podzielony na senioraty (starszeństwa), na czele których stanęliby starsi księża, a przedstawiciele parafii świeccy i duchowni, zbieraliby się regularnie i omawiali aktualne sprawy Kościoła dla jego dobra i rozwoju. Senioraty te miałyby rodzaj autonomii o charakterze miłości, solidarności i współpracy z biskupem. Po czym ks. bp Jasiński podał formalny wniosek, poparty przez ks. bpa Grochowskiego, o przyjęcie sprawozdania.

Z kolei złożył sprawozdanie ks. bp Grochowski, kierownik Zachodniej diecezji. Obejmując administrację diecezji zachodniej, zastał 16 parafii, obecnie diecezja powiększyła się. Liczy 33 parafie. Parafie te obsługuje 30 księży; w samym Chicago jest 6 parafii. Dwom parafiom grozi poważne niebezpieczeństwo ze względu na wielkie długi, ogólny stan Kościoła jest dobry, ale pole do pracy wielkie. Do ujemnych stron należy brak życia organizacyjnego w takim stopniu, na jakim jest w diecezji środkowej, ma jednak nadzieję, że tak jak wiele rzeczy już wykonał, potrafi i tej przeszkodzie zaradzić z biegiem czasu.

Sprawozdanie ks. biskupa Grochowskiego zostało przyjęte za wnioskiem ks. Siemiątkowskiego, popartym przez ks. Antoniego Turkiewicza.

Po krótkiej przerwie trzecie z kolei, złożył ks. bp Jan Jasiński z diecezji Buffalo-Pittsburgh. Wyświęcił on w ostatnich latach 6 księży. Parafii czynnych 21 a 2 misje. Objeżdżał parokrotnie parafie i zauważył stan duchowy dobry, kościoły była wypełnione wiernymi, a sprawozdania świeckich ludzi z pracy w towarzystwach i przy parafii wypadły bardzo dobrze. Z ujemnych stron wykazuje kłopoty z parafiami: Słowackimi i Litewską. Po wyczerpującej dyskusji, ob. Władysław Proń postawił wniosek o przyjęcie sprawozdania, poparł ks. Józef L. Zawistowski.

Po krótkiej przerwie nastąpiło sprawozdanie kasjera ob. Bronisława Wysockiego, ze stanu funduszów Kościoła. Stan kasy, od stycznia 1934 roku do 1 listopada włącznie, przedstawia się następująco:

Fundusz Misyjny	$4,816.10
Fundusz Seminaryjny	3,352.19
Fundusz diecezjalny	850.51
Ogólny	208.42

Do sprawozdania kasjera ks. biskup Hodur dodaje, aby księża biskupi przyjęty budżet na posiedzeniu Rady w Scranton starali się wypełnić i podkreśla ważność utrzymania instytucji Domu Starców na Farmie Spójnia, w Waymart, Pa.

W czasie dyskusji nas sprawą Domu Starców ks. biskup Grochowski postawił wniosek poparty, aby budżet każdej diecezji podnieść o 20% na cele tejże instytucji, który jednogłośnie przez obecnych został przyjęty. Przy dlszym omawianiu spraw finansowych ks. Jan Wróblewski podał wniosek, aby kasjer dwa razy do roku przypominał parafianom obowiązek rozliczania się z zaległości; poparty przez ob. Władysława Pronia, przeszedł jednogłośnie. Po odpowiednim omówieniu spraw finansowych i wnioskach, sprawozdanie kasjera Bronisława Wysockiego zostało przyjęte za wnioskiem ks. biskupa Jasińskiego, a popartym przez ob. Józefa Romana.

Na zakończenie pierwszego dnia obrad wypowiedział ks. bp Hodur krótką, ale znamienną naukę o ideologii naszego Kościoła, wykazał w niej dobitnie, że nasz Kościół jest Kościołem wojującym, walczącym o swój byt i z tego podłoża nie wolno nam schodzić. W ostatnich czasach w Kościele naszym za mało podkreślamy właściwy charakter naszego Kościoła i to powoduje nieraz, że nie oddziałujemy odpowiednio na czynniki miarodajne w naszym społeczeństwie. Za przykład wziął nasz Kościół w Polsce i delegatów na Zjazd Polaków z Zagranicy w Warszawie, podkreślając, że 30 lat temu – 15 lat temu, głównym celem Narodowego Kościoła było osłabienie wpływów rzymskiego Kościoła na polską duszę, a zastąpienie go pracą Narodowego Kościoła. Od tego programu nie wolno nam odstępować.

W końcu, ks. biskup Hodur mówił o konieczności wydania zbiorowej książki dla księży Kościoła Narodowego na temat: „Co ksiądz powinien wiedzieć?". Byłaby to niejako encyklopedia, zawierająca cały szereg działów przez fachowców opracowanych. Uchwalono to jednogłośnie, a komisję ks. bp Hodur zamianuje po rozpoczęciu sesji następnego dnia. Sesję odroczono śpiewem hymnu *„Tyle lat my Ci, o Panie."*

Drugi Dzień Obrad Wielkiej Rady

Po odprawionym nabożeństwie, w tym samym porządku jak dnia poprzedniego, o godzinie 10 zgromadzili się członkowie Wielkiej Rady w sali szkolnej na dalsze obrady. Sesję otworzył ks. biskup Hodur i poprosił ks. biskupa Grochowskiego do odmówienia modlitwy, po czym powołał sekretarza do odczytania protokółu z dnia wczorajszego, który za wnioskiem ks. biskupa Jasińskiego, popartym przez ks. Antoniego Turkiewicza przyjęto. Po przyjęciu protokółu ks. biskup Hodur zaopiniował zmianę programu, zamiast odczytywania konstytucji i omawiania jej, poddał pod obrady sprawę Synodu, co zgromadzeni jednomyślnie przyjęli. Ks. biskup Hodur, jako jeden ze starszych kapłanów, Założyciel i Organizator Kościoła uważa, że jest rzeczą konieczną zwołanie Synodu nadzwyczajnego, powszechnego na podstawie następujących danych:

1. Kościół nasz jest organizacją demokratyczno-ludową, w którym ludzie świeccy w ważnych sprawach powinni zabierać głos i decydować.

2. Do Kościoła naszego stale przychodzą nowi ludzie, którym należy tłumaczyć zasady naszego Kościoła natury teologicznej, moralnej i patriotycznej, a tym samym wychowywać ich na dobrych obrońców w walce o nasze ideały.

3. Że lud domaga się Synodu, w którym by, przez głębszą dyskusję zapoznali się z wewnętrznymi sprawami naszego Kościoła. Dla przykładu przytacza Pierwszy Biskup listy z Woonsocket, R.I. i Washington, Pa.

4. Wybór biskupa dla diecezji Wschodniej i sprawa misji w Polsce.

Po wyłuszczeniu tych punktów poddał sprawę pod dyskusję, która była bardzo ożywiona, a w której brali udział: ks. biskup Grochowski, ks. biskup Jasiński, ks. Wróblewski, ks. Siemiątkowski, ks. Turkiewicz, ks. Szufladowicz, ks. Sołtysiak, ks. Józef L. Zawistowski, ks. Krauze, ob. Bronisław Wysocki, ob, Władysław Proń, ks. Misiaszek, ob. Franciszek Nowak, ks. Leśniak, ob. Tadeusz Małyszka, i ks. Turkiewicz. Były zdania za Synodem powszechnym i przeciw, za Synodem prowincjonalnym i przeciw, a w końcu po dodatkowym wyjaśnieniu przez Pierwszego Biskupa, wszyscy przyszli do tego przekonania, że Synod Nadzwyczajny, Powszechny, w najbliższym czasie jest potrzebny. W zamknięciu dyskusji na tą sprawą, kierując się potrzebami i dobrem Kościoła, ks. biskup Jasiński stawia wniosek, poparty przez ks. Józefa L. Zawistowskiego, który przeszedł jednogłośnie, aby Synod Powszechny Nadzwyczajny odbył się w Ameryce. Drugi wniosek, stawiony przez ob. Franciszka Nowaka, poparty przez Franciszka Wyglądalskiego, aby Synod odbył się w Chicago, Ill., w końcu kwietnia 1935 roku. Techniczną stronę przygotowania Synodu powierzono Radzie Głównej na czele z Pierwszym Biskupem, ks. Franciszkiem Hodurem.

Po uporaniu się ze sprawą synodalną, wyłoniła się dyskusja, w jakim stosunku nasz Kościół misyjny z Polski ma być reprezentowany na tymże Synodzie. Nad tą sprawą zabierali głos: ks. Leśniak, który utrzymuje, że w dalszym ciągu powinniśmy tak materialnie, jak i moralnie Kościół nasz wspierać. Głos ks. Leśniaka nic nie dał nowego, ponieważ stosunek taki jest obecnie. Zabiera głos ks. biskup Grochowski i radzi, aby w Polsce zmienić wyczerpanego administratora Kościoła, a na jego miejsce wysłać siłę nową. Następnie ks. Siemiątkowski radzi wysłać jednego z biskupów.

Ob. Małyszka podsuwa sugestię w sprawie misji, aby regularnie po parafiach naszych zbierano fundusze na misję w Polsce, a nie w ostatniej chwili, jak się obecnie praktykuje. Z głosów wypowiedzianych, ks. biskup Hodur przyjmuje zdanie ks. biskupa Grochowskiego, oraz p. Małyszki i radzi wybrać do Polski dwóch biskupów, jednego biskupa, przedstawiciela Kościoła z Ameryki, a drugiego - z Polski. Zaś zdaniem ob. Małyszki, uważa za stosowne powołać do życia dwa urzędy: generalnego sekretarza finansowego i generalnego sekretarza propagandy. Na pierwszy urząd za wnioskiem ks. biskupa Grochowskiego, popartym przez ks. Sołtysiaka, został powołany ks. Jan Misiaszek z Dickson City, Pa., a drugi urząd obsadzi ks. biskup Hodur po powrocie do Scranton, Pa.

Po 15 minutowej przerwie został powołany z referatem ks. Józef L. Zawistowski na temat: „O głównych hasłach Narodowego Kościoła w obecnej dobie.” Po omówieniu tego referatu, podziękowano prelegentowi za dobre opracowanie tegoż i przyjęto trzy punkty:

1. Nazwa Kościoła jest treścią, programem i posłannictwem tegoż w społeczeństwie polskim.

2. Podstawą naszego Kościoła i jego fundamentem jest jedenaście wielkich zasad, zawartych w broszurce wydanej przez ks. biskupa Hodura, od których nie wolno nam odstępować.

3. W czasie nabożeństw piątkowych wyjaśniać i tłumaczyć w naukach te zasady w celu pogłębienia życia religijnego na podstawie naszej ideologii.

Drugi referat z kolei wygłosił ten sam prelegent na temat: „O praktycznym podziale administracyjnym Kościoła." Referat ten nie był wprawdzie gruntownie opracowany, ale rzucił ogólny pogląd na obecny, niepraktyczny podział Kościoła. Co również na najbliższym Synodzie będzie gruntowniej ta sprawa omówiona i dokonany praktyczniejszy podział.

Komisję, do opracowania książki dla kapłanów o działach: teologicznym, filozoficznym, prawniczym, społecznym itd. ustanowiono z następujących osób: ks. biskup Hodur, ks. bp Leon Grochowski, ks. bp Jan Jasiński, ks. Leśniak, ks. Józef L. Zawistowski, ks. Teofil Czarkowski, ks. Jan Misiaszek. Komisja ta ma prawo dobrania sobie takich osób, jakich będzie potrzeba do zebrania i opracowania materiału.

Na zakończenie dwudniowych obrad ks. biskup Hodur wyraził zadowolenie z przebiegu narad, składając równocześnie podziękowanie: parafii katedralnej za gościnę, a ks. biskupowi Jasińskiemu, ks. biskupowi Grochowskiemu i wszystkim obecnym duchownym i świeckim delegatom za współpracę.

W końcowych słowach złożył serdeczne podziękowanie ob. Bronisław Wysocki w imieniu Głównego Zarządu Polsko Narodowej Spójni, duchowieństwu Narodowego Kościoła, za życzliwość dla Polsko Narodowej Spójni.

Modlitwą dziękczynną ks. biskupa Franciszka Hodura i śpiewem „Tyle lat my Ci, o Panie" zakończono obrady Wielkiej Rady Polskiego Narodowego Katolickiego Kościoła.

Ks. Jan Misiaszek, sekretarz; ks. Stanisław Szufladowicz, zastępca

Rola Boża, 1934, n. 25, s. 392-396

**Protokół z zebrania Pełnej Rady
Polskiego Narodowego Katolickiego Kościoła
2 września 1937**

Dnia 2 września b.r. [1937], odbyło się w Scranton zebranie Pełnej Rady PNKK pod kierownictwem Pierwszego Biskupa ks. F. Hodura, a które się rozpoczęło o godzinie 10ej przed południem i trwało do godziny 11ej w nocy. Po modlitwie odmówionej przez Pierwszego Biskupa, oraz wstępnym przemówieniu, w którym zaznaczył, że Pełna Rada Polskiego Narodowego Katolickiego Kościoła jest najwyższą instancją w okresie między synodalnym, a ponieważ obejmuje wszystkie diecezje, które reprezentują nie tylko biskupi, kapłani, ale i świeccy przedstawiciele, jak również władzę prowincjonalną, którą zwiemy senioratami, bierze też Pełna Rada PNKK odpowiedzialność za to, co będzie uchwalone w duchu naszego Kościoła. Po wyłuszczeniu przez Pierwszego Biskupa spraw uchwalonych przez Powszechny Synod w Chicago, a z których wiele nie było jeszcze załatwionych, niektóre z tych, były omawiane na synodach prowincjonalnych: w Springfield, Mass. i Chicago, Ill., a inne jeszcze będą omawiane na synodzie prowincjonalnym w Buffalo, N. Y., otworzył Pierwszy Biskup zebranie Pełnej Rady PNKK w obecności następujących członków:

Diecezja Środkowa: - Ks. Biskup Franciszek Hodur, ks. biskup Koadiutor Jan Misiaszek; Seniorzy: ks. Stanisław Szufladowicz, ks. Józef L. Zawistowski, ks. Rene Zawistowski, i ks. Prof. Teofil Czarkowski; Proboszczowie: ks. Rudolf Ząbek, ks. Jan Zięba, ks. Walenty Januszewski, ks. Klemens Sienkiewicz, ks. Jan Tęgowski, i ks. Jan Gogolski.

Świeccy Członkowie Rady:

Bronisław Wysocki, Władysław Proń, Józef Roman, Edward Krutul - z Senioratu Scrantońskiego.

Z Centrali ANS., Panie: Emilia Sznyter i Maria Gorgol.

Z Senioratu filadelfijskiego: Józef Stryjewski, Philadelphia, Pa., Eugeniusz Długol, Philadelphia, Pa., i Jan Stój, Trenton, N.J.

Z Senioratu New York-New Jersey: Tomasz Pyrka, Wallington, N.J., i Stanisław Górski z Paterson, N.J.

Diecezja Zachodnia: ks. biskup Leon Grochowski z Chicago Ill.; ks. Senior Michał Zawadzki z Cleveland, Ohio; Świeccy: Franciszek Nowak z Chicago, Ill., Józef Stachura z East Chicago, Ind.

Diecezja Buffalo-Pittsburgh: ks. biskup Jan Jasiński z Buffalo, N.Y., i ks. Senior Franciszek Siemiętkowski z Carnegie, Pa.

Diecezja Wschodnia: ks. administrator Józef Leśniak z Springfield, Mass; ks. J. M. Jastrzębski z Webster, Mass., ks. senior Józef Sołtysiak z New London, Conn.; Proboszczowie: ks. Leopold Dąbrowski z Thompsonville, Conn., ks. Antoni Wojtkowiak z Ware, Mass., i ks. Augustyn Krauze z Wallingford, Conn.

Razem więc obecnych było 34 przedstawicieli Kościoła w Ameryce, reprezentujących wszystkie diecezje Kościoła PNK.

Zapiski protokółu prowadził ks. biskup koadiutor Jan Misiaszek. Pomocnikiem sekretarza zamianował Pierwszy Biskup ks. Jana Gogolskiego.

Następujące sprawy najważniejsze zostały uchwalone:

1. Po święceniach, księża biskupi będą wysyłali neoprezbiterów do starszych księży proboszczów. Po przynaj-mniej roku praktyki i złożeniu egzaminów przed biskupem diecezjalnym, będą uprawnieni do nominacji na probostwo.

2. Klerycy, zbierający fundusze na cele Kościoła w czasie wakacji złożą listę i fundusze na ręce ks. proboszcza, który takową odczyta w kościele parafialnym, a fundusze odeśle do Scranton; Pa.

3. Pełna Rada postanowiła, aby w Dniu Powstania Polskiego Narodowego Katolickiego Kościoła, księża proboszczowie wytłumaczyli wiernym potrzeby tegoż Kościoła, a więc: misje wewnętrzne i zagraniczne, utrzymanie Seminarium, poparcie prasy

Narodowego Kościoła i będą w tym dniu nawoływali wiernych do współpracy i propagandy idei Narodowego Kościoła, oraz należytej pomocy na wszystkie sprawy związane z ideą PNK. Ofiary zebrane w ten Dzień Propagandy mają być odesłane bezzwłocznie do diecezjalnych księży biskupów, a ci odeślą je na ręce skarbnika Głównej Rady.

4. Odnośnie do wydawnictw uchwalonych przez Powszechny Synod w Chicago, Ill., a więc: Nowego Mszału, Księgi Obrzędowej, Nowej Konstytucji PNKK. Rada postanowiła co następuje: a) każda parafia w obrębie PNKK ma zamówić co najmniej jeden egzemplarz mszału, albo wprost u Wydawnictwa w Scranton, Pa. (1004 Pittston Ave.), w Administracji Straży, albo przez księży biskupów diecezjalnych i swych księży proboszczów. b) Co najmniej po dwa egzemplarze Księgi Obrzędowej zamawiać można w podobny sposób jak Mszały. c) Każdy wyznawca Narodowego Kościoła zakupi sobie nową konstytucję PNKK za pośrednictwem ks. proboszcza. Cena jednego egzemplarza konstytucji 10 c. d) W swoim czasie wyda ks. biskup Jan Jasiński swoim kosztem Konstytucję PNKK w języku angielskim.

5. Pełna Rada poleca uchwały dotyczące typowych towarzystw PNKK, by były jeszcze w tym roku wykonane, a sprawozdania z prac organizacyjnych były zamieszczane w organie Kościoła PNK *Roli Bożej*. Dotyczyło to przede wszystkim Towarzystw Adoracji N. S. Przyjęto za wnioskiem, aby potworzyć w diecezjach: Zachodniej, Buffalo-Pittsburgh i Wschodniej Subcentrale Towarzystwa Adoracji N. S. i takowe złączyć z Centralą w Scranton, Pa. Wniosek ten popierają biskupi: Grochowski i Jasiński.

Z kolei przystąpiono do sprawy Rady Międzyorganizacyjnej. Po zreferowaniu tejże przez ks. biskupa Grochowskiego i po krótkiej dyskusji, wniosek był stawiany przez ks. seniora J. L. Zawistowskiego, aby Kościół Narodowy w dalszym ciągu do Rady należał, chociaż w takich warunkach Rada ta nic pożytecznego wykonać nie będzie w stanie. Wniosek przeszedł.

Do lepszego cementowania Towarzystwa Adoracji N. S. i dla urobienia ducha religijności wśród członkiń potrzeba jest książki o treści religijnej w duchu N. K., która by spełniała swą rolę w ciągu roku. Przedstawił to Pierwszy Biskup.

6. Ustalono datę konsekracji jednego z kandydatów wybranych na Synodzie Diecezjalnym w Springfield, Mass., a mianowicie ks. Administratora Józefa Leśniaka, na dzień 16 listopada b.r. Konsekracja odbędzie się w Scranton; Pa., we wtorek. 16 listopada b.r. o godzinie 9ej rano.

7. Sprawy przedłożone przed Radę, tyczące się poszczególnych parafii powierzono do załatwienia odnośnym księżom biskupom a mianowicie: Hamtramck, Mich., i ks. Feliksa Rękasa, oraz Youngstown, Ohio. Sprawy księży: Sobaszka, Pawlikowskiego, Pękali, jako sprawy administracyjne pozostawiono do rozpatrzenia i ostatecznego załatwienia poszczególnym księżom biskupom diecezjalnym.

Sprawa seniorstwa ks. Leopolda Dąbrowskiego poddana pod rozwagę Rady Kościoła wywołała dyskusję, wywodom przysłuchiwał się Pierwszy Biskup, który postanowił postąpić według głosu sumienia w stosownym czasie.

Z kolei przedstawił Pierwszy Biskup tak zwaną akcję katolicką, która próbuje w rozmaity sposób szkodzić idei Narodowego Kościoła zaznacza jednak, że Kościół Narodowy pracę tę rozpoczął wcześniej wciągając świeckich ludzi w szeregi Towarzystwa Bożej Miłości, którzy gotowi są dla idei Narodowego Kościoła pracować. Jako dowód przytacza gorliwą pracę świeckich ludzi w Scranton, Dickson City, Dupont, Duryea i Wilkes-Barre, członków przede wszystkim Bożej Miłości, którzy przygotowują wiec w Wilkes-Barre, a którzy także pomogli w wydawaniu pisma *Prawa Ludu* na przeciąg czasu sejmu Zjednoczenia[1] w Wilkes-Barre, a która to organizacja postanowiła wytoczyć walkę Narodowemu Kościołowi i sprowadziła także w tym celu do Zagłębia Węglowego biskupa częstochowskiego,

[1] Zjednoczenie Rzymskokatolickie – organizacja ubespieczeniowa.

Kubinę. Walkę podejmujemy i jej się nie obawiamy – dzięki gorliwości wyznawców Narodowego Kościoła: należących w większości do Towarzystwa Bożej Miłości, które ma za zadanie urobienie duchowe wyznawców Kościoła Narodowego. I zaprosił Pierwszy Biskup obecnych członków na wielki wiec manifestacyjny do Wilkes-Barre, na drugi dzień t.j. 3 września w hali Bucknell Uniwersytetu.

Następnie powołał Pierwszy Biskup ks. seniora Józefa Sołtysiaka do odczytania referatu: „O Seniorstwie Narodowego Kościoła," który po krótkiej dyskusji przyjęto z wyrażonym podziękowaniem prelegentowi i postanowiono takowy zamieścić w *Roli Bożej* dla informacji szerszego ogółu wyznawców.

Po wyczerpaniu się spraw o godzinie 11ej w nocy Pierwszy Ksiądz Biskup odroczył posiedzenie Pełnej Rady PNKK, wyrażając w gorących słowach radość z tego powodu, że na Jego zew przybyli, tak księża biskupi, księża proboszczowie i świeccy przedstawiciele do Scranton, Pa., aby wspólnie razem radzić nad dobrem i przyszłością Kościoła, po czym wszyscy obecni uklękli i pod przewodnictwem Pierwszego Biskupa odmówili modlitwę, prosząc Najwyższego Boga i Ojca naszego o opiekę nad nami, o siły ducha, byśmy podołali tej wielkiej pracy, jaką Bóg wkłada na nasze ramiona. O bodaj się stało podług naszej wiary.

Ks. bp. Jan Misiaszek, ks. Jan Gogolski

Protokół z posiedzenia Rady PNKK odbytego w dniu 7 kwietnia 1938 w Scranton, Pa.

O godzinie 10 przed południem w dniu wyżej wymienionym Pierwszy Biskup, ks. Franciszek Hodur otworzył posiedzenie Rady PNKK modlitwą. W naradach brali udział następujący członkowie Rady: Ks. bp. Franciszek Hodur, jako przewodniczący, Księża Biskupi: Leon Grochowski z Chicago, Jan Jasiński z Buffalo, ks. bp koadjutor Jan Misiaszek, sekretarz Rady i ks. bp

Józef Leśniak ze Springfield, Mass. Księża Seniorzy: Józef L. Zawistowski z Binghamton, Stanisław Szufladowicz z Plymouth, Franciszek Siemiętkowski z Carnegie, Pa., Rene Zawistowski z Brooklyna, Józef Sołtysiak z New London, Conn., Leopold Dąbrowski z Thompsonville, Conn., oraz ks. prof. Teofil Czarkowski, wice-rektor Seminaruim P. N. K. Kościoła. Świeccy radni byli na zebraniu następujący: Bronisław Wysocki, Władysław Proń i Józef Roman.

Pierwszą sprawą w programie, to wydawnictwa Narodowego Kościoła: mszał, rytuał i konstytucja. Ze sprawozdania wynika, że sprzedano 63 mszały do 57 miejscowości, 86 rytuałów i 2,575 konstytucji. Po dyskusji przyjęto wniosek ks. biskupa Jasińskiego, poparty przez ks. sen. Szufladowicza, aby umożliwić nabywanie mszałów i rytuałów parafiom - dawać takowe na spłaty, za zaliczką. Radzono również, w jaki by sposób przyjść z pomocą Kościołowi Narodowemu w Polsce i dostarczyć księgi obrzędów. Za radą Pierwszego Ks. Biskupa postanowiono do Polski wysyłać nowe mszały, a o ofiary na ten cel zaapelować do wyznawców. Radę przyjęto wnioskiem ks. biskupa Grochowskiego, popartym przcz ks. sen. Siemiątkowskiego. Dla krakowskiej parafii wyśle mszał parafia Scrantońska, a dla warszawskiej zgłasza jeden mszał i jeden rytuał ks. biskup Jasiński. Księża biskupi przypomną w swoich diecezjach księżom proboszczom, aby każdy nabył dla swej parafii nowy mszał i rytuał dla siebie, parafii i organisty.

Z kolei omówiono sprawę Zjednoczonych Towarzystw ANS, Dziewic Polskich i Zmartwychwstania. Pierwszy Biskup tłumaczy wartość Zjednoczenia ANS i podkreśla odbyty zjazd w marcu, a w którym brały udział przedstawicielki, oprócz Scrantońskiej diecezji, także z Buffalo-Pittsburgh, Wschodniej i senioratu Carnegie. Przypomina zjazd Towarzystwa Młodzieży Zmartwychwstanie mający się odbyć w Filadelfii w maju i prosi, aby w tym czasie dopilnować tychże towarzystw, gdyż w skutek bezrobocia organizacje naszej młodzieży osłabły.

Misja Kościoła w Polsce.

O trudnościach wśród jakich rozwija się Kościół Narodowy w Polsce mówi Pierwszy Biskup. Kościół Narodowy w Polsce liczy obecnie 54 parafii i około 73,000 wyznawców. Przedstawia prośbę ks. biskupa Padewskiego o pomoc finansową, jednorazową, oprócz regularnej i sprawę petycji do rządu w Warszawie, diecezja środkowa zebrała dotychczas 20 tysięcy podpisów przypuszczalnie zbierze około 25 tysięcy, diecezja wschodnia 5,400, zachodnia i Bufflo-Pittsburgh zbierają jeszcze w dalszym ciągu i w najkrótszym czasie dokończą. Postanowiono za wnioskiem ks. bpa Jasińskiego popartym przez ks. sen. Sołtysiaka, aby ratować Kościół w Polsce przez pomoc finansową i wysyłanie petycji do rządu polskiego z prośbą o legalizację Narodowego Kościoła.

Na tym sesję pierwszą skończono, o godz. 1:30. Po skromnym posiłku o godzinie 2:30 przystąpiono w dalszym ciągu do obrad.

Sprawozdanie sekretarza finansowego od stycznia 1937 do 1 września b. r.

Diecezja		Klerycy	Dom Starców	Razem
Środkowa	$1,834.45	$218.60	$160.35	$2,213.40
Zachodnia	1,292.24		72.27	1,364.51
Buffalo- Pittsburgh	495.55	249.92	7.66	753.13
Wschodnia	558.11	235.16	102.11	895.38
Razem	$4,180.35	703.68	342.39	$5,226.42

Pierwszą sprawą na sesji popołudniowej jest Zjazd Rady Międzyorganizacyjnej, który referuje ks. biskup Franciszek Hodur i po wypowiedzeniu się członków Rady postanowiono wziąć udział w Zjeździe, lecz do dyrektoriatu nie wchodzić. Mają reprezentować obóz Narodowego Kościoła na Zjeździe: ks. biskup Leon Grochowski - kapłanów Narodowego Kościoła, ks. biskup

Koadiutor Jan Misiaszek - Seminarium, p. Bronisław Wysocki - Polsko Narodową Spójnię, p. Jan Mikuta - młodzież, Emilia Sznyter - Zjednoczone Towarzystwa ANS, i Stanisław Staruszkiewicz – pismo *Straż*. Wnioskiem ks. sen. Sołtysiaka, popartym przez ks. sen. Szufladowicza, przyjęto rady Pierwszego Biskupa, którymi się mają kierować reprezentanci Narodowego Kościoła na Zjeździe Rady.

Przystąpiono do niedomagań w Kościele, a więc sprawy ks. Kuli i ks. Pękali, po prześwietleniu tej sprawy sąd i decyzję pozostawiono Pierwszemu Ks. Biskupowi, któremu podlega administracja całego Kościoła. Postanowiono na przyszłość unikać udzielania święceń kapłańskich, kandydatom, którzy nie są dość przygotowani, gdyż przedwczesne wyświęcenia, powodują wiele kłopotów i przysparzają wiele trosk Kościołowi.

Kościół w Brazylii

Ks. Osetek przybył do Stanów Zjednoczonych z początkiem b.m. (kwietnia) japońską linią okrętową do Los Angeles, a stamtąd przez Chicago do Scranton. Przedłożył on Ks. Biskupowi Franciszkowi Hodurowi i Radzie Kościoła Narodowego prośbę następującej osnowy:

> Do Najprzewielebniejszego ks. Franciszka Hodura, Pierwszego Biskupa P. N. K. Kościoła w Ameryce i Rady Kościoła.
>
> PROŚBA
>
> Niżej podpisany stwierdzam, iż zostałem prawnie wydelegowany z prawami pełnomocnictwa prze księży i lud, zgrupowany przy parafiach polskich w Brazylii, w Południowej Ameryce, jak następuje:
>
> Parafia pod wezwaniem Najświętszej Maryi Panny w Iraty, licząca 75 rodzin polskich, oraz około 300 rodzin brazylijskich. Parafia posiada własny plac (40x56 mtr. kw.), własny kościół i plebanię. Kierownikiem parafii jest ks. Michał Osetek, obecnie zastępuje ks. dr. Józef Adamczewski.

Parafia pod wezwaniem Św. Krzyża w Ponta-Grossa, licząca 122 rodzin polskich i około 200 brazylijskich. Posiada własny kościół murowany. Kierownikiem parafii jest ks. Bogdan Kalinowicz.

Parafia w Kurytybie, w stolicy stanu Parana, licząca 87 rodzin polskich, posiada własny kościół. Kierownikiem tej parafii jest ks. dr. Józef Adamczewski.

Parafia w Floreście, stan Rio Grande de Sul, licząca 150 rodzin polskich. Posiada własny kościół, plebanię, oraz szkołę parafialną. Kierownikiem tej parafii jest ks. Marcin Kuszel.

Parafia Ivahy, licząca około 300 rodzin polskich, zgrupowanych w ośmiu koloniach, posiada własny kościół i kaplicę. Kierownika nie ma.

W imieniu księży i ludu, których jestem prawym przedstawicielem, oświadczam i przyrzekam, że po udzieleniu nam jurysdykcji przez Pierwszego Biskupa dla Kościoła Polskiego w Brazylii wszystkie prawa, przepisy Kościoła Polsko Narodowego Katolickiego będą ściśle przestrzegane i będą stanowić normę życia i rozwoju parafii już istniejących i które w przyszłości powstaną.

Stosownie do przedstawionych w krótkości autentycznych faktów, prosimy Pierwszego Biskupa i Radę Kościoła o uwzględnienie naszej prośby i przyjęcie nas w szeregi Polsko Narodowego Katolickiego Kościoła, oraz prosimy o wyznaczenie kierownika z Ameryki Północnej, który będzie kierował sprawami rozwijającego się Kościoła w Brazylii.

Ks. Michał Osetek

Prośbę tę przedłożył Radzie ks. biskup Franciszek Hodur, która po dyskusji za wnioskiem ks. biskupa Grochowskiego, popartym przez ks. biskupa Jasińskiego została przyjęta przychylnie i wszystkie powyższe parafie wraz z księżmi proboszczami zostały przyjęte do wspólnoty Kościoła Narodowego.

Na zakończenie prosi jeszcze Pierwszy Biskup o pomoc dla Roli Bożej, Spójni i wydawnictw i pamięć dla wszystkich naszych spraw, co obecni przyjmują do wiadomości i przyrzekają współpracę i pomoc, po czym Pierwszy Biskup modlitwą kończy to ważne zgromadzenie.

Manuskrypt i *Rola Boża,* 1938, s. 127-128

Protokół z posiedzenia nadzwyczajnego Rady Narodowego Kościoła odbytego w dniu 4 października 1938 roku

Obecni: Pierwszy ks. Biskup Franciszek Hodur, ks. biskup Józef Leśniak i ks. bp. koadjutor Jan Misiaszek. Seniorzy: Józef L. Zawistowski, Rene Zawistowski, Stanisław Szufladowicz, Leopold Dąbrowski, Józef Sołtysiak i Walenty Januszewski. Księża proboszczowie: Tadeusz Zieliński, Józef Kardaś, Jan Panfil, Józef Hornik, Bronisław Krupski, Andrzej Tolcz, i Teofil Czarkowski.

O godzinie 10 otworzył zebranie Pierwszy Biskup, modlitwą, a następnie przewodniczył zebraniu, w czasie którego:

1. Przyjęto jednomyślnie poniższe pięć punktów przedstawionych przez Pierwszego Ks. Biskupa, mające na celu uczczenie 30 letniego jubileuszu Polsko Narodowej Spójni.

a. Przez postawienie kaplicy dla Domu Starców i Kalek w Waymart, Pa., instytucji powołanej i utrzymywanej głównie przez wysiłek Spójni, bo Kościół Narodowy daje stosunkowo małą cząstkę do pokrycia budżetu.

b. Rozbudowę głównego budynku Domu Starców i Kalek i lepsze urządzenie czytelni dla starców i staruszek.

c. Przez zdobycie w tym jeszcze roku jak najwięcej członków dla Polsko Narodowej Spójni.

d. Przez wyznaczenie jubileuszowych stypendiów dla młodzieży kształcącej się w wyższych zakładach naukowych.

e. Przez wydanie IV czytanki dla szkół dziennych i dopełniających, istniejących w obrębie Polskiego Narodowego Katolickiego Kościoła i Polsko Narodowej Spójni.

Za wnioskiem ks. sen. Rene Zawistowskiego, popartym przez ks. Jana Wróblewskiego, uchwalono podsunąć myśl Komitetowi Domu Starców, aby wydać kwitariusze i pamiątkowe obrazy złożonej ofiary na cel kaplicy Domu Starców, a punkty te starać się za wszelką cenę pomóc w miarę sił i możności wykonać.

2. Uchwalono, aby mający się odbyć Zjazd Scrantoniaków roku 1939 był również zjazdem księży PNK, aby ci, którzy wyszli ze Scranton, mieli sposobność odwdzięczenia się Pierwszemu Kościołowi (parafii), a tym samym, aby się przyczynić do potężnej manifestacji wyznawców Narodowego Kościoła w Scranton, Pa. Wniosek postawił ks. sen. Leopold Dąbrowski, poparł ks. Józef Kardaś. Wybrano zarząd, który ma pokierować przygotowaniem Zjazdu i tak: Ks. biskup koadjutor Jan Misiaszek, przewodniczący, ks. sen. Stanisław Szfladowicz, zastępca, ks. Józef Kardaś, sekretarz protokółowy, ks. Tadeusz Zieliński, kasjer oraz ks. sen. Józef L. Zawistowski, ks. sen. Rene Zawistowski, ks. Jan Wróblewski i ks. Bronisław Krupski.

3. Wydać na Zjazd dzieło p.t.: *Prace i Pisma ks. Biskupa Franciszka Hodura.* Sztab redakcyjny stanowią: Ks. sen. Józef L. Zawistowski i ks. Stanisław Mołoń. Komisję wydawniczą: ks. sen. Stanisław Szufladowicz, ks. Marian Dymsza, ks. bp. Jan Misiaszek i p. Bronisław Wysocki.

4. Poprzeć wielki obchód 20-lecia Niepodległości Polski w New Yorku, w którym weźmie udział i Pierwszy Biskup Franciszek Hodur.

5. Omówiono wiele innych spraw dotyczących Kościoła i naszych organizacji, mających na celu energiczniejszą pracę w parafiach, wśród polskiego ludu, oraz usunięcie bolączek. Między innymi postanowiono, by w trudnym położeniu parafii Narodowej Katolickiej w Springfield przyjść z pomocą ks. biskupowi Leśniakowi przez zamianę duszpasterzy Albany ze Springfield,

Poczym o godzinie 8 wieczorem zebranie zostało modlitwą Pierwszego Biskupa i zgromadzonych zakończone.

Protokół z posiedzenia Rady PNKK które odbyło się w Scranton, Pa., dnia 16 listopada 1938 roku

Obecni na zgromadzeniu księża Biskupi: Ks. biskup Franciszek Hodur, Leon Grochowski i Jan Misiaszek; księża seniorzy: Józef L. Zawistowski, Stanisław Szufladowicz i Teofil Czarkowski; a ze świeckich członków Rady: Bronisław Wysocki, Władysław Proń i Józef Roman; jako goście, obecni księża proboszczowie: Augustyn Krauze, Marian Czerny, Andrzej Bogdanowicz, Piotr Gwozdecki, Marcin Dymsza, Józef Kardaś i Tadeusz Zieliński. Po modlitwie Pierwszego Biskupa, odczytał sekretarz protokół, który za wnioskiem ks. biskupa Grochowskiego, popartym przez ks. seniora Józefa L. Zawistowskiego, został przyjęty, jak był czytany.

Ze spraw z protokółu przejrzano sprawę wydawnictwa, a więc mszałów, których sprzedano do tego czasu 70, rytuałów 95, a konstytucji 2,942 egzemplarze. Postanowiono w dalszym ciągu agitować i w miarę możności sprzedawać. Ks. biskup Jasiński przyrzeka zakupić jeden mszał dla Warszawy.

W sprawie misji Kościoła w Polsce, zdaje sprawozdanie Pierwszy Biskup, ks. Franciszek Hodur, że dnia 6 czerwca 1938 roku nasi przedstawiciele t. j. ks. biskup Jasiński, Padewski i Kinowski, oraz p. Szeleścina z Warszawy przedłożyli rządowi polskiemu w Warszawie petycję wyznawców Narodowego Kościoła z Ameryki i Polski, z Ameryki w liczbie 52 tysiące, ale dotychczas nie ma Kościół odpowiedzi, natomiast dowiadujemy się z dziennika urzędowego, że wyznawcy Narodowego Kościoła w Polsce mają się wypisywać z kościoła rzymskiego, bo inaczej będą uważani za wyznawców rzymskiego kościoła. Jest natomiast jedna wielka trudność, a mianowicie taka, że każdy występujący z kościoła rzymskiego, a wstępujący do Narodowego Kościoła musi płacić 5zł. i 75 groszy opłaty, co w naszych biednych warunkach w Polsce jest bardzo niewygodne. Ks. biskup Hodur radzi, aby domagać się od rządu polskiego odpowiedzi oficjalnej, bo przecież wyznawcy Kościoła Narodowego nie są zbrodniarzami, ale o pełnych prawach obywatelami. My, tu w Ameryce jesteśmy członkami Rady Polonii Amerykańskiej. Radę przyjęto. Ks. sen. Józef L. Zawistowski wstawia wniosek, ażeby w tej sprawie pukać do ambasadora Potockiego i Światowego Związku Polaków Zagranicznych.

Po przedstawieniu Radzie sprawy ks. Piekarza, zabiera głos ks. biskup Grochowski, który radzi, aby bronić ks. Piekarza i na obronę posłać ks. biskupowi Padewskiemu.

Z kolei rozważano sprawę Kościoła Narodowego w Brazylii i po wysłuchaniu za i przeciw, Pierwszy Biskup zabrał głos i radzi, aby sprawę Kościoła w Brazylii na razie wskutek wielkich utrudnień pozostawić w zawieszeniu, aż się sprawa wyjaśni. Podobnie również potraktowano chęć opuszczenia kościoła w Brazylii prze ks. Józefa Adamczewskiego.

Pierwszy Biskup przedstawia projekt zjazdu Scrantoniaków na miesiąc lipiec, bliższy program jest dopiero w przygotowaniu. Jednym z planów jest zamiar pobudowania kaplicy na Farmie Spójnia, obok Domu Starców. Po wysłuchaniu przedstawienia sprawy przez Pierwszego Biskupa, stawia wniosek ks. bp. Grochowski, popiera p. Wysocki, aby projekt planu zatwierdzić i starać się w myśl tego czynić już starania, a między innymi dążyć do pobudowania kaplicy.

Co do finansów, Pierwszy Biskup radzi, aby ustalić budżet i cząstkę powinniśmy starać się regularnie do kasy Kościoła wpłacać. Ks. biskup Grochowski stawia wniosek, aby budżet zrewidować, aby był wykonalny, bo tak jak się obecnie przedstawia jest niemożliwym do wykonania przez poszczególne diecezje, wniosek poparł Władysław Proń, a na przyszłym zebraniu ustali się poprawiony. Pierwszy Biskup nadmienia i prosi, aby, gdy księża biskupi przysyłają kandydatów do seminarium PNKK, brali również za nich odpowiedzialność finansową, aby nie spadał cały ciężar na Scranton.

Pierwszy Biskup referuje sprawę Wystawy Wszechświatowej, która będzie miała miejsce w New Yorku. W tej Wszechświatowej Wystawie, między innymi narodami, bierze również udział Polska, budując swój własny pawilon, a Wychodźstwo, jako cząstka narodu polskiego, powinno poprzeć usiłowania Polski i stosownym wystąpieniem zadokumentować swą nie tylko kulturalną łączność z Macierzą, ale także swą żywotność na ziemi amerykańskiej, widzi więc potrzebę zorganizowania Komitetu, który w imieniu Kościoła Narodowego, Spójni i organizacji naszych występował i współpracował z Komitetem Ogólnopolskim i Amerykańskim. Za wnioskiem ks. biskupa Grochowskiego, popartym przez ks. sen. Rene Zawistowskiego, postanwiono taki Komitet powołać do życia i przystąpić do pracy.

Przed zakończeniem, Pierwszy Biskup podkreśla, że do Polski przydało by się wysłać księdza, który by pomagał ks. biskupowi Padewskiemu w pracy i jeżeli pomiędzy obecnymi jest kandydat to prosi, aby się zgłosił listownie.

Następnie Pierwszy Biskup podziękował zebranym członkom, zachęcając, abyśmy się nie zrażali trudnościami, ale abyśmy wierzyli, że Bóg, Jezus Chrystus opiekuje się sprawą naszą i w tym trudnym położeniu da nam drogę wyjścia. Modlitwą zamknął zebranie Rady PNKK o godzinie 11 wieczorem.

Protokół z posiedzenia Rady PNKK które się odbyło dnia 6 marca 1939 roku

Dnia powyższego otworzył zebranie Rady PNKK, o godzinie 10 rano Pierwszy Ks. Biskup Franciszek Hodur modlitwą w obecności następujących członków; Ks. biskupów: Grochowskiego, Jasińskiego i niżej podpisanego [Misiaszek]; seniorów: Rene Zawistowskiego, Józefa L. Zawistowskiego, Szufladowicza, Siemiętkowskiego, prof. Teofila Czarkowskiego; i świeckich członków: Bronisława Wysockiego, Józefa Romana i Władysława Pronia; oraz gości: ks. proboszczów Józefa Kardasia, Tadeusza Zielińskiego, Andrzeja Bogdanowicza i Jana Gogolskiego. Po odmówionej modlitwie, Pierwszy Biskup powołał sekretarza do odczytania protokółu z ostatniego zebrania, który to protokół wnioskiem ks. bpa Grochowskiego, popartym przez ks .sen. Józefa L. Zawistowskiego, został przyjęty jak był odczytany.

Sprawy z protokółu

Z wydawnictw Kościoła dał sprawozdanie ob. Bronisław Wysocki i tak: mszałów wydano 79, rytuałów 102, konstytucji 2,999. Za radą Pierwszego Księdza Biskupa postanowiono dawać na łatwe spłaty nowe mszały, rytuały i konstytucje parafiom i księżom proboszczom, a ci będą stosownie do możności regulować swe rachunki.

Potrzebę konstytucji w języku angielskim zreferował ks. biskup Grochowski, którą ks. biskup Jasiński postanowił opracować i wydać własnym kosztem w ciągu następnych 3 tygodni po zatwierdzeniu przez Pierwszego Biskupa. Z podziękowaniem przyjęto propozycję ks. biskupa Jasińskiego.

Sprawa Misji w Polsce

Referuje ks. biskup Hodur i przedstawia rozmaite trudności, a między innymi ostatnio też wysuwają niby to nową przeszkodę, a mianowicie – brak ustawy ramowej – a to jest nieprawdą, bo przyrzekano, że PNKK zostanie uznany i zalegalizowany dekretem p. Prezydenta. To znowu, że zostanie Kościół legalizowany po przeprowadzeniu takich czy innych praw. Robią trudności wyznawcom PNKK, którzy wypisują się z rzymskiego kościoła, bo za każdy wypis od osoby liczą starostwa po 4 zł. 5, 6, a nawet 11 złotych, co utrudnia znowu biednym wyznawcom wypis. To wszystko jest celowo robione, aby Kościół nasz osłabić, a w Polsce nie mamy dosyć sił, aby się temu wszystkiemu przeciwstawić i nie ma komu. Dlatego mówi Pierwszy Biskup, powinniśmy zrobić ostatni krok i gruntownie zbadać stosunki w Polsce i wysłać, albo jednego z biskupów, albo któregoś z księży. Otwiera się dyskusja i po tej, stawia wniosek ks. bp. Jasiński, aby do Polski w imieniu Kościoła PNK w Ameryce i Pierwszego Biskupa pojechał ks. biskup Grochowski, który już zna stosunki w Polsce, a po zbadaniu da sprawozdanie Pierwszemu Księdzu Biskupowi, wniosek poparł ob. Władysław Proń.

W sprawie kupna budynku w Warszawie dla parafii warszawskiej, Pierwszy Biskup poleca zbadać na miejscu ks. biskupowi Grochowskiemu, ale jest zdania, że nie powinniśmy topić krwawicy ludzkiej, na rzeczy niepewne i dla jednej tylko parafii, bo będzie to dla Kościoła bardzo szkodliwe.

Sprawę brazylijską postanowiono uważać za skończoną, gdyż nie mamy dosyć sił, abyśmy je na wszystkie strony rozrzucali, musimy tu czuwać, pracować i wytężyć wszystkie siły, abyśmy nie stracili tego co mamy, powiedział Pierwszy Biskup. Wniosek ks. seniora Szufladowicza poparty przez ob. Wysockiego, aby radę Pierwszego Biskupa przyjąć. Jednomyślnie przechodzi.

Mariawici

O przyjęcie zwrócili się do Utrechtu Mariawici, a w tej sprawie proszą ze Związku Utrechckiego Pierwszego Ks. Biskupa o zdanie i opinię. Sprawa Mariawitów, to sprawa brzydka, walka jaka się toczy w obozie mariawickim pomiędzy Feldmanem i Kowalskim, mówi za siebie, dlatego za wnioskiem postanowiono się nie mieszać. Pierwszy Biskup da listowną odpowiedź kierownikom w Utrechcie.

Seminarium

O pomoc i współpracę apeluje Pierwszy Ks. Biskup do wszystkich księży biskupów i seniorów, i radzi, aby przynajmniej dwa razy do roku mówić w kościołach o ofiarności na cele Kościoła w ogóle, a na cele Seminarium w szczególności, ponieważ na Seminarium mamy jeszcze poważny dług, a dzisiaj, ci którzy pożyczyli domagają się zwrotu. Biskupi i seniorzy przyrzekli pomoc.

Sprawa Synodu

Pierwszy Ks. Biskup widzi potrzebę synodu prowincjonalnego, ponieważ nagromadziło się wiele spraw. Synod jest ciałem, które zbada co jest słabego, jest czynnikiem ożywczym, a można zobaczyć w pewnych odcinkach naszego Kościoła ospałość, gnuśność. Ponieważ synod to ważna, święta czynność, dlatego do tego synodu muszą się odpowiednio przygotować i księża i świeccy ludzie. W stosownym czasie Pierwszy Ks. Biskup zwoła Radę diecezjalną i sprawę synodu ułoży.

Rola Boża

Rola Boża nie cieszy się uznaniem u księży Narodowego Kościoła, ani nawet biskupów, chociaż Synod Nadzwyczajny Powszechny w Chicago uchwalił, aby w każdej parafii księża wybrali i ustanowili agentów *Roli Bożej*, którzy by mieli za cel pracę dla *Roli Bożej*.

Zakończenie

Pierwszy Ks. Biskup zamknął zebranie Rady PNKK o godzinie 8 wieczorem, dziękując wszystkim za przybycie, polecając wszystkie nasze sprawy do wykonania biskupom, seniorom i księżom proboszczom, a Boga prosił gorąco w modlitwie o łaskę, błogosławieństwo i siły nam potrzebne, o opiekę nad Kościołem ludu polskiego w Ameryce i zamorskiej ojczyźnie Polsce.

Protokół z posiedzenia Rady PNKK, które odbyło się dnia 16 stycznia 1940 roku w ofisie diecezjalnym

Dnia 16 stycznia b. r. otworzył zebranie Rady PNKK Pierwszy Ks. Biskup Franciszek Hodur modlitwą, o godzinie 7 wieczorem. W zebraniu wzięli udział: księża seniorzy: Stanisław Szufladowicz, Józef L. Zawistowski, Rene Zawistowski, Franciszek Siemiątkowski, i Teofil Czarkowski; księża proboszczowie: Tadeusz Zieliński, Józef Kardaś, i Jan Zięba; świeccy członkowie Rady: pp. Bronisław Wysocki, Józef Roman i Władysław Proń. Przy otwarciu zebrania Pierwszy Ks. Biskup przedstawił w krótkich słowach cel zebrania a więc: musimy sobie przejrzeć robotę wykonaną, stosunek nasz do Rady Polonii Amerykańskiej w New Yorku i co mamy do wykonania z naszego programu teraz. Po tych słowach powołał do odczytania protokółu z ostatniego zebrania sekretarza Rady, który to protokół został przyjęty, jak był odczytany, za wnioskiem Władysława Pronia, popartym przez Józefa Romana.

Sprawa wydawnictw

Mszałów sprzedano 85, druk wszystkich mszałów kosztował 6,906.80 dolarów, wpłacono dotychczas 3,287.50 dolarów, pozostaje jeszcze do wyrównania 3,518.30 dolarów. Pierwszy Ks. Biskup radzi, aby każdy ksiądz narodowy nabył mszał, jako swoją własność. Trzy rzeczy powinien mieć własne każdy ksiądz, a mianowicie: mszał, kielich i rytuał. Radzi w tej sprawie wysłać jeszcze listy do wszystkich księży i zamieszczać artykuliki w *Straży* i *Roli Bożej*. Józef Roman wstawił wniosek, aby radę ks. Biskupa przyjąć i w myśl tejże postąpić, poparł ks. prof. Teofil Czarkowski. To samo dotyczy rytuałów, których dotychczas sprzedano 116.

Druku konstytucji w języku angielskim nie dokonano ze względu na to, że tłumaczenie z polskiego nie jest kompletne i ważne, zasadnicze sprawy z konstytucji Kościoła Narodowego nie były w tłumaczeniu uwzględnione. Tak, jak Synody konstytucję przyjęły, tak też musi być i na język angielski przetłumaczona, aby była wiernym odbiciem praw Narodowego Kościoła. Musi więc być drukowana w całości. Tłumaczenie to uwzględni ks. biskup Jasiński jeszcze raz, a następnie może być oddane do druku.

Sprawa Misji

Zdaje sprawę Pierwszy Ks. Biskup i przedstawia zgromadzonym, że dzisiaj nie możemy nic powiedzieć poza tym, że ks. biskup Padewski żyje w Krakowie i może nabożeństwo odprawiać, i że od Szczepanika pomoc dostaje, jak dotychczas. 500.00 dolarów wysłanych było przez Department Stanu (Ministerstwo Spraw Zagranicznych), ale wiadomości jeszcze na razie nie mamy. Szczepanikowi wpłaciliśmy w roku 1939 2,450.00 dolarów, a winniśmy jeszcze za rok ubiegły 550.00 dolarów. Co do misji nic więcej na razie Pierwszy Ks. Biskup powiedzieć nie może, z chwilą jednak, gdy będzie miał konkretne wiadomości, zbierze Radę i wspólnie sprawę omówi.

Sprawa Budżetu

Po porównaniu i przejrzeniu budżetu z ubiegłego roku, postanowiono za wnioskiem ks. prof. Czarkowskiego, popartym przez ks. sen. Siemiątkowskiego, aby pozostawić budżet ten sam, tylko starać się przez listy wysłane do parafii w diecezji środkowej, i listy do księży biskupów, przypomnieć zaległości z ubiegłego roku i takowe zebrać, a w roku bieżącym poprosić, aby księża proboszczowie i komitety parafialne dopilnowały funduszów na ogólne cele Kościoła Narodowego i takowe co kwartał do Scranton przysyłały. Budżet przedstawia się rozłożony w następujący sposób:

Diecezja środkowa	$3,000.00
Diecezja zachodnia	1,800.00
Diecezja Buffalo-Pittsburgh	1,600.00
Diecezja wschodnia	1,600.00
Razem	$8,000.00

Sprawy administracyjne

W ostatnim czasie otrzymuje Pierwszy Ks. Biskup listy z pogróżkami od księży, jest zły objaw, i takie dwa listy od ks. Jabłońskiego i Przyjemskiego polecił odczytać. Pierwszy Ks. Biskup wyznaczył księży seniorów Szufladowicza, Rene Zawistowskiego, którzy rozmówią się z tymi księżmi i obydwaj mają Księdza Biskupa przeprosić.

Do opracowania stałej pomocy dla księży, którzy tej potrzebować będą wyznaczył Pierwszy Ks. Biskup: ks. sen. Szfladowicza, ks. proboszczy: Józefa Kardasia, Tadeusza Zielińskiego i pana Władysława Pronia, którzy opracują rodzaj asekuracji.

Pomoc dla Polski, cierpiącej jej ludności

Uzyskaliśmy w Waszyngtonie pozwolenie (permit) I. Powstało dotychczas 47 Komitetów Polsko Narodowych, powinny tylko być teraz czynne i zebrane pieniądze, czy też odzież, powinny te komitety przesyłać do Scranton, Pa. Dotychczas nic nie nadesłało Chicago i Buffalo. Pierwszy Biskup prosi ks. seniorów, by w swoich okręgach przypilnowali sprawy pomocy.

21 stycznia b.r. ma być w Wilkes-Barre, Pa., Generał Józef Haller. Pierwszy Ks. Biskup przedstawia zebranym, że byłoby pożądanym, aby w imieniu Kościoła Narodowego powitać w Wilkes-Barre przedstawiciela Polskiego Rządu we Francji, by go

pozdrowić i jeżeli będzie możliwe z pieniędzy zebranych na Fundusz Obrony Narodowej dać 500.00 dolarów. Zebrani zgodzili się jednomyślnie i Pierwszy Biskup wyznacza Komitet, który będzie reprezentował Kościół Narodowy i jego organizacje, a więc: Ks. biskup Jan Misiaszek, ks. sen. Szufladowicz, Wysocki, Proń i Mikuta.

Sprawa Powszechnego Synodu

Pierwszy Ks. Biskup przedstawia sprawę Powszechnego Synodu, który przypada w roku 1941 i przedstawia jego ważność, uzasadniając zmianami, jakie się dokonują i potrzebami, które z tych zmian wynikają. Zebrani jednomyślnie godzą się z wywodami Pierwszego Ks. Biskupa i za wnioskiem ks. sen. Józefa L. Zawistowskiego, popartym przez ks. proboszcza Tadeusza Zielińskiego przyjmują radę Księdza Biskupa, aby za miesiąc zwołać zebranie pełnej Rady i synod bliżej omówić.

O godzinie 11:45 w nocy, modlitwą i serdecznymi słowy podzięki zamknął Pierwszy Ks. Biskup zebranie Rady.

Protokół z posiedzenia Rady PNKK, które się odbyło dnia 26 kwietnia 1940 roku

Pierwszy Biskup ks. Franciszek Hodur, otworzył modlitwą o godzinie 4 zebranie Rady PNKK, przy obecności następujących; Księża biskupi: Grochowski, i Leśniak, oraz niżej podpisany (Misiaszek); Seniorzy: Józef L. Zawistowski, Stanisław Szufladowicz i Sołtysiak; oraz świeccy: Wysocki i Proń.

Sekretarz odczytał protokół, który został przyjęty, jak był odczytany. Po czym przystąpiono do spraw, a więc sprawy budżetu; za wnioskiem ks. sen. Sołtysiaka, popartym przez ks. biskupa Grochowskiego, postanowiono wyznaczone kwoty na diecezje wpłacać do funduszów Kościoła, tak, aby umożliwić

Pierwszemu Ks. Biskupowi, kierowanie Kościołem. Budżet więc pozostaje:

Diecezja środkowa	$3,000.00
Diecezja zachodnia	1,800.00
Diecezja Bufflo-Pittsburgh	1,600.00
Diecezja wschodnia	1,600.00
Razem	$8,000.00

Na zebranie Rady PNKK przybyły przedstawicielki Centralnego Zarządu Towarzystw Dziewic Polskich, zapraszając na Zjazd, mający się odbyć 23 kwietnia b. r. tak księży biskupów jak i księży proboszczów. Prosiły one o zachęcanie młodzieży żeńskiej by należała ta do Typowych Towarzystw Dziewic Polskich.

Misja w Polsce

Sprawę misji w Polsce referuje Pierwszy Ks. Biskup, który w sposób jasny przedstawia obecne trudności Kościoła, ale musimy czynić to, co jest możliwe do wykonania, a więc, winniśmy dobrze usposobić rząd polski, przebywający obecnie we Francji, a w tym składzie rządu mamy trzech ludzi, życzliwych Narodowemu Kościołowi, a więc: Kot, Stańczyk i Nowakowski, w tym też celu, Pierwszy Ks. Biskup pomyśli nad memoriałem do rządu polskiego, w którym by wskazał 43 letnią pracę Narodowego Kościoła, oraz podał krótką historię Narodowego Kościoła.

Sprawa okręgu Rady Polonii Amerykańskiej i Rady Polonii

Postanowiono zorganizować Okręg Rady Polonii Amerykańskiej, współpracujący z Radą Polonii Amerykańskiej w Chicago, a zrzeczenie się (permitu) pozwolenia numer I nastąpi dopiero po upewnieniu się, że nie stanie się krzywda ani Kościołowi Narodowemu ani jego organizacjom.

Wystawa szkolna

Przewodniczący Towarzystwa Przyjaciół Polsko Narodowej Szkoły, p. Bronisław Wysocki podaje do publicznej wiadomości, że począwszy od 19 maja b.r. przez cały tydzień będzie trwała wystawa szkolna, t.j. pokazy prac uczniowskich szkoły dziennej w Scranton i szkół dopełniających diecezji środkowej. Pierwszy Ks. Biskup podkreśla ważność szkoły i znaczenie wystawy i zaprasza, zachęca do współpracy.

Modlitwą zakończył Pierwszy Ks. Biskup zebranie Rady PNKK o godzinie 6:30 zapraszając wszystkich na zebranie w sprawie Rady Polonii Amerykańskiej do Forum Polskiego o godzinie 7:30 wieczorem.

Protokół z zebrania Rady PNKK odbytego w dniu 6 sierpnia 1940 roku

Dnia 6 sierpnia 1940 roku odbyło się posiedzenie Rady Polskiego Narodowego Katolickiego Kościoła w Ameryce. Posiedzenie otworzył o godzinie 7:30 wieczorem ks. biskup Franciszek Hodur przy współudziale następujących; księży seniorów: Rene Zawistowskiego, Stanisława Szufladowicza, ks. prof. Czarkowskiego i księży proboszczów: Józefa Kardasia i J. Panfila; oraz świeckich: Bronisława Wysockiego, Władysława Pronia, Józefa Romana i niżej podpisanego.

Po modlitwie Pierwszego Ks. Biskupa Franciszka Hodura, sekretarz odczytał protokół z ostatniego zebrania Rady, który był przyjęty jak był czytany, a następnie p. Bronisław Wysocki, kasjer diecezjalny, zdał sprawozdanie z dochodów i rozchodów funduszów Kościoła. Ze sprawozdania wynika, że diecezje pozostają dłużne funduszowi Kościoła znaczne sumy, bo razem $4,447.76, polecono wysłać listy do księży biskupów z prośbą, by zaległą sumę starać się zebrać i przesłać do Scranton w najbliższym czasie. Sprawozdanie kasjera przyjęto za wnioskiem ks. sen. Rene Zawistowskiego, popartym przez Władysława Pronia.

Misja w Polsce

Przedstawia Pierwszy Ks. Biskup. O ile mamy skąpe wiadomości, misja prowadzona jest w dalszym ciągu. Panu Szczepanikowi z Chicago posyłamy miesięcznie 250.00 dolarów, według umowy z księdzem biskupem Padewskim i Szczepanikiem. Z Funduszu Pomocy wzięliśmy 500.00 dolarów, ponieważ ks. biskup Padewski donosi, że pomaga 30 księżom i biedniejszym parafiom. Sprawę misji przyjęto do wiadomości i postanowiono, tak, jak długo można pomagać ks. biskupowi Padewskiemu w Polsce przez pana Szczepanika.

Sprawa Okręgu 26 Rady Polonii Amerykańskiej

Kościół nasz i Polsko Narodowa Spójnia uzyskaliśmy numer 26 Rady Polonii Amerykańskiej. Dla dobra sprawy polskiej i dla dobra Kościoła Narodowego i Polsko Narodowej Spójni potrzeba, abyśmy się w pracy humanitarnej zjednoczyli wszyscy. Na podstawie statutu Rady, okręg może się składać z 10 parafii, albo oddziałów Polsko Narodowej Spójni. Parafie z Mohawk Valley przyłączą się do okręgu 26 t.j. do Scranton, Pa. Natomiast powstanie okręg w Springfield na Nową Anglię, w Buffalo i Carnegie-Pittsburgh, a zapewne i w Chicago. Od 15 sierpnia okręg 26 rozpocznie zbieranie funduszów i przesyłał je będzie do Rady Polonii Amerykańskiej w Chicago. Program ten przyjęto za wnioskiem ks. sen. Szufladowicza, popartym przez Bronisława Wysockiego.

Seminarium

Pierwszy ks. Biskup podkreśla, że winniśmy agitować, aby do Seminarium dostać odpowiednich młodych, jako kandydatów na księży. Również będą nowe wydatki, ponieważ trzeba będzie pewnych rzeczy do Seminarium dokupić. Ponadto regularne rozchody w utrzymaniu Seminarium: tylko na profesorów i służbę wynoszą - 155.00 dolarów. Musimy mieć miesięcznie około 300.00 dolarów przeciętnie. Zebrani wysłuchali przedstawionej sprawy Seminarium i przyrzekli wszelką możliwą pomoc w podtrzymaniu tej jedynej, naszej dzisiaj, wyższej uczelni, która jest konieczną i niezbędną dla podtrzymania Narodowego Kościoła i jego misji.

Sprawa skargi ks. Starorypińskiego

Przez adwokata wniósł ks. Starorypiński skargę do sądu, w której żąda 52.00 dolarów odszkodowania od Kościoła Narodowego i ks. biskupa koadjutora Misiaszka za złamanie kontraktu, za oszczerstwa i szkodę na jego dobrym imieniu i charakterze, przez umieszczenie go w Domu Misyjnym. Po dłuższej dyskusji, postanowiono za wnioskiem ks. Panfila, popartym przez Władysława Pronia, aby starać się o zabezpieczenie losu księży na starość, albo w razie choroby, lub niezdolności do pracy. Pierwszy Ks. Biskup podsuwa, że ks. biskup Grochowski rozwiązuje tę sprawę w ten sposób, że pewien procent składają parafie, ks. proboszcz, i w ten sposób tworzy się fundusz dla księży. My mogliśmy zastosować, albo ten pierwszy, albo pobudować, lub też kupić dom dla księży niezdolnych do pracy, albo stworzyć fundusz ze składek od księży. Radzi, aby tę sprawę omówiono za dwa miesiące. Wnioskiem przyjęto, i w myśl tego postanowiono postąpić.

Zlot Młodzieży

Pierwszy Ks. Biskup zaprasza księży do udzielenia wszelkiej pomocy młodzieży, by zlot młodzieży wypadł jak najlepiej i zaprasza wszystkich do współ -udziału w nabożeństwie w Dzień Zlotu, a młodzież by odpowiednio przygotowaną zachęcono do przyjazdu do Scranton, Pa.

Sprawa Ameryki Echo i jej stosunku do narodowej parafii w Syracuse, N.Y.

U Ks. Biskupa byli: Tadeusz Paryski, wydawca *Ameryki Echo* i Leon Segat, żądając satysfakcji od ks. biskupa Hodura i Narodowego Kościoła za to, że ks. Panfil w Syracuse, N. Y. zagroził agentowi *Ameryki Echo* policją, donosem na policję i jakoby doniósł policji, oskarżając *Amerykę Echo*, jako pismo komunistyczne, wywrotowe. Po zbadaniu okazało się, że ks. proboszcz Panfil pisma nie oskarżał do policji, ale jedynie zagroził agentowi, który bez pozwolenia przychodził do kruchty kościelnej sprzedając gazetę, w której zamieszczono artykuły ludzi niezadowolonych, a usuniętych z komitetu parafialnego, po udowodnieniu im nieuczciwości, a tych ludzi brała *Ameryka Echo* w obronę. Wydawcy *Ameryki Echo* zapowiedzieli rewizję swego stosunku do Narodowego Kościoła, rewizja ta może być w dwojaki sposób uczyniona, to jest: że nie będzie nigdy pochwalać Narodowego Kościoła i Narodowego księdza, albo też będzie się odnosić wrogo i krytycznie do Narodowego Kościoła i Narodowego księdza. Stanowisko Narodowego Kościoła jest takie: że nigdy nie wzywa pomocy policji, ale w obrębie prawa broni się i napastników uspakaja i w podobny sposób postąpił ks. proboszcz Panfil w Syracuse i tego się trzymał będzie. Na wniosek ks. sen. Szufladowicza, poparty przez p. Józefa Romana radę ks. Biskupa przyjęto.

Po wyczerpaniu się spraw, Pierwszy Ks. Biskup zwrócił się jeszcze do wszystkich obecnych, aby pomogli w wykonaniu w tym czasie prac nakreślonych w programie Narodowego Kościoła, by czuwali i bronili idei Narodowego Kościoła, a potem modlitwą zakończył Pierwszy Biskup zebranie, oddając Kościół Narodowy, duchowieństwo i organizacje Bogu w opiekę, prosząc o siły potrzebne do wykonywania wielkiego zadania, jakie Opatrzność Boża w nasze ręce włożyła. O 11:30 wieczór zebranie zakończono.

Protokół z posiedzenia Pełnej Rady PNKK, które się odbyło dnia 17 czerwca 1941 roku

W zgromadzeniu wzięli udział; księża biskupi: Franciszek Hodur, Leon Grochowski, Jan Jasiński, Józef Leśniak, i Jan Misiaszek; księża seniorzy: Stanisław Szufladowicz, Rene Zawistowski, Józef L. Zawistowski, Antoni Wojtkowiak, Michał Zawadzki, prof. Teofil Czarkowski; świeccy członkowie Rady: Bronisław Wysocki, Józef Roman i Władysław Proń. Goście; Księża: Jan Wróblewski, Tadeusz Zieliński, Andrzej Tolcz, Piotr Gwozdecki, Feliks Rękas i Eugeniusz Magyar.

Modlitwą otworzył Pierwszy Ks. Biskup Franciszek Hodur zebranie Rady PNKK i powołał sekretarza do odczytania protokółu, a który po odczytaniu został przyjęty, za wnioskiem Władysława Pronia popartym przez ks. biskupa Jasińskiego.

W sprawie misji w Polsce

Ks. Biskup Hodur podaje do wiadomości, że ks. bp Padewski jest jeszcze w Polsce, że stosunki są nie jasne i nie pewne, co się tyczy Narodowego Kościoła. W dalszym ciągu pomaga się z funduszu misji Narodowego Kościoła. Z listu ks. biskupa Padewskiego wynika, że rząd zaborczy zagroził, że jeśli Kościół Narodowy nie postara się o legalizację, to wówczas z dniem 1 maja b.r. musi się rozwiązać, bo wszystkie nie uznane związki religijne muszą być rozwiązane. W części włączonej do Rzeszy kościoły w Toruniu, Bydgoszczy, Grudziądzu przestały istnieć. Ks. biskup Padewski przygotowuje Radę Kościoła w Polsce, która na wypadek jego wyjazdu będzie funkcjonowała. Ks. Roman Jasiński pozostaje jeszcze w Szwajcarji, robimy wszystko, aby go ratować. Po dyskusji sprawę misji zamknął Pierwszy ks. Biskup.

Rada Polonii Amerykańskiej

Pierwszy Ks. Biskup zakomunikował następujące słowa dotyczące Rady Polonii Amerykańskiej: W Radzie Polonii Amerykańskiej mamy cztery okręgi Kościoła Narodowego i Polsko Narodowej Spójni. Oprócz przedstawiciela Narodowego Kościoła i Polsko Narodowej Spójni w dorocznym zjeździe w Waszyngtonie brali udział: ks. bp koadjutor Misiaszek, ks. biskup Leśniak, Kochan, Mikuta, Staruszkiewicz, Sznyter, ks. Gogul, ks. sen. Siemiątkowski i Kapałka. Dla reprezentacji naszych organizacji, za pozwoleniem biskupa Franciszka Hodura, odprawione zostało nabożeństwo w intencji Polski i Ameryki w kaplicy św. Piotra i Pawła na górze św. Albana, jak również przedstawiciele nasi wzięli udział w nabożeństwie urządzonym przez Kościół episkopalny w Waszyngtonie. Te zgromadzenia, jak i udział ks. biskupa Jasińskiego w Konferencji Ekumenicznej w Toronto, Zjazd Młodzieży Narodowego Kościoła w New Yorku Zmartwychwstanie, a w którym brał udział konsul Krasicki, życzliwość Sikorskiego, Mikołajczyka, te wszystkie sprawy mogą się przyczynić do rozwinięcia szerszej działalności Narodowego Kościoła i poparcia idei tegoż w stosownej chwili. Najważniejszym jednak zadaniem dzisiaj, kończył pierwszy Ks. Biskup, to wychowanie odpowiednich zastępów duchowieństwa Narodowego Kościoła. Ks. sen. Szufladowicz postawił wniosek, aby powyższe przyjąć i trzymać się nadal programu nakreślonego przez Pierwszego Ks. Biskupa, poparł ks. biskup Jasiński.

Pierwszą sesję zakończono o 1 popołudniu.

Synod PNKK

Pierwszy Ks. Biskup wyłuszczył sprawę Synodu Powszechnego przypadającego na rok bieżący. Ze względów obecnej wojny Pierwszy Ks. Biskup twierdzi – nie moglibyśmy jasno określić praw dla Narodowego Kościoła w Polsce, następnie stosunki w Ameryce są anormalne, obawia się Pierwszy Ks. Biskup, czy moglibyśmy na tydzień zebrać odpowiednie przedstawicielstwo Kościoła Narodowego na Synod, a byłoby nie dobrze, gdyby tylko księża, kobiety i starcy wzięli udział w Synodzie. Z tego względu uważa Pierwszy Biskup, że Synod należało by odłożyć do następnego roku. W tej materii zabierają głos księża biskupi i obecni członkowie Rady i podzielają zdanie Pierwszego Ks. Biskupa. Wobec tego postanowiono Synod odłożyć do odpowiedniejszego czasu, za wnioskiem ks. biskupa Grochowskiego popartym przez ks. sen. Józefa L. Zawistowskiego.

Omawiano wszechstronnie sprawę misjonarzy i w końcu pozostawiono Pierwszemu Ks. Biskupowi, czy i o ile da się wykonać. Pierwszy Biskup listownie zwróci się do księży.

Sprawozdanie kasjera od 1 stycznia 1941 roku do 17 czerwca 1941 roku:

Dochód:	Fundusz Seminaryjny	Misje	Diecezjalne
Z roku 1940	$ 38.39	$ 35.77	$ 883.85
Wpłynęło	2,386.84	744.85	225.20
Razem	$2,425.23	$780.62	$1,109.05
Rozchód	$2,014.14	$1,506.66	$ 634.40
Pozostaje	$ 411.09	$ 283.96	$ 474.65

Ks. biskup Leśniak postawił wniosek o przyjęcie sprawozdania kasjera, poparł ks. sen. Michał Zawadzki.

Diecezje wpłaciły:

Środkowa	$1,203.70	do końca roku dopłaci	$1,396.30
Wschodnia	634.41	"	964.59
Buffalo- Pittsburgh	565.61	"	834.39
Zachodnia	700.62	"	899.38

Sprawy administracyjne

Wiele jest kłopotów w Kościele z tego powodu, że musimy często prędko, nie przygotowanych kandydatów święcić, że mamy mały wybór kandydatów do stanu duchownego i dlatego Pierwszy Ks. Biskup zaleca:

1. Nie organizować nowych parafii, jeżeli nie ma odpowiednich księży
2. Starych kandydatów do Seminarium nie przyjmować.

Pierwszy Ks. Biskup w porozumieniu z księżmi biskupami zarządził następujące zmiany: do McAdoo, Pa., ks. Andrzej Tolcz, a ks. Niemiec do Homestead, Pa.; ks. S. Bilik do East Meadow [L. I.], ks. Awczis do Wilkes-Barre, Pa.; a ks. Feliks Rękas do Youngstown, Ohio.

Do opracowania referatów na synod zgłosili się: ks. sen. Sołtysiak, ks. Jakobsche, ks. Bryśkiewicz, ks. sen. Wojtkowiak, ks. Mrozek, ks. sen. Siemiątkowski, i Ostrowski ze środkowej diecezji. Pierwszy Ks. Biskup omówi z księżmi i stosowne wybierze.

Serdecznym słowem ojcowskim i modlitwą zakończył Pierwszy Ks. Biskup zebranie Rady PNKK, prosząc Boga o łaski dla Kościoła w Ameryce i w Polsce.

Protokół z posiedzenia Rady PNKK odbytego w dniu 13 października 1941 roku

Zebranie otworzył Pierwszy Ks. Biskup Franciszek Hodur o godzinie 7:30 wieczorem w obecności następujących członków Rady; Księży biskupów: Grochowskiego, Jasińskiego, Leśniaka i Misiaszka; księży seniorów: Stanisława Szufladowicza, Rene Zawistowskiego, Józefa L. Zawistowskiego, Józefa Sołtysiaka, Franciszka Siemiętkowskiego, Wojtkowiaka i Dąbrowskiego; księży: prof. Teofila Czarkowskiego, Zielińskiego, Świątka, Wiśniewskiego, Ząbka, Gwozdeckiego, Maula i świeckich członków Rady: Władysława Pronia i Józefa Romana, ob. Bronisław Wysocki nieobecny wskutek choroby.

Po modlitwie Pierwszego Ks. Biskupa, sekretarz odczytał protokół, który za wnioskiem ks. biskupa Grochowskiego, popartym przez ks. sen. Sołtysiaka przyjęto.

Sprawę Misji PNKK w Polsce

zreferował Pierwszy Ks. Biskup Franciszek Hodur i wykazał, że rząd niemiecki zmienił nazwę Kościoła w Polsce, nazywając go Kościołem Starokatolickim, niezależnym od zagranicy, czyli innymi słowy rząd niemiecki odłączył Kościół Narodowy w Polsce od Kościoła Narodowego w Ameryce. Ks. biskup Padewski napisał, że 12 paragrafów obowiązuje w Kościele w Polsce na podstawie rozporządzenia niemieckiego rządu, ale tych 12 punktów do Scranton nie nadesłał. Do tego czasu Kościół Narodowy w Ameryce posyłał 150 dolarów pomocy Kościołowi Narodowemu w Polsce przez Szczepanika. Sprawę poddał pod dyskusję Pierwszy Ks. Biskup i po gruntownym omówieniu ustalono:

1. Na razie musimy tolerować i pomagać, do czasu, aż otrzymamy bliższe wyjaśnienie od ks. biskupa Padewskiego, co do stanu Kościoła w Polsce.

2. By tak księża biskupi, jak też księża seniorzy i proboszczowie pisali do księdza biskupa Padewskiego i księży w Polsce listy i kartki z zachętą wytrwania, nie poddawania się ani na chwilę zwątpieniu w zwycięstwo słusznej naszej sprawy i nazwy dla której walczono i cierpiano w Ameryce i w Polsce.

3. Skomunikować się z arcybiskupem Rinklem i biskupem Kurym w Szwajcarii.

4. Formalny protest zamieszczony w *Roli Bożej* podtrzymać i zaprotestować przez Washington, D.C.

Na wniosek ks. biskupa Grochowskiego, poparty przez ks. biskupa Leśniaka przyjęto powyższe:

Pierwszy Ks. Biskup powiadamia zebranych o śmierci biskupa Berendsa w Holandii, postanowiono wysłać telegram do arcybiskupa Rinkla, wyrażający żal i smutek.

Ks. biskup Freeman z Waszyngtonu zaprosił Pierwszego Ks. Biskupa z racji instalacji w katedrze Waszyngtońskiej, przewodniczącego biskupa Episkopalnego Kościoła, Henryka Tuckera. Postanowiono wysłać delegację złożoną z księży biskupów Jasińskiego i Misiaszka oraz ks. sen. Dąbrowskiego. Polecono również zbadać bliżej sprawę kapelaństwa PNKK w armii amerykańskiej.

Seminarium PNKK w Scranton, Pa.

Ponieważ wielu młodych ludzi powoływanych jest do wojska trzeba więc starać się przygotować rodzaj małego seminarium, byśmy byli w stanie Seminarium utrzymać i zasilać szeregi duchowieństwa Narodowego Kościoła nowymi, a godnymi współpracownikami. Wyświęceni zostali w ostatnim czasie: Wojciech Tarka i Jan Rencewicz. Postanowiono:

1. przez miesiąc agitować za odpowiednimi kandydatami do Seminarium; i

2. rozbudować budynek seminaryjny i starać się spłacić dług ciążący na Seminarium w sumie przeszło pięć tysięcy dolarów.

Do tej komisji Pierwszy Ks. Biskup Franciszek Hodur powołał księży biskupów i księży seniorów.

Sprawa agitacji za zdobywaniem pomocy dla armii polskiej.

Kościół Narodowy publicznie nie może tej pracy agitacyjnej prowadzić, ze względu na lojalność dla sztandaru Ameryki, ale organizacje mogą organizować pomoc przez tworzenie Kół Przyjaciół Polskiego Żołnierza. Zorganizowaliśmy Centrum Żołnierza Polskiego w Scranton, Pa., a po wszystkich parafiach mogą powstać i powinny Koła Przyjaciół Żołnierza Polskiego, zaś w każdej diecezji Sub Centrum i w ten sposób pomagać sprawie polskiej. Jak długo Ameryka jest neutralna nie możemy się mieszać, jako obywatele amerykańscy polskiego pochodzenia w sprawy polityczne innych państw. Takie stanowisko musi być podtrzymywane w całym PNKK w Ameryce.

O godzinie 10:45 po serdecznym słowie Pierwszego Ks. Biskupa i modlitwie zakończono zebranie. Pierwszy Ks. Biskup prosił wszystkich braci biskupów, kapłanów i świeckich o szczególniejszą pomoc we wszystkich wspólnych naszych sprawach tyczących się Kościoła, oraz biednego i cierpiącego narodu polskiego.

Protokół z posiedzenia Rady PNKK dnia 8 września 1943 roku

Dnia 8 września 1943 roku o godzinie 8 wieczorem, na plebanii Narodowego Kościoła, otworzył ksiądz biskup Franciszek Hodur zebranie Rady PNKK, modlitwą. Obecni na zebraniu Rady księża seniorzy: Stanisław Szufladowicz, Józef L. Zawistowski, Rene Zawistowski, Franciszek Siemiątkowski,; księża proboszczowie: prof. Teofil Czarkowski, Adam Walichiewicz, Józef Kardaś, Tadeusz Zieliński, Franciszek Kaczmarczyk i Marian Czerny; pp

Bronisław Wysocki, Władysław Proń i Józef Roman, oraz niżej podpisany.

Po odczytaniu protokółu przyjętego za wnioskiem ob. Wysockiego i ks. sen. Rene Zawistowskiego, przystąpiono do sprawy misji PNKK w Polsce. Ksiądz Biskup Hodur przedstawił, że zbyt wiele o misji dzisiaj mówić nie możemy, ze względu na trudności komunikacyjne, ale następujące rzeczy wiemy na pewno:

1. Ks. biskup Józef Padewski jest w obozie koncentracyjnym w Tittmoning w Górnej Bawarii od 23 września 1942 roku.
2. Że Niemcy zmienili nazwę Kościoła z Polski Narodowy Katolicki Kościół na Starokatolicki Kościół Unii Utrechckiej.
3. Że w wielu parafiach nie ma nabożeństw wskutek braku księży.
4. Szczepanikowi w Chicago, na wskutek braku informacji wypłaca fundusz misyjny zamiast umówionej sumy 150 dolarów miesięcznie sto, aż do czasu, gdy otrzymamy pewne informacje.
5. W sprawie zmiany nazwy Kościoła w Polsce, w Departamencie Stanu w Waszyngtonie odpowiedziano, że w sprawach ideowych, Department interweniować nie może, trzeba zaczekać aż do skończenia wojny, natomiast w sprawach majątkowych, także nic zrobić nie można, gdyż majątek w Krakowie zapisany jest na poszczególne osoby, ponieważ rząd polski PNKK nie uznał, przeto nie można było robić zapisu prawnego na Kościół jako taki. Sprawę misji przyjęto jednomyślnie.

Sprawa Seminarium PNKK

Pierwszy Ks. Biskup przedstawia, że w Seminarium jest obecnie dziewięciu kleryków, a mianowicie: Malewicz, Jakubik, Niemiec, Grzesik, Lach, Tomal, Ruciński, Niemiński, Stefanowicz i Klimczak. Ze sprawozdania wynika, że spłacono długu w roku 1943 620 dolarów i wiąże się koniec z końcem. Nie wszyscy rozumieją ważność i znaczenie Narodowego Seminarium. Nie wszyscy agitują, aby dostać odpowiednich kandydatów do stanu duchownego, aby wesprzeć ofiarą, tę naszą tak dzisiaj konieczną instytucję. Długu na Seminarium pozostaje 4,268.56 dolarów. Dług ten, Pierwszy Ksiądz Biskup Franciszek Hodur podarował jako pamiątkę w 50 rocznicę swego kapłaństwa, dla tej uczelni, którą kieruje od początku do dnia dzisiejszego. Ks. sen. Stanisław Szufladowicz zabrał głos i w imieniu zebranych, składając Pierwszemu Ks. Biskupowi Franciszkowi Hodurowi podziękowanie w imieniu Rady PNKK.

Sprawa Stałego Funduszu

Do dnia 8 września 1943 roku, w Funduszu Stałym znajduje się 9,547.90 dolarów z tego 1,429.00 dolarów z diecezji Buffalo-Pitt., a 6 187.90 dolarów z diecezji środkowej. Diecezja wschodnia przeprowadza zbiórkę na Stały Fundusz i po skończeniu mają przywieść do Scranton, a diecezja zachodnia zamierza przeprowadzić ogólną kolektę w swoim obrębie. Fundusz Stały lokowany jest w Pierwszym Narodowym Banku w Scranton, pod nazwą Generalny Fundusz Stały Misyjny Polskiego Narodowego Katolickiego Kościoła. Na przekazach bankowych znajdują się trzy podpisy, a mianowicie: Księdza Biskupa Franciszka Hodura, ks. bpa. Jana Misiaszka i Bronisława Wysockiego. Szczegółowy wykaz ofiar prowadzić będą: ks. biskup koadjutor Jan Misiaszek i Bronisław Wysocki. Za wnioskiem ob. Pronia, popartym przez ks. sen. Józefa Zawistowskiego, sprawozdanie przyjęto.

Pożyczka

Po sprawozdaniu na Stały Fundusz PNKK wyłoniła się sprawa pożyczki zaciągniętej przez księdza biskupa Franciszka Bończaka na sprawę Kościoła Narodowego w Polsce u p. Michała Świątkowskiego w Duryea, Pa., w roku 1924, w sierpniu, bez wiedzy ks. biskupa Franciszka Hodura. Po zbadaniu całej sprawy uchwalono z Funduszu Stałego wypłacić p. Michałowi Świątkowskiemu 500.00 dolarów z poleceniem zbadania, czy nie ma więcej takich pożyczek. Wniosek wstawił ks. sen. Rene Zawistowski, poparł ob. Józef Roman.

Interkomunia

Biskup episkopalnego kościoła, Wilson, zwrócił się do Pierwszego Ks. Biskupa z zapytaniem, co do stanowiska PNKK w sprawie interkomunii z kościołem episkopalnym. Pierwszy Ks. Biskup wyjaśnił sprawę interkomunii i na tej podstawie, po wypowiedzeniu się księży: Józefa Kardasia, Franciszka Kaczmarczyka, ks, seniorów Rene Zawistowskiego i Józefa L. Zawistowskiego, Adama Walichiewicza, da ks. biskup Hodur instrukcje udającemu się do Cleveland, Ohio, na Konferencję Episkopalnego Kościoła, księdzu biskupowi Jasińskiemu: że „Kościół PNK w zasadzie zgadza się na interkomunię jednego Kościoła z drugim, ale wyznawcy tegoż Narodowego Kościoła muszą się wypowiedzieć na synodzie, który będzie zwołany natychmiast po skończonej wojnie." Zasadę tę przyjęto jako stanowisko PNKK.

Po wyczerpaniu się spraw Pierwszy Ks. Biskup podziękował członkom Rady za przybycie i polecał wszystkim obecnym wszystko to co związane jest z życiem, pracą i przyszłością PNKK w Ameryce i w Polsce. Modlitwą o godzinie 11 zakończył Pierwszy ks. Biskup zebranie Rady PNKK w Ameryce.

Protokół z posiedzenia Rady PNKK odbytego w dniu 24 kwietnia 1945 roku

w obecności następujących osób: księży biskupów: Hodura, Grochowskiego, Jasińskiego, Leśniaka, Padewskiego, i niżej podpisanego; księży seniorów: Józefa L. Zawistowskiego, Rene Zawistowskiego, Stanisława Szufladowicza, Józefa Sołtysiaka, Leopolda Dąbrowskiego, Antoniego Wojtkowiaka, Franciszka Siemiątkowskiego, i Michała Zawadzkiego; księży proboszczów: Tadeusza Zielińskiego, Edwarda Abramskiego, Józefa Kardasia, prof. Teofila Czarkowskiego, Franciszka Kaczmarczyka [P. Stasikowskiego, Franciszka Pilzysa, Bernarda Kosiora, Antoniego Wiśniewskiego]; pp. Józefa Romana, Bronisława Wysockiego, Władysława Pronia i Alfonsa Kinowskiego [Stanisława Mołonia].

Zebranie otworzył Pierwszy Ks. Biskup Hodur modlitwą i następnie powołał sekretarza do odczytania protokółu, który został przyjęty za wnioskiem ks. bpa Leona Grochowskiego, popartym przez ks. sen. Franciszka Siemiątkowskiego.

W sprawie Misji PNKK

Pierwszy Ksiądz Biskup objaśnia, że ks. biskup Padewski, misyjny biskup PNKK w Polsce jest obecnie w Albany, N.Y., jako proboszcz PNK parafii, który oprócz pracy w parafii przez zebrania, nabożeństwa przyczynia się teraz do utwierdzenia Narodowego Kościoła w Ameryce, z którego wyszedł najpierw jako kapłan a potem jako biskup. W Polsce obecnie, o ile się dowiadujemy jest wielki brak księży, bo 11 zostało zamordowanych z szeregów Narodowego Kościoła. Księża: Koc, Tymczak, Kafel i Jakubas z lubelskiego zgłosili się z prośbą o pomoc, ale na razie pomoc ta jest niemożliwa na wskutek utrudnień stawianych przez Rosję. Ani Czerwony Amerykański Krzyż, ani Rada Polonii Amerykańskiej ani UNRRA nie mają jeszcze dostępu do Polski. Pierwszy Ks. Biskup wystosował prośbę do Amerykańskiego Czerwonego Krzyża i do UNRRA, czy by nie było jakieś drogi, by ratować cierpiący naród polski Dotychczas nie otrzymał jeszcze odpowiedzi.

Sprawozdanie Skarbnika

Sprawozdanie skarbnika Rady PNKK p. Bronisława Wysockiego ze stanu Stałego Funduszu Misyjnego i tak:

Diecezja środkowa	$15,792.75
Diecezja zachodnia	15,844.17
Diecezja Buffalo-Pittsburgh	9,344.23
Diecezja wschodnia	16,191.98
Polsko Narodowa Spójnia	5,000.00
Razem do dnia	$61,428.26

Z tego pozostaje, po wypłaceniu p. Michałowi Świątkowskiemu 500.00 dolarów i US B. 25.00 dolarów, $60,928.26.

Sprawozdanie zostało przyjęte za wnioskiem ks. biskupa Grochowskiego, popartym przez p. Władysława Pronia, aby dalej Fundusz Misyjny powiększać przez zbieranie ofiar w parafiach. Ksiądz biskup Hodur dodaje, że wszędzie tam gdzie jest ksiądz aktywny tam ofiary na misje PNKK ludzie składają i życie pod względem duchowym i ideowym jak też i finansowym w parafii jest znaczne.

Sprawa Seminarium PNKK im. ks. Hieronima Savonaroli w Scranton Pa.

Pierwszy Ks. Biskup przedstawił trudności w prowadzeniu Seminarium, a zwłaszcza wykazał brak odpowiednich kandydatów. Po dyskusji przyjęto wniosek: 1. Że wszyscy księża biskupi PNKK będą się starać o pozyskanie odpowiednich kandydatów do Seminarium, 2. Co kwartał ogłaszać w poczytnych polsko-amerykańskich pismach artykuły z zachętą, by pozyskiwać kandydatów. Pierwszy Ks. Biskup przedstawia smutny fakt, że wielu księży Narodowego Kościoła porzuciło Kościół, a poszło do fabryk, inni opuszczają diecezję i parafię bez zgody diecezjalnego biskupa i przenoszą się do innej diecezji, wskazując na niezdrowy stan Kościoła, prosi obecnych księży i biskupów by harmonijnie pracując wzmocnili Kościół. Za wnioskiem ks. sen. Siemiątkowskiego popartym przez p. Bronisława Wysockiego postanowiono działać w myśl wskazań i zaleceń Pierwszego Księdza Biskupa Franciszka Hodura.

Co mamy czynić z Misją PNKK w Polsce?

W Polsce mieliśmy przed wybuchem wojny 54 parafii, obsługiwanych przez 34 księży, obecnie pozostało 23 księży, mówi Pierwszy Ks. Biskup – nie powinniśmy misji Narodowego Kościoła w Polsce zaniechać. Po skończonej wojnie, o ile przyszły rząd polski nie zawrze konkordatu z rzymsko-katolickim Kościołem, Kościół Narodowy znajdzie podatny grunt na ziemi polskiej. Stronnictwa ludowe, socjalistyczne, a nawet partie zbliżone do komunizmu odnosiły się do Kościoła Narodowego życzliwie. Kościół Narodowy w Polsce będzie potrzebny. Rozchodzi się tylko o to kogo mamy wysłać do Polski.

Po krótkiej dyskusji, wstawił wniosek ks. biskup Jan Jasiński, poparł ks. bp Grochowski, aby na czele misji stanął ksiądz biskup Padewski i w stosownym czasie do Polski wyjechał. Z naszej strony, Pierwszy Ks. Biskup mówił musimy przygotować oprócz ludzi, także i literaturę PNKK, a więc broszury, książki do nabożeństwa, rytuały, mszały itd. Pożądaną było by rzeczą, abyśmy wysłali do Polski jako misjonarzy ludzi świeckich – mówi Pierwszy Ks. Biskup.

W końcu Pierwszy Ks. Biskup podsunął myśl, potrzebę napisania broszurek od 20 do 30 stron druku na tematy: Misja Narodowego Kościoła w Polsce, PNKK w Ameryce, Potrzeba Narodowego Kościoła dla Polski. Przez podkreślenie w broszurkach agitacyjnych, że Polacy w Ameryce wiele skorzystali przez Narodowy Kościół, zachęci to także naszych rodaków w Polsce dla idei Narodowego Kościoła.

Po modlitwie dziękczynnej, Pierwszy Ks. Biskup, żegnając zgromadzonych kapłanów z księżmi biskupami polecił, im wszystko, co nas łączy w pracy dla wielkiej idei PNKK, odroczył posiedzenie Rady o godzinie 10:30 wieczorem.

Bp Jan Misiaszek, Sekretarz

Protokół z zebrania Rady PNKK
19 lipca 1945 roku

Zebranie otworzył modlitwą Pierwszy Ksiądz Biskup Franciszek Hodur, przy obecności następujących członków duchownych i świeckich; Biskupów: Padewskiego i Misiaszka; Seniorów: Józefa L. Zawistowskiego i Rene Zawistowskiego; Ks. proboszczów: Józefa Kardasia, Tadeusza Zielińskiego, Franciszka Kaczmarczyka oraz pp. Bronisława Wysockiego, Władysława Pronia, Józefa Romana i Alfonsa Kinowskiego.

Po odczytaniu protokółu przez sekretarza Rady, tenże protokół został przyjęty jak był odczytany, za wnioskiem ob. Pronia, popartym przez ob. Alfonsa Kinowskiego.

Nastąpiło sprawozdanie z Funduszu Misyjnego Stałego – kasjer p. Wysocki przedstawia, że dotychczas diecezje złożyły na ten fundusz następujące kwoty:

Środkowa	$16,285.25
Wschodnia	16,264.28
Zachodnia	15,442.18
Buffalo-Pittsburgh	9,547.22
Polsko Narodowa Spójnia	5,000.00
Razem	$62,843.77

Sprawozdanie przyjęto i postanowiono w dalszym ciągu zbierać ofiary na ten cel, ponieważ zbliża się chwila, gdy nasi misjonarze udadzą się do Polski.

Sprawa Seminarium

Przedstawia Pierwszy Ks. Biskup Hodur: Budynek seminaryjny potrzebuje odnowienia, postanowiliśmy więc odnowić go wewnątrz i zewnątrz za sumę 570.00 dolarów. Pracę tę wykona B. Bogdański. Ks. sen. Rene Zawistowski stawia wniosek o przyjęcie sprawozdania, a popiera Józef Roman. Największą troską jest brak kandydatów do Seminarium – Pierwszy Ks. Biskup przedstawia Radzie, że opuścił w tych dniach Kościół ks. B. Malewicz, parafie Hazleton i McAdoo pozostały bez duszpasterza, musi więc przenieść ks. Kazimierza Wilczka z Richmond, Pa., a ks. Swoborowicza tymczasowo posłać na zastępstwo, pozostanie więc bez opieki duchowej Dom Starców. Pierwszy Biskup prosi księży i świeckich członków Rady, by pomogli w zdobywaniu odpowiednich kandydatów do Seminarium. Ks. sen. Rene Zawistowski twierdzi, że spodziewa się trzech kandydatów do Seminarium, zebrani przyrzekają pomoc.

Sprawa Misji PNKK

Pierwszy Ksiądz Biskup przedstawia sprawę misji w następujących słowach: Lud polski tak w Ameryce, jak też i w zamorskiej macierzy w Polsce, jest niezadowolony z rzymskiego Kościoła, a w tym czasie w szczególniejszy sposób, bo Rzym Polsce w chwili wielkiego doświadczenia, nie pomógł, a owszem, nawet Polskę opuścił. Dzisiaj więc prawie wszyscy zdrowo myślący ludzie opowiadają się przeciw rzymskiemu Kościołowi. Kościół nasz narodowy ma wielu zwolenników, tak tu w Ameryce, jak i w Polsce. Ostatnie listy od Rady Kościoła, podpisane przez księży Kwolka i Narbutowicza, świadczą wymownie o nastrojach wśród ludu. Potrzeba jednak, jak zresztą piszą o tym księża z Polski, przewodnika, biskupa z Ameryki, który by im pomógł zebrać księży, natchnąć jedną myślą. Czy jesteśmy gotowi tę sprawę rozwiązać, czy możemy, i w jaki sposób i w jakim stopniu wykonać program naszego Kościoła w Polsce? Pierwszy Biskup prosi, by się obecni na zebraniu członkowie Rady wypowiadali. Zabierają więc głos: ob. Kinowski jest zdania, że winno się wysłać misję do Polski, ks. seniorzy Józef L. Zawistowski, Rene Zawistowski, bp. Padewski, Władysław Proń, Bronisław Wysocki, wszyscy podnoszą, że sprawa będzie trudną w Polsce, ale wszyscy zgadzają się jednomyślnie, że misja winna wyjechać do Polski i w tej misji pojadą ks. biskup Padewski i ks. sen. Józef L. Zawistowski. Ks. biskup Padewski i ks. Józef L. Zawistowski zabierają głos i mówią, że są gotowi do pracy w Polsce, tak jak tego pragnie kierownictwo PNKK w Ameryce.

Pierwszy Ks. Biskup wyjaśnia sprawę misji i podkreśla, że trzy czynniki musimy uwzględnić w tym czasie w sprawie misji Narodowego Kościoła w Polsce, a mianowicie:

1. Opatrzność Boża, Bóg powołał PNKK do bytu i Bóg kierował nami i w Scranton i w całym Kościele w Ameryce i w Polsce, zawsze o ile byliśmy Mu wierni.

2. Drugim czynnikiem, to potrzeba Narodowego Kościoła i w Ameryce i w Polsce. Lud potrzebuje lepszego Kościoła, lud potrzebuje szczerych nauczycieli i wychowawców w duchu Jezusa Chrystusa.

3. Trzecim czynnikiem, to my tu w Ameryce, jesteśmy gotowi do pomocy Braciom i Siostrom, współwyznawcom Narodowego Kościoła w Polsce. Po parafiach lud nasz oczekuje, kiedy nasi misjonarze wyjadą, aby iść z wydajną pomocą dla Kościoła w Polsce. Księża z Ameryki i z Polski pomogą w pracy naszym misjonarzom.

Za wnioskiem p. Kinowskiego popartym przez ob. Wysockiego, aby ks. Biskup Padewski i ks. senior Józef L. Zawistowski wyjechali w stosownym czasie do Polski z misją PNKK. Stosownie do tego postanowienia, Pierwszy Ks. Biskup powiadomi Radę PNKK w Polsce o wyjeździe naszej Misji i uczyni wszystko co potrzeba, aby misja była skuteczną.

O godzinie 10:00 Pierwszy Ks. Biskup podziękował zebranym za przybycie i głos w sprawie Kościoła, a modlitwą oddał zebranych i Kościół w opiekę Bogu.

Protokół z posiedzenia Rady PNKK odbytego dnia 25 stycznia 1946 roku

Zebranie otworzył Pierwszy Ks. Biskup Franciszek Hodur modlitwą w obecności następujących członków duchownych i świeckich: Ksiądz biskup Józef Padewski; Księża seniorzy: Szufladowicz, Józef L. Zawistowski; Księża proboszczowie: prof. Teofil Czarkowski, Stanisław Mołoń, Tadeusz Zieliński; ob. Władysław Proń i jako gość ks. proboszcz Bernard Kosior, oraz niżej podpisany [Bp. Misiaszek].

Po odczytaniu protokółu z zebrania Rady PNKK odbytego w dniu 19 lipca 1945 roku, tenże protokół został przyjęty jak był czytany za wnioskiem ks. Stanisława Mołonia, popartym przez Władysława Pronia.

Pierwszy Ksiądz Biskup powołał do sprawozdania skarbnika funduszów Kościoła ob. Bronisława Wysockiego. Ze sprawozdania wynika, że w Stałym Funduszu Misyjnym jest do dnia zebrania Rady PNKK 70,231.02 dolarów. Diecezje PNKK wpłaciły na ten cel następujące sumy:

Środkowa	$17,590.94
Wschodnia	16,749.64
Buffalo-Pittsburgh	10,612.02
Zachodnia	15,488.69
Polsko Narodowa Spójnia	10,000.00

Wniosek został postawiony przez ks. prob. Tadeusza Zielińskiego, poparty przez ob. Władysława Pronia, aby sprawozdanie zostało przyjęte, a w dalszym ciągu zbierano ofiary na Fundusz Stały Misyjny.

Misje w Polsce

W sprawie misji PNKK w Polsce mówi Pierwszy Ksiądz Biskup i tak: po kilku miesięcznych staraniach i zabiegach przedstawiciele nasi, t.j. ks. biskup Padewski i ks. senior Józef L. Zawistowski otrzymali paszporty z Departamentu Stanu w Waszyngtonie i wizy od polskiego rządu w Warszawie. Po paszporty udali się osobiście do Departamentu Stanu w Waszyngtonie. Teraz mamy mówić na jakich warunkach mają wyjechać nasi misjonarze do Polski. Stosunki religijne w Polsce są obecnie w stanie chaotycznym. Rząd polski zniósł konkordat z Rzymem i wprowadza sprawy nowe, przeciwne Kościołowi rzymskokatolickiemu np co do małżeństwa, nauczania religii itd. Aby dać wyraz temu co obecnie w Polsce myślą, powołał Pierwszy Ks. Biskup sekretarza Rady, ks. biskupa koadjutora Jana Misiaszka by przeczytał trzy listy, które nadeszły w ostatnim czasie z Polski, a które rzucają wiele światła na stosunki i pojęcia dotyczące Kościoła Narodowego, rzymskokatolickiego itd. w Polsce. Zabierali głos w tej sprawie misji ks. biskup Padewski, ks. Zieliński, ks. Mołoń, ks. sen. Szufladowicz, Proń i niżej podpisany, a następnie za radą Pierwszego Ks. Biskupa przyjęto dyrektywy, którymi się mają kierować nasi misjonarze w Polsce, a więc:

1. Stać nieugięcie przy nazwie Kościoła – Polski Narodowy Katolicki Kościół.
2. Złożyć wizytę rządowi polskiemu w Warszawie i w ambasadzie Stanów Zjednoczonych.
3. Odwiedzić parafie Polskiego narodowego Kościoła w Polsce i za wszelką cenę starać się osiąść w Krakowie, aby mieć pewne zaplecze do dalszej pracy w Polsce.
4. Po zbadaniu i odwiedzeniu parafii w Polsce dać natychmiast sprawozdanie skrupulatne do Scranton, a wówczas damy pomoc dla księży, dla najbardziej potrzebujących parafii, przez Polsko Narodową parafię w Ameryce – będzie to żywa łączność Kościoła w Ameryce z Kościołem w Polsce.

5. Starać się wydawać pismo *Posłannictwo*, pomocy udzielimy z Ameryki.

6. Starać się zorganizować Seminarium Duchowne PNKK w Polsce.

Powyższe dyrektywy za wnioskiem ob. Wysockiego, popartym przez ks. Stanisława Mołonia, przyjęto.

W dalszym ciągu ksiądz biskup Hodur radzi, aby w całym Kościele postąpiono tak jak i w Scranton, aby jedna większa parafia lub kilka mniejszych parafii łączyło się i brało w opiekę ubogą parafię w Polsce, by można utrzymać księdza, pomóc w odbudowie zniszczonych kaplic, kościołów, czy mieszkań dla księży. Będzie to działać dobroczynnie na wyznawców Narodowego Kościoła w Polsce i w Ameryce.

Na jakich podstawach możemy współpracować z Kościołem w Polsce: Pierwszy Ksiądz Biskup tłumaczy – musi być jedność w prawach wiary, moralności i dyscypliny. Na razie w Ameryce ma być Rada PNKK zarządzająca całością Kościoła, a dopiero, gdyby większa liczba np. dwa miliony wyznawców będzie w Kościele Narodowym w Polsce, wówczas dopiero można ułożyć warunki inne. O tym była już mowa na Synodzie Powszechnym w Buffalo w roku 1930. Pojęcie religii, tłumaczonej przez PNKK, winno nas wszystkich łączyć i tu w Ameryce i tam w Polsce, bo tylko wówczas możemy działać z pożytkiem i siłą.

Gdyby się działa krzywda naszym misjonarzom, poruszymy niebo i ziemię, aby ich bronić i aby Narodowemu Kościołowi nie stała się krzywda.

Sprawy niezmiernie ważne dotyczące synodu i wiele innych spraw zostaną poruszone na zebraniu Głównej Rady PNKK, która się ma odbyć w dniach 26 i 27 lutego b.r. w Scranton, Pa. Wszyscy obecni członkowie Rady w wypowiedziach, byli zdania, że synod Kościoła jest potrzebny i prosili, aby Pierwszy Ks. Biskup przedstawił potrzebę zwołania synodu w tym czasie na zebraniu Pełnej Rady PNKK w wyżej wzmiankowane dni.

Po zakończeniu obrad Rady odbyło się krótkie nabożeństwo w kościele. Pierwszy Ks. Biskup zaprosił zebranych na pożegnanie misjonarzy na hali pod kościołem w Scranton, Pa.

W sprawie Seminarium

Pierwszy Ks. Biskup przedstawił, że dotychczas w Seminarium jest 8 studentów, napływają zgłoszenia z różnych stron, a ostatnio zgłosił się kandydat z New Yorku, polecany przez ks. Goławskiego.

Protokół z posiedzenia Rady PNKK i konferencji Koła Kapłanów Diecezji Środkowej odbytej w dniach 26 i 27 lutego 1946 roku

Zebranie otworzył modlitwą Pierwszy Ks. Biskup Franciszek Hodur o godzinie 10 rano we wtorek 26 lutego na plebanii Narodowego Kościoła w Scranton. Obecni na zebraniu: księża biskupi; Grochowski, Leśniak, Jasiński, Bończak, i Misiaszek; księża seniorzy: Sołtysiak, Wojtkowiak, Dąbrowski, Zawadzki, Siemiętkowski, Rene Zawistowski, i prof. Czarkowski; księża proboszczowie: Zieliński, Abramski, Mołoń, Orzech, Czerny, Jakubik, Janik, Kaczmarczyk, Walichiewicz, Januszewski, Rękas, Swoborowicz, Awczis, Waladka, Bąk, Piotrowski, Kardaś, Woźniak, Szczęsny, Toporowski, Brzostowski, Czyżewski, Draus, Kosior, Pietras, Magjar, Sychta, Krauze, Wiśniewski, Jasiński, Zięba, Kuźmiński, Niemiec, Walencikowski, i Ząbek. Świeccy przedstawiciele Rady: Wysocki, Proń i Roman.

Ks. bp koadjutor Jan Misiaszek odczytał protokół z ostatniego zebrania Rady, który został przyjęty za wnioskiem ks. sen. Rene Zawistowskiego, a popartym przez ks. sen. Józefa Sołtysiaka. Następnie zdał sprawozdanie finansowe Stałego Funduszu PNKK skarbnik ob. Bronisław Wysocki i tak: od 1942 do 1 lutego 1946 roku na stały Fundusz Misyjny PNKK wpłynęły następujące sumy z poszczególnych diecezji:

Środkowa	$17,608.10
Wschodnia	16,758.64
Buffalo-Pittsburgh	11,324.64
Zachodnia	15,488.86
Razem	$61,180.33
Polsko Narodowa Spójnia	10,000.00
Procenty z Banku	461.74
Razem	$71,642.07
Rozchodu ogólnego było	5,936.19
Pozostaje w kasie	$65,705.88

Za wnioskiem ks. bp Jana Jasińskiego popartym przez Władysława Pronia sprawozdanie skarbnika przyjęto.

Sprawa Misji w Polsce

Sprawę Misji referuje Pierwszy Ks. Bp Franciszek Hodur mówiąc: Zachodziła obawa, że Tymczasowy Rząd Polski Jedności Narodowej z siedzibą w Warszawie będzie robił trudności w uznaniu PNKK, a zwłaszcza w uznaniu nazwy pełnej tegoż Kościoła. Zaznacza jednak, że jakkolwiek był konsekrowany przez starokatolickich biskupów w Holandii to jednak w dokumencie konsekracyjnym jest zaznaczone, że Pierwszy Ksiądz Biskup Franciszek Hodur był konsekrowany jako biskup PNKK. Z Warszawy nadeszła depesza od przewodniczącego Rady i Sekretarza w której donoszą, że KPNK został uznany jako prawna jednostka o pełnej nazwie przyjętej przez synody PNKK. Księża Kwolek - jako przewodniczący i Edward Narbuttowicz starali się o prawne uznanie PNKK. Za wnioskiem ks. proboszcza Tadeusza Zielińskiego, popartym przez ks. Stanisława Mołonia, uchwalono ażeby wysłać w imieniu Kościoła w Ameryce podziękowanie do Prezydenta Polski, Pana Bieruta oraz do Pana Ministra Świątkowskiego.

Misjonarze nasi mieli wylądować 25 lutego b. r., do tego czasu jednak, wiadomości o wylądowaniu nie było.

Po przedstawieniu sprawy Misji, Pierwszy Ks. Biskup powołał do odczytania protokółu z zebrania Pierwszego Koła PNKK księży diecezji środkowej, ks. Józefa Kardasia, pod nieobecność ks. sen. Stanisława Szufladowicza. Protokół został przyjęty za wnioskiem ks. prob. Abramskiego, popartym przez ks. prob. Walichiewicza. Pierwszą sprawą, nad którą się zastanawiano na zebraniu Koła, jest sprawa modlitewnika czyli psałterza dla użytku duchowieństwa PNKK, a który opracowuje ks. prob. Adam Walichiewicz. W sprawie modlitewnika zabiera głos ks. prob. Walichiewicz i tłumaczy, że pewne części będzie miał gotowe, opracowane szczegółowo przy końcu czerwca, b.r. Pierwszy Ks. Biskup zachęca aby wszyscy wyznaczenie księża przyjętą cząstkę wykonali i materiał potrzebny zebrali. W tej pracy pomoże także ks. prof. Czarkowski, po czym Pierwszy Ks. Biskup zarządził przerwę na posiłek południowy.

Sesja druga rozpoczęła się o godzinie 2 po południu.

Pierwszy Ks. Biskup powołał z referatem o grzechu ks. prof. Teofila Czarkowskiego, który w długim opracowaniu przedstawił zebranym w sposób dobitny i jasny istotę grzechu i jego fatalne skutki. Po referacie odbyła się krótka dyskusja a Pierwszy Ks. Biskup wyjaśnił niektóre sprawy referatu, podziękował w imieniu zebranych księdzu Referentowi i zarządził, że Księża Proboszczowie nie należący do Rady zbiorą się na sesję w sali szkolnej, gdzie złożą sprawozdania z życia parafialnego a przedstawiciele i przedstawicielki Towarzystw, Przyjaciół PNK i ANS przedstawią najbliższy program pracy tychże Towarzystw, zaś Rada PNKK do godziny 6 omówi sprawę administracji Kościoła, aby odpowiednio ułożyć program pracy, by współżycie było możliwe.

Na zebraniu Rady, Pierwszy Ksiądz Biskup referuje sprawę kilku księży, którzy mając kłopoty, nie starali się tych kłopotów usunąć w myśl poleceń Biskupa, ale na własną rękę, po swojemu, sprawy swe osobiste załatwili, a teraz chcieli, aby Kościół to ich rozstrzygnięcie przyjął. Przedstawił sprawę księży Wróblewskiego, Zielonki, Rękasa i Niemca. Pierwszy Biskup podkreślił, że Synody PNKK uchwaliły i podkreśliły, że małżeństwo jest sakramentem, związkiem nierozerwalnym. Rozwodów Kościół Narodowy nie uznaje i na tym stanowisku Kościół w dalszym ciągu pozostaje. Musimy podtrzymać świętość sakramentu małżeństwa. Wyjaśnienie Pierwszego Księdza Biskupa przyjęto i sprawy wyżej wymienionych księży skończono.

Sesję zakończono o godzinie 6 wieczorem i zarządził Pierwszy Ks. Biskup godzinną przerwę na spożycie wieczerzy.

Sesja Trzecia

Sprawa Powszechnego Synodu PNKK

Pierwszy Ksiądz Biskup sprawę Synodu przedstawił w następujący sposób: 1. Czy jest rzeczą wskazaną, aby Synod odbył się w b.r.? 2. Do jakiego miasta ma być Synod zwołany? 3. W jakim czasie? Pierwszy Ksiądz Biskup Franciszek Hodur w następujący sposób umotywował potrzebę zwołania w tym czasie powszechnego Synodu PNKK. Mamy w pamięci wszystkie te nadzwyczajne fakty i zdarzenia, które wyłoniły się w ostatnim czasie, zwłaszcza w czasie tej ostatniej wojny. Ludzie osłabli duchowo, zapytują bardzo często co się stało z Chrześcijaństwem, z religią Jezusa Chrystusa. Dla ożywienia ducha religijnego, dla wytyczenia w tym czasie dróg dla wyznawców PNKK, dla rozpalenia z powrotem ducha żarliwości wśród wyznawców i uregulowania wielu innych spraw dotyczących administracji Kościoła potrzeba, aby Synod odbył się w b. r. Ks. Biskup Grochowski zabiera głos i wstawia wniosek, aby Synod odbył się w b.r. 1946, w Scranton, Pa., by w nim mógł brać udział Pierwszy

Ksiądz Biskup Franciszek Hodur i by odbył się w dniach 15, 16, 17 i 18 października b.r. Wniosek poparł ks. senior Leopold Dąbrowski i Rada zwraca się z prośbą do Pierwszego Księdza Biskupa upoważniając go tą uchwałą do zwołania Synodu Powszechnego.

Pierwszy Ksiądz Biskup zamianował Komisje Synodalne, które mają rozpocząć prace przygotowawcze do Synodu i tak: 1,2,3,4,5,6,7,8,9,10,11.

Wyznaczeniem Komisji skończył się pierwszy dzień Konferencji PNK Księży i zebrania Rady PNKK.

Sesja czwarta

W środę, 27 lutego 1946 roku sesję otworzył modlitwą Pierwszy Ksiądz Biskup o godzinie 10:30 rano.

Sprawa wysłania pomocy do Polski

Zabiera głos ks. bp Leon Grochowski, że powinniśmy wysłać pomoc dla naszych ludzi, wyznawców PNKK w Polsce. Pierwszy Ks. Biskup zaznacza, że ks. biskup Padewski i ks., senior Józef L. Zawistowski zabrali do Polski przeszło 10 tysięcy funtów paczek. Oprócz tego, wysyłamy ze Scranton przez Towarzystwo Doraźnej Pomocy paczki na posiadane w Towarzystwie adresy do osób w Polsce, przez amerykańską pocztę, jedenaście funtów ważące. Ks. prob. Tadeusz Zieliński wstawił wniosek, poparł ks. prob. Mołoń, aby pomoc słać przez Towarzystwo Doraźnej Pomocy i przez wysłanników PNKK do Polski. Fundusz PNKK zapłaci koszta przesyłki.

Odczytano telegram z Gdańska od Księdza Biskupa Józefa Padewskiego następującej treści: Thanksgiving Service Kraków March 3. Church situation good. Padewski, Zawistowski, Kwolek, Narbutowicz, Wicher i Powązka.

Ksiądz Biskup Hodur podkreśla, że musimy liczyć tylko na Boga najpierw, a potem na własne siły - panowie, ani pankowie Kościoła nie zbudują. Skupiajmy dobrych ludzi wokół siebie i róbmy wszystko co możemy. Przeszliśmy w Warszawie chrzest krwi, ale dlatego żeśmy wytrwali, idea PNKK zwyciężyła. W zjednoczeniu powinniśmy pracować w Ameryce wszyscy razem, ręka w rękę. PNKK w Polsce musimy wzmocnić przez wysyłanie misjonarzy, tak księży jak i biskupów. Musimy tych naszych Braci w Polsce natchnąć lepszą myślą, wzmocnić, zjednoczyć i z powrotem zapalić do pracy dla wielkiej idei PNKK. Ktokolwiek z księży tu obecnych, czy biskupów chciałby pomóc Kościołowi w Polsce, proszę, by się zgłosił do mnie w stosownym czasie, kończył Pierwszy Biskup.

Sprawy Typowych Towarzystw PNKK

Towarzystwa Przyjaciół Polsko Narodowej Szkoły. Aby lepiej pracę tych towarzystw poprowadzić, Pierwszy Ksiądz Biskup na zebraniu dorocznym tychże Towarzystw podzielił diecezję środkową na pięć okręgów szkolnych, a mianowicie: 1. Scrantoński, 2. Shenandoah, 3. Philadelphia, 4. Mohawk Valley, 5. New York-New Jersey. W okręgach tych księża postarają się przeprowadzić wystawy szkolne i prowadzić te Towarzystwa w myśl Konstytucji tych towarzystw.

W sprawie Towarzystwa Adoracji Najświętszego Sakramentu, odwiedziły zebranie panie: Emilia Sznyter, Anna Mikuta i Franciszka Chrzanowska.

W sprawie Dziewic Polskich im. Najświętszej Matki Maryi - pani Helena Fitkiewicz, zapraszając na zjazd Zjednoczonych Towarzystw Dziewic Polskich w przewodnią niedzielę.

W końcu, poruszono sprawę Polskiego Kongresu i po dyskusji przyjęto uchwałę, że: Kościół PNK, oraz Polsko Narodowa Spójnia w Scranton, Pa., jako Centrale nie będą płacić do Chicago do Polskiego Kongresu, ale jeżeli są jednostki lub grupy w obrębie

PNKK, które chcą słać opłaty do Chicago to nie będziemy tego ich kroku potępiać. Kongres Polski pozostawiamy samemu sobie. Stanowisko to przyjęto za wnioskiem ks. seniora Stanisława Szufladowicza, popartym przez p. J. Romana.

Na tym, po słowach pożegnania Pierwszego Księdza Biskupa, zebranie Rady, oraz Konferencja Księży diecezji środkowej PNKK została odroczona modlitwą.

Protokół z posiedzenie Głównej Rady PNKK
Scranton, Pa., 2 lipca 1946

We wtorek, 3 lipca 1946 roku na godzinę 10 przed południem do Scranton, Pa., została zwołana Główna Rada Polskiego Narodowego Katolickiego Kościoła przez ks. bpa Franciszka Hodura na bardzo ważne zebranie. Do uczestnictwa w obradach zostali zaproszeni i księża proboszczowie środkowej diecezji, ze względu na ważność spraw misyjnych i wyjazdu ks. bpa Leona Grochowskiego do Polski.

Na zebranie Głównej Rady przybyli: ks. bp. Leon Grochowski, ks. bp Jan Jasiński, ks. bp. Józef Leśniak, ks. bp Franciszek Bończak, i ks bp koadjutor Jan Misiaszek. Seniorzy: Józef L. Zawistowski, Józef Sołtysiak, Antoni Wojtkowiak, i Franciszek Siemiątkowski. Księża proboszczowie: prof. Teofil Czarkowski, Stanisław Mołoń, Tadeusz Zieliński, Edward Abramski, administrator M. Valadka, Marian Czerny, Jan Jakubik, Kazimierz Wilczek, Ludwik Orzech, J. Janik, Franciszek Kaczmarczyk, Adam Walichiewicz, Walenty Januszewski, T. Rasielewski, J. Aucius, Antoni Draus, S. Bilik, Michał Kronenberg, Bernard Kosior, Edward Brzostowski, Paweł Robak, Franciszek Sworobowicz, Wojciech Pietras, Rudolf Ząbek, K. Hess, Józef Kardaś, Stanisław Niemiec, Piotr Gwozdecki, P. Kata, Józef Michalski, Eugeniusz Magiar, Roman Jasiński, Antoni Wiśniewski, i J.

Gogolski. Panowie: Antoni Proń, Jan Mikuta, i niżej podpisany ks. Stanisław Szufladowicz.

Ks. bp Franciszek Hodur przywitał zebranych okolicznościowym krótkim przemówieniem i otworzył przedpołudniową sesję modlitwą. Sekretarza Głównej Rady ks. bpa koadiutora Jana Misiaszka powołał do odczytania protokółu z ostatniego posiedzenia Rady, która odbyła się w miesiącu lutym b.r. Protokół na wniosek ks. Stanisława Mołonia, a poparty przez ks. bpa Jasińskiego został przyjęty, w tej formie jak był odczytany.

Na pierwszym miejscu odczytano regulamin, czyli program narad, a mianowicie:

1. Misja Polskiego Narodowego Katolickiego Kościoła w Polsce.
2. Synod Powszechny PNKK zwołany do Scranton, Pa., na 15, 16, 17, I 18 października b.r.
3. Główni referenci do omówienia powyższych tematów: delegat misji do Polski, ks. sen. Józef L. Zawistowski, ks. bp Leon Grochowski, ks. bp Józef Leśniak, ks. bp Jan Jasiński i ks. bp Franciszek Hodur.
4. Ks. bp koadjutor Jan Misiaszek - przedstawi stan finansowy PNK Kościoła.
5. Pogląd ks. J. Kwolka, wiceprzewodniczącego Rady Polskiego Narodowego Katolickiego Kościoła w Polsce na stosunki kościelne.

Ks. bp Hodur z podanego regulaminu, dwa pierwsze najważniejsze zagadnienia poleca do omówienia i w odpowiedni sposób zadecydowania.

Sprawa misji Polskiego Narodowego Katolickiego Kościoła w Polsce

W krótkim omówieniu ks. bp. Franciszek Hodur w dalszym ciągu wyraża obawę o misję naszego Kościoła w Polsce. Kilka miesięcy temu, mówi ks. bp. Hodur misję złożoną z delegatów ks.

bpa Józefa Padewskiego i ks. sen. Józefa L. Zawistowskiego wysłano do Polski. Delegaci naszej misji mieli polecenie w pierwszym miejscu zbadać stan powojenny naszego Kościoła w Polsce i przesłać bezzwłocznie sprawozdanie, takie jakie będą w stanie, do Ameryki. Jednak misja nasza milczała, a my zaś z dnia na dzień niepokoiliśmy się oczekiwaliśmy z utęsknieniem spragnionej wiadomości o naszym drogim Kościele w Polsce. Obecnie powrócił delegat w osobie ks. sen. Józefa L. Zawistowskiego, ale nie przywiózł tego, czego właściwie ks. bp Franciszek Hodur spodziewał się. Ks. bp. Franciszek Hodur mówi, że spodziewał się:

1. Sprawozdania od ks. bpa Józefa Padewskiego, to jest obecnego stanu naszego Kościoła - w jakim położeniu go zastał.
2. Rady Kościoła z czasów okupacyjnych, w jakich warunkach nasz Kościół istniał i jakie poniósł straty. Ponieważ rozwoju nie należało się spodziewać tylko skurczenia, z powodu braku biskupa i nowych sił duszpasterskich.
3. Uwagi i osobiste spostrzeżenia delegata misji ks. sen. Józef L. Zawistowskiego.

Niestety od ks. bpa Józefa Padewskiego, z żalem nadmienia, że sprawozdania nie otrzymał, ani drogą pocztową, ani nie przywiózł nasz delegat. Natomiast polecił odczytać ks. bp koadjutorowi Janowi Misiaszkowi list sprawozdawczy, jaki przywiózł ze sobą ks. sen. Józef L. Zawistowski od ks. J. Kwolka, administratora i przewodniczącego Rady Kościoła w Polsce, od czasu wyjazdu ks. Bpa Józefa Padewskiego do Niemiec, jako obywatela Stanów Zjednoczonych, to jest z chwilą wypowiedzenia wojny Ameryce przez Niemców.

Sprawozdanie ks. J. Kwolka było bardzo rzeczowe, treściwe, interesujące, które zobrazowało nam całokształt naszego Kościoła z czasów okupacji niemieckiej. Po odczytaniu tego listu, w omówieniu, zebrani wyrazili słowa uznania ks. J. Kwolkowi, duchowieństwu i świeckim, że w niesłychanie trudnych warunkach zachowali kręgosłup naszego Kościoła w Polsce, a w dodatku przyczynili się do uzyskania prawnego istnienia Polskiego Narodowego Katolickiego Kościoła pod przewodnictwem pierwszego biskupa ks. Franciszka Hodura w Polsce.

Następnie, ks. bp Franciszek Hodur powołał delegata ks. sen. Józefa L. Zawistowskiego do złożenia sprawozdania z odbytej misji do Polski. Ks. sen. Józef Zawistowski przed swoim piśmiennie sporządzonym sprawozdaniu ze swej misji w ustnym wstępie, o charakterze korespondenta, skreślił kilka zdań, na temat wewnętrznych stosunków w Polsce, jakie miały panować według opinii kapitana okrętu, w drodze do Polski. Stosunki miały być tak straszne i niepewne życia ludzkiego, że radził im wzmiankowany kapitan, aby nie wychodzili z okrętu, ale wybrali drogę powrotną sobie do Ameryki. Kiedy nasza delegacji znalazła się już w Polsce, skonstatował osobiście fakty i zadał kłam insynuacji kapitana, nieżyczliwie skądinąd nastawionego do Polski.

W tym czasie ks. bp Leon Grochowski zabrał głos i pragnął sprostować kilka spraw, o których pisał *de facto* ks. sen. Józef L. Zawistowski swego czasu w *Straży* i do niego. Rozpoczęła się, pomiędzy wspomnianymi dość ostra polemika, która w rezultacie, niestety nie dała nam sposobności wysłuchania piśmiennego sprawozdania naszego delegata, do którego przywiązywaliśmy pewną ciekawość. Z powodu braku czasu rozgorączkowaną dyskusję zamknął ks. bp Franciszek Hodur i odroczył sesję na porę obiadową.

Sesja popołudniowa

Ks. bp Franciszek Hodur przewodnictwo w sesji popołudniowej powierzył ks. bp Janowi Jasińskiemu.

Najbliższa sprawa wywiązała się z uwagi delegata ks. sen. Józefa L. Zawistowskiego, który przedstawił, że księża naszego Kościoła żyją w strasznych warunkach biedy i nędzy. Delegat apelował usilnie, abyśmy w jakiś sposób podążyli z pomocą naszemu duchowieństwu w Polsce. W tej sprawie wyraża swe zdanie ks. bp Franciszek Hodur i daje specjalne polecenie najbliższemu wysłannikowi naszego Kościoła do Polski, ks. biskupowi Leonowi Grochowskiemu; przede wszystkim, ma zbadać gruntownie sytuację naszego duchowieństwa, a do czasu przyjazdu ks. bpa Leona Grochowskiego do Ameryki będziemy wspierać naszych księży i Kościół, tak jak dotąd to jest, w dalszym ciągu wysyłać: żywność, odzież, literaturę i szaty liturgiczne.

Po drugie ks. bp Leon Grochowski na miejscu w Polsce, mamy nadzieję, że porozumie się z odpowiednimi czynnikami rządowymi, i od nich może uzyskać specjalne podwyżki przy wymianie dolarów na polską obiegową walutę w złotych.

Po trzecie poleca ks. biskupowi Leonowi Grochowskiemu, aby porozumiał się z ks. bpem Józefem Padewskim i odwiedził te parafie, gdzie ks. bp Józef Padewski z pewnych względów nie może wizytować. A wreszcie, objechał cały Kościół pod egidą Rady Polskiego Narodowego Kościoła w Polsce.

Po czwarte, żeby ks. bp Leon Grochowski przysłał sprawozdanie, w celu wydajniejszej pracy dla misji Narodowego Kościoła w Polsce.

Ks. Józef Kardaś postawił wniosek, aby ks. bp Leon Grochowski skorzystał z prerogatyw ks. bpa Franciszka Hodura, w sprawie misji Narodowego Kościoła w Polsce, zgodnie z poleceniami. Poparł ten wniosek ks. Stanisław Mołoń. Przeszedł jednogłośnie.

Drugą sprawę, jaką ks. bp Franciszek Hodur przedstawia, to sprawa pisma w Polsce. Stawia pytanie: W jaki sposób mamy podtrzymać pismo i czy może wychodzić regularnie? W tej sprawie zabiera głos ks. bp Leon Grochowski i oznajmia wszystkim, że w porozumieniu z ks. biskupem Hodurem, aby w Polsce stale wychodziło pismo naszego Kościoła i roznosiło naszą świętą sprawę, tam, gdzie stopa naszego kapłana nie będzie w stanie dotrzeć, a wreszcie, aby wzmacniało i informowało naszych wyznawców. Jest rzeczą nie do pomyślenia, abyśmy w dzisiejszych czasach, mogli obejść się bez pisma stale i regularnie wydawanego. Dla zrealizowania tego planu wynalazł w New Yorku maszynę drukarską w cenie $ 1,800.00, której wartość przedstawia się w cenie $3,000.00. Tę maszynę będzie się starał wziąć ze sobą do Polski. Maszyna drukarska będzie własnością naszego Kościoła w Ameryce, a do użytku w formie wypożyczona PNK Kościołowi w Polsce. Wszyscy ten plan przyjęli zadawalająco, bo w taki sposób naszemu Kościołowi możemy pomóc na regularne wydawanie pisma w Polsce.

Sprawozdanie finansowe ks. bpa Leona Grochowskiego

Ks bp Leon Grochowski oznajmia jakimi funduszami dysponuje na cele misyjne naszego Kościoła przed wyjazdem do Polski, i z jakich źródeł sumę otrzymał w następujących pozycjach:

1. Polskie Plutony Samarytanina	$ 650.96
2. Z zebranego Funduszu Misyjnego	3,000.00
3. Ks. bp Coukling	500.04.
Z Funduszu Misyjnego na podróże osobiste do New Yorku, Washington i Scranton, Pa.	200.00
Razem	$4,350.96

Rozchód

Ks. bp Leon Grochowski polecił wypłacić na rzeczy do Polski:

1. Polskie Plutony Samarytanina zakupiły przedmiotów na ogólną sumę	$ 650.96
2. Na podróże wydał	200.00
3. Wysłał ks. sen. Rene Zawistowskiemu na zakupy	2,000.00
4. Za pudła	42.00
5. Filmy	25.00
6. Clerical Tailoring Co.	218.00
7. Maszyna do pisania	61.25

8. Na ornaty stuły i kapy	338.83
9. Nowe palta, ubrania i deszczówki	408.30
Razem	$3,944.34

Zestawienie

Otrzymał	$ 4,350.96
Wypłacił	3,944.34
Pozostało	$ 406.62

10. Za kartę okrętową, którą opłaca sam, należy się zwrot 230.00 dolarów, czyli razem misyjnych pieniędzy posiada na sumę 636.62 dolarów.

Ks. bp Franciszek Hodur wraca jeszcze do pisma w Polsce, radzi następujące uwzględnienia:

1. Na redaktora proponuje jednego z naszych księży w Polsce.
2. Zasadnicze artykuły mają być pisane przez księży, od nas też mogą liczyć na stałą pomoc wysyłanej korespondencji.
3. Pisma w Polsce trzymać na ustalonym kierunku jak w Ameryce pod względem religijno-społecznym.
4. W Polsce muszą wiedzieć, że za żadną cenę nie pozwolimy na uchylenie kierunku naszej myśli przewodniej. W tej sprawie, aby podtrzymać rady i polecenia ks. bpa Franciszka Hodura tyczące się redagowania pisma naszego Kościoła w Polsce podał wniosek ks. bp Leon Grochowski, a poparł ks. sen. Józef L. Zawistowski.

Sprawa Synodu

Przejrzano wszystkie komisje synodalne, uzupełniono je, i polecono, aby wszystkie komisje w ciągu miesiąca ukonstytuowały się. Uzupełnione Komisje Synodalne przedstawiają się następująco:

Stały Fundusz

W tej sprawie ks. bp koadjutor [Jan Misiaszek] zdał następujące sprawozdanie finansowe, a mianowicie:

Dochód	
Od stycznia, 1945 do 30 czerwca wpłynęło	$ 8,747.59
Z grudnia, 1945	64,911.54
Razem	$73,659.54
Rozchód	
1. Karty okrętowe	$ 500.00
2. Na misje do Polski	4,000.00
3. Przesyłka rzeczy ze Scranton i Chicago	3,516.77
4. Zapomoga udzielona ks. Zawistowskiemu	250.00
5. Na drobne rzeczy	250.00
6. Zwrot z misyjnego do stałego	250.00
7. Za 85 paczek obuwia	145.78
Razem	$8,972.94
Na lipiec 1946 w kasie pozostaje	$64,786.99

Na tym formalnie zakończono.

Zaproszenie

Wielebny Księże Proboszczu:

Zapraszam Księdza Proboszcza na specjalne zebranie Episkopatu PNKK i doradców w kilku nader ważnych sprawach, tyczących się Kościoła i jego przyszłości, a mianowicie:

1. Budżet PNKK w Ameryce i w Polsce stosownie do synodalnych uchwał.

2. Sprawa zwołania Synodu w Polsce, celem wybrania biskupa do Polski. Życzenie to, do duchowieństwa i władz przesyła ks. bp. Padewski w liście z dnia 4 XII 46.

3. Osąd przestępstwa kościelnego i cywilnego prawa, pewnego starszego księdza PNKK.

4. Wysłanie do Polski księży w najbliższej przyszłości, a obecnie wysłanie ks. Zajączkowskiego, jako redaktora i pomocnika dla ks. bpa Padewskiego. Ks. Zajączkowski wyjedzie 6 stycznia 1947 roku, a zebranie Episkopatu przedłoży mu plan jego misji w Polsce.

5. Ocena sytuacji PNKK w Polsce na podstawie sprawozdania z 4 grudnia b.r. ks. bpa Padewskiego. Donosi on, że w czasie swego urzędowania w Polsce, t.j. od lutego do grudnia przyjął 6 byłych rzymskich księży do PNKK i wymienia ich imiona i nazwiska i, że seminarium PNKK w Polsce jest otwarte i znajduje się w nim 11 studentów.

6. Na zgromadzenie zapraszam następujące osoby: Księży Biskupów: Grochowskiego, Jasińskiego, Bończaka, Leśniaka, i Misiaszka; miejscowych członków Rady PNKK: ks. sen. Rene Zawistowskiego, ks. Józefa Kardasia, ks. Wacława Zajączkowskiego, oraz księży: Świerczewskiego i Walichiewicza.

Stosownie do postanowienia Synodu, uczestnicy zebrania Rady z dalszych stron, mają mieć koszty podróży i pobytu w Scranton załatwione z Funduszu Kościelnego. Ks. bp. Padewski dołącza też dodatkowe informacje, że rząd polski życzy sobie, aby biskupem był obywatel polski i spodziewa się Synodu w Polsce w roku 1947.

Dodaję też, że czynimy teraz staranie w Washington, w Ministerstwie Sprawiedliwości, o kolegialność naszego seminarium w Scranton i są widoki, że je uzyskamy. Jak wynika z podanego programu będą nadzwyczaj ważne sprawy omawiane, decydowane, a potem przez nas wykonane. Mam nadzieję, że ks. Proboszcz przyjedzie na 3 stycznia, na piątek, na godzinę 10 rano, aby swą radą dopomóc do uporządkowania najważniejszych spraw PNKK, na początku 1947 roku. Sprawy osobiste musimy na razie usunąć na bok, a wysunąć sprawy Kościoła, którego jesteśmy członkami, współpracownikami i sługami Bożymi aż do śmierci. Oddany w Bogu.

Ks. biskup Franciszek Hodur
Scranton, Pa.
14 grudnia, 1946

Uchwały, postanowienia Głównej Rady PNK Kościoła i wykonania

Minionego wtorku, 17 bm., [17 I 1950] zebrała się Główna Rada PNK Kościoła zwołana do Scranton przez Pierwszego Ks. Biskupa Franciszka Hodura, ażeby przejrzeć i do wykonania podać najważniejsze uchwały Nadzwyczajnego Powszechnego Synodu PNK Kościoła.

W naradach wzięli udział prócz wymienionego poprzednio Pierwszego Biskupa, księża biskupi: L. Grochowski, J. Leśniak i J. Misiaszek. Ks. biskup Jasiński przysłał usprawiedliwienie, że nie może brać udziału w zebraniach poza miastem Buffalo z powodu niedostatecznego jeszcze stanu zdrowia.

Przybyli następujący księża seniorzy i księża proboszczowie; S. Szufladowicz, R. Zawistowski, J. L. Zawistowski, J. Sołtysiak, A. Wojtkowiak, L. Dąbrowski, Fr. Siemiątkowski, M. Zawadzki, T. Zieliński, E. Abramski, T. Czarkowski, A. Walichiewicz, i B. Goławski.

Świeccy; Wł. Proń, Jan Mikuta, Józef Roman, A. Kinowski, K. Małyszka, i W. Juszkiewicz.

Narady rozpoczął ks. Biskup Hodur modlitwą kilka minut po 10 przed poł., a skończył także modlitwą o godz. 10:15 wieczorem. Prawie przez dwie godziny zastanawiano się żywo nad misją PNK. Kościoła w Ameryce i w Polsce i nic dziwnego, wszakże to przedmiot, który interesował wyznawców wolnego PNK Kościoła od początku zaistnienia jego w Ameryce. O wieków czekał polski naród na Kościół w duchu prawdziwie Jezusa Chrystusa i w duchu potrzeb i posłannictwa narodu polskiego i były próby stworzenia takiego Kościoła w Polsce, ale wrogowie zdławili tę myśl, a jego misjonarzy wymordowano, albo rozpędzono na wszystkie strony świata.

Organizowania Narodowego Kościoła w odrodzonej Polsce i w Ameryce podjął się Polski Lud z gromadą skromnych, ale przejętych gorącą wiarą wyszłych z ludu i przeznaczonych dla ludu kapłanów. Dlatego też Bóg błogosławi tej pracy. Na amerykańskiej ziemi zdołaliśmy zorganizować przeszło 130 parafii, 130 ognisk Narodowego Kościoła a w Polsce niezadługo będzie ich więcej, aniżeli na ziemi amerykańskiej.

Na zebraniu Głównej Rady przeczytano statystyczne dane nadsyłanych ofiar z Ameryki do Polski, na propagandę PNK. Kościoła, przeczytano uważnie pochwały dla obecnego kierownictwa i żarliwych kapłanów, ale także i protesty, bo tak się zwyczajnie dzieje na świecie, że mężowie, albo niewiasty poświęcający się dla pewnych ideałów u jednych zdobywają uwielbienie, a u drugich bezwzględną szkodliwą krytykę. To samo dzieje się w Ameryce i w Polsce w stosunku do Narodowego Kościoła.

I dziwić się temu nie można, bo nasza praca misjonarska jest pracą pionierską. Tak na przykład jak była pionierską praca kolonistów angielskich w Ameryce. To samo dzieje się i dziać się będzie z ruchem Wolnego PNK Kościoła. W następnym wydaniu *Roli Bożej* podamy wszystkie uchwały Głównej Rady oraz postanowienia Powszechnego Nadzwyczajnego Synodu, odbytego przy końcu września ubiegłego roku, które wyznawcy - PNK Kościoła wcielą w życie na chwałę Amerykanów polskiego Pochodzenia, a na pożytek wszystkich, którzy wierzą, że religia Chrystusowa jest dziełem Bożym dla szczęścia i zbawienia ludzkiego przez Chrystusa Pana ogłoszona, a Ego potem i krwią przypieczętowana. cdn.

Rola Boża, tom 26 (1950), n.3, s. 40.

Przebudowa i dobudowa gmachu Seminarium PNK Kościoła im. ks. Hieronima Savonaroli w Scranton

Główna Rada PNK Kościoła, zebrana w Scranton 17 stycznia, b.r., postanowiła, by Kierownictwo Kościoła przy pomocy specjalnej Komisji dokonało z wiosną b.r. przebudowy i dobudowy gmachu Seminarium PNK. Kościoła w Scranton.

Dnia 30 stycznia wybrano Komitet Wykonawczy, który ma przystąpić do wykonania uchwały Głównej Rady. Pierwszy Biskup wyznaczył do Komitetu Wykonawczego następujące osoby: ks. biskupa Jana Misiaszka, księży proboszczów: T. Zielińskiego i E. Abramskiego oraz świeckich członków: Jana Mikutę i Edwarda Siekierkę.

Komisja ta jest upełnomocniona do przygotowania wszystkich prac – przygotowawczych, a w czasie stosownym do rozpoczęcia przebudowy i dobudowy Seminarium.

Niżej podpisany Pierwszy Biskup Polskiego Narodowego Katolickiego Kościoła, upoważniony przez Główną Radę, zwraca się do P.T. Duchowieństwa PNKK, oraz wszystkich parafii złączonych z tymże Kościołem o pomoc, o wypełnienie przyrzeczeń danych w czasie Synodu odbytego trzy lata temu i we wrześniu ubiegłego roku, oraz przy różnych okazjach w międzyczasie, przyrzeczeń, deklaracji na większe i mniejsze sumy, potrzebne do przebudowy i dobudowy seminaryjnego gmachu.

Pamiętajmy o tym wszyscy, że w wysokiej mierze zależy przyszłość PNK. Kościoła od jakich księży i w jakiej szkole wychowamy duchowieństwo, pracowników i misjonarzy PNK Kościoła. Oprócz wychowawców, to jest księży profesorów potrzebny także jest budynek na pomieszczenie studentów, sala wykładowa, biblioteka, sypialnie i te inne pomieszczenia konieczne w obecnym kulturalnym życiu człowieka.

Prosimy więc uprzejmie wszystkich którym dobro Kościoła leży na sercu, abyśmy sprawę uchwaloną przez Główną Radę mogli z wiosną rozpocząć, aby stanął piękny przebudowany i dobudowany gmach Polskiego Narodowego Katolickiego Kościoła – Seminarium im. ks. Hieronima Savonaroli w Scranton, Pa. Ofiary będą notowane w *Roli Bożej*.

Pozdrawia w Bogu,

Ks. biskup Franciszek Hodur

Rola Boża, tom 26 (1950), n. 5 s. 71.

Z zebrania Głównej Rady P. N. K. Kościoła

Powyższe zebranie miało miejsce w bibliotece Pierwszego Biskupa, ks. Franciszka Hodura w Scranton, Pa. – we wtorek 13 b.m. [1951] od godz 10:30 przed południem do 9:30 wieczorem i składało się z trzech oddzielnych sesji, rannej, popołudniowej i wieczornej oraz dwu przerw posiłkowych obiadowej i kolacyjnej.

Obradom przewodniczyli: Ks. biskup Hodur na pierwszej i trzeciej sesji a na drugiej ks. biskup Jasiński.

Udział w zebraniu brali: Księża biskupi: Fr. Hodur, L. Grochowski, J Jasiński, Fr. Bończak, J. Misiaszek, i J. Leśniak. Księża seniorzy: R. Zawistowski, S. Szufladowicz, A. Wojtkowiak i S. Siemiątkowski. Księża proboszczowie: T. Zieliński, E. Abramski i A. Walichiewicz – jako członkowie Rady Przybocznej Pierwszego Biskupa – oraz wice rektor Seminarium im. ks. H. Savonaroli ks. T. Czarkowski, i świeccy członkowie Głównej Rady Kościoła: panowie J. Roman, J. Mikuta, W. Proń, A. Kinowski i W. Juszkiewicz.

Wszystkie sprawy będące na programie obrad zostały przez poszczególnych referentów przedłożone, przedyskutowane gruntownie i rzeczowo i polecone do wykonania.

1. Sprawa Seminarium Duchownego PNKK w Scranton obejmowała trzy oddzielne części a więc – przebudowy i dobudowy, budżetu i programu prac naukowo-wychowawczych.

Pierwszą referował imieniem Komisji Budowy, ks. T. Zieliński operując cyframi i faktami, z czego wynika, że nie wszystkie prace objęte kontraktem zostały już wykończone z powodu pory zimowej i na wiosnę rozpocznie się praca końcowa, że 47,000.00 dolarów zostało już wypłaconych ale do zapłacenia pozostaje jeszcze – 12,057.50 i dlatego w dalszym ciągu ofiary na dobudowę Seminarium powinny napływać, gdyż nie wszystkie parafie uiściły cząstkę na nie przypadającą.

Pan Władysław Proń, skarbnik Głównej Rady Kościoła przedstawił wyciąg z księgi rachunkowej, dotyczący ofiar i poszczególnych diecezji PNKK a mianowicie:

Diecezja środkowa	$23,333.42
Diecezja wschodnia	10,158.98
Diecezja Buffalowska	6,438.37
Diecezja zachodnia	1,500.00
Razem	$48,871.18

Sprawę budżetu seminaryjnego zreferował ks. bp J. Misiaszek, przedstawiając koszta utrzymania kleryków, pensje profesorów i źródła funduszów na to potrzebnych.

Wielu studentów jest ubogich i nie mogą płacić za utrzymanie i dlatego trzeba im pomóc przez nadsyłanie dobrowolnych ofiar ze strony wyznawców Kościoła Narodowego. Obecnie mamy 12 studentów na obydwu kursach.

Program naukowy i wychowawczy zreferował ks. prof. A. Walichiewicz przedstawiając szczegółowo zakres studiów i zajęć profesorskich i studentów. Na tym zakończono sesję przedpołudniową po czym wszyscy uczestnicy obrad udali się do gmachu Seminarium, gdzie w refektarzu spożyli smaczny obiad, przygotowany przez Towarzystwa Adoracji i Marii Konopnickiej. Po obiedzie zwiedzili wnętrze budynku a po tym przysłuchiwali się w sali wykładowej egzaminowi studentów przeprowadzonemu przez profesorów Czarkowskiego i Walichiewicza.

2. Po południu referował sprawę projektu Funduszu Pensyjnego i Pomocy dla księży ks. T. Zieliński, wyjaśniając obecnym plusy i minusy a ponieważ tej sprawy nie rozwiązano praktycznie, wobec tego Pierwszy Ks. Biskup Fr. Hodur na sesji wieczornej wniósł plan napisania odezwy do całego Kościoła Narodowego w Ameryce, aby wyznawcy składali ofiary na Fundusz Pomocy dla starszych, nieczynnych lub chorych kapłanów narodowych i plan ten w formie wniosku ks. seniora Szufladowicza a poparty przez ks. biskupa Grochowskiego został jednogłośnie przyjęty przez członków Głównej Rady Kościoła.

3. Sprawę Misji PNK Kościoła – w Ameryce i w Polsce zreferował Pierwszy Biskup Ks. Fr. Hodur i stwierdził niezbitymi faktami, że trzeba ustawicznie czuwać nad całością i bezpieczeństwem naszego Kościoła na obydwu półkulach gdyż grożą nam siły wrogie. Tutaj musimy współpracować, wspierać się nawzajem i wzmacniać moralnie i fizycznie jako jednolita organizacja a Kościołowi w Polsce musimy pomagać również moralnie i materialnie.

Wieczerzę spożyli uczestnicy zjazdu w hali szkolnej parafii św. Stanisława i te same towarzystwa żeńskie ją przygotowały.

4. Na sesji wieczornej w dalszym ciągu omawiał sprawę misji ks. biskup Hodur ilustrując przykładami z minionej przeszłości i wskazując na praktyczne metody prowadzenia misji wewnętrznej i zewnętrznej w przyszłości – po czym ks. biskup Jasiński zreferował stan nowo otworzonych parafii w Kanadzie, a mianowicie w Hamilton, Ontario i w Montrealu, Quebec – co obecni z zadowoleniem do wiadomości przyjęli.

Ks. biskup Hodur jakoby uzupełniając ks. bpa Jasińskiego wskazał, że i na podstawie przez się otrzymanych informacji można tutaj zorganizować parafie narodowe na Staten Island, w

Bronx, N. Y., Chester, Pa., i Cohoes, N. Y., ponieważ zaistniały odpowiednie warunki i w tym kierunku zwrócimy nasze usiłowania w niedalekiej może przyszłości.

Kończąc ten pracowity dzień obrad gorąco polecił obecnym Pierwszy Biskup Ks. Franciszek Hodur mający się odbyć w marcu Zjazd Zjednoczonych Towarzystw Adoracji Najświętszego Sakramentu w Scranton, Pa., i wzniosłą modlitwą odroczył zjazd Głównej Rady PNK Kościoła.

Kronikarz

Z posiedzenia Głównej Rady P. N. K. Kościoła

(Skrócony wyciąg protokolarny)

W ubiegły piątek, 6 bm. [1951] odbyło się w Scranton, Pa., w bibliotece Pierwszego Biskupa Ks. Fr. Hodura krótkie ale ważne, bo trwające tylko od godz. 10 do 12 w południe, posiedzenie Głównej Rady PNKK, zwołane przez wyżej wzmiankowanego Pierwszego Biskupa z powodu śmierci ks. bpa J. Z Jasińskiego w Buffalo, N. Y., i aresztowania ks. J. Padewskiego biskupa w Polsce. To były dwa najważniejsze powody do zwołania Rady ale oprócz tego, przeprowadzono normalne sprawy związane ściśle z życiem PNKK w Ameryce.

Odnośnie losu ks. bpa Padewskiego oparł się ks. bp Hodur na raportach wysłanej przez się delegacji w tej sprawie do Konsulatu Polskiego w New Yorku i drugiej delegacji do Departamentu Stanu w Washingtonie i jeżeli interwencja dyplomatyczna i osobista będzie bez pozytywnego skutku – Pierwszy Biskup postąpi w tej sprawie tak, jak będzie uważał za stosowne, mając wolne ręce do działania w obronie aresztowanego biskupa.

Ponieważ nieubłagana śmierć wyrwała z naszych szeregów kierownika diecezji Buffalo-Pittsburgh a długiej przerwy w administracji i sprawowaniu obowiązków pasterza diecezji ze względu na dobro Kościoła czynić nie wolno – więc na propozycję ks. bpa Misiaszka popartą przez ks. bpa Grochowskiego po zaciągnięciu uprzedniej zgody ze strony kandydata, mianował Pierwszy Biskup Fr. Hodur stałym kierownikiem osieroconej diecezji ks. biskupa J. Leśniaka, dotychczasowego ordynariusza diecezji wschodniej PNKK i ten w najbliższej przyszłości obejmie swoje obowiązki w Buffalo, N. Y.

Miejsce opróżnione przez ustępującego biskupa obejmie jako administrator diecezji wschodniej ks. senior J. Sołtysiak, proboszcz parafii św. Trójcy w Manchester, N. H.

W sprawie zerwania łączności PNKK w Polsce z PNKK w Ameryce – zanalizował Pierwszy Biskup na podstawie faktów przyczyny, jakie – jego zdaniem – ten krok spowodowały i radził członkom Głównej Rady, by nie tracąc wiary i nadziei, wytężali swe siły do uregulowania, jeśli nie teraz to w przyszłości, tej przykrej sytuacji dla dobra tak Polskiego narodu jak i PNK Kościoła.

Polecił też obecnym gorąco sprawę Funduszu Pomocy dla starszych i niezdolnych księży i prosił zwłaszcza biskupów, by na terenach swoich diecezji tę akcję przeprowadzili w myśl odezwy Pierwszego Biskupa i ujednostajnili metodę zbiórki po parafiach, na co biskupi zgodę swoją wyrazili.

W końcu na wniosek biskupa Grochowskiego, zebrani uczcili powstaniem pamięć zgasłego biskupa Jasińskiego a ks. Zieliński odczytał z *Roli Bożej* pełny tekst artykułu o ś.p. zmarłym biskupie.

W obradach brali udział: Biskupi: Fr. Hodur, L. Grochowski, J. Leśniak, i J. Misiaszek; Seniorzy: A. Wojtkowiak, L. Dąbrowski, J. Sołtysiak, R. Zawistowski, J. L. Zawistowski, F. Siemiątkowski i M. Zawadzki; księża: E. Abramski, T. Zieliński, B. Goławski, i F.

Kaczmarczyk; i panowie: J. Mikuta, J. Roman, A. Kinowski, W. Proń, i W. Juszkiewicz.

Sekretarz protokółowy X. A. Walichiewicz

Rola Boża, tom 27 (1951), n.15, s.230

Zebranie Głównej Rady P.N.K. Kościoła

Zebranie Głównej Rady PNK Kościoła zwołał Pierwszy Biskup ks. Fr. Hodur na drugi dzień po konsekracji [bpa J. Sołtysiaka] to jest na czwartek 24 kwietnia b.r. [1952].

W zebraniu Głównej Rady brali udział następujący członkowie: ks. bp Franciszek Hodur, ks. bp L. Grochowski, ks. bp F. Bończak, ks. bp J. Misiaszek, ks. .bp J. Leśniak, i ks. bp J. Sołtysiak. Księża seniorzy: M. Zawadzki, J. L. Zawistowski, R. Zawistowski, L. Dąbrowski, F. Siemiątkowski, S. Szufladowicz, R. Pawlikowski, B. Goławski, i J. Jakobsche. Księża proboszczowie: A. Walichiewicz, T. Zieliński, E. Abramski, J. Kardaś, F. Kaczmarczyk, J. Czyżewski, i T. Czarkowski. Świeccy: W. Proń, W. Juszkiewicz, J. Roman, J. Ostrowski, A. C. F. Kinowski, J. Stachura, i F. Matecki.

Następujące sprawy zostały omówione i postanowione:

1. Sprawa Funduszu Pomocy dla Duchowieństwa PNK Kościoła w Ameryce. Po zreferowaniu sprawy przez ks. prob. T. Zielińskiego przyjęto następujące dane dotyczące tegoż Funduszu: wybrany został komitet złożony z następujących osób pod przewodnictwem Pierwszego Ks. Biskupa Franciszka Hodura: ks. senior S. Szufladowicz, przew.; ks. prob. J. Kardaś, zastęp.; ks. prob. T. Zieliński, sekr. fin.; ks. prob. Edward Abramski, sekr. prot.; p. Wincenty Juszkiewicz, kasjer; przedstawiciele poszczególnych diecezji PNKK: zachodniej – J. Stachura, z Buffalo-Pittsburgh – F. Matecki, wschodniej – ks. sen. L Dąbrowski, oraz księża biskupi z racji swego urzędu. Komitet ten

został upoważniony do prowadzenia spisu parafii wpłacających do funduszu daniny i ofiary, do komunikowania się tak z kierownikami diecezji, jako też poszczególnymi parafiami PNKK, oraz opiekowanie się funduszem pod ścisłym kierownictwem Pierwszego Ks. Biskupa Franciszka Hodura.

2. Sprawę administracji PNKK, przedstawił Pierwszy Ks. Biskup F. Hodur, wyłuszczając zasady demokratyczne, którymi kieruje się PNK Kościół w przeciwieństwie do systemów monarchicznych i dyktatorskich.

3. O wychowaniu kleru i dokształcaniu wypowiedział obszerny referat ks. prob. Fr. Kaczmarczyk z Trenton, N. J., który to referat będzie zamieszczony na łamach *Roli Bożej*.

4. Sprawa stosunku PNK. Kościoła w Ameryce do Polskiego Kościoła w Polsce została zreferowana przez ks. bpa J. Misiaszka, uzupełniona uwagami Pierwszego Ks. Biskupa Fr. Hodura, że od śmierci ks. bpa Padewskiego w Warszawie sytuacja uległa gruntownej zmianie. Na wskutek trudności porozumienia się z Kościołem w Polsce, sprawę pozostawiono do dalszego rozważenia.

5. Konieczność zaprowadzenia typowych towarzystw PNK Kościoła w Ameryce, uchwalonych przez wszystkie synody w całym Kościele przedstawił ks. prob. J. Kardaś, kapelan młodzieży PNKK, oraz sprawę ustanowienia kapelaństwa dla młodzieży PNK Kościoła służącej w siłach zbrojnych Stanów Zjednoczonych. Kapelanem został wyznaczony przez Pierwszego Biskupa ks. prob. W. Tarka z Westfield, Mass., a ks. prob. J. Kardaś jako łącznik między młodzieżą i Kierownictwem Kościoła poda plan na podstawie wypowiedzianego referatu w następnym wydaniu *Roli Bożej*.

6. W sprawie Seminarium. Pierwszy Ks. Biskup zwrócił się z prośbą do członków Głównej Rady o pomoc w zdobyciu młodych, dzielnych, Bożym duchem owianych kandydatów do stanu duchownego.

7. Ks. prob. Zieliński przedstawił bardzo pożyteczną pracę Chórów PNK Kościoła, złączonych w okręgi i centralę, zachęcając do poparcia tejże działalności w całym Kościele w Ameryce.

8. O stosunku PNKK do Polsko Amerykańskiego Kongresu wypowiedział się ks. bp Hodur, ks. bp Grochowski. Ks. bp Hodur przypomniał, że zadanie PNKK, jest na polu religijnym, wychowania dziatwy i młodzieży i pomoc materialna wyznawcom PNKK, tak w Ameryce jak i w Polsce. W sprawach politycznych wyznawcy PNKK, mają wolność, ale muszą być bezwzględnie ostrożni. Natomiast ks. bp Grochowski radził, ażeby wyznawcy PNKK, skorzystali z obecnego czasu i w ten sposób pomogli Polsce do odzyskania wolności i niepodległości. (Na stronie 10 podajemy treściwe opracowanie ks. sen. J. Jakobschego z Central Falls, R. I., w sprawie Kongresu Polonii Am.) Ks. bp Fr. Hodur radzi nie narażać PNKK ani poszczególnych parafii.

9. Na podstawie odczytanej prośby od Centrali Tow. ANS i im. M. Konopnickiej i po wyjaśnieniach przez Pierwszego Księdza Biskupa Fr. Hodura, Rada uchwaliła, aby w zebraniach Głównej Rady PNK Kościoła brały udział przedstawicielki wyznawczyń PNKK zjednoczone w Typowe Towarzystwa Narodowego Kościoła, a które powoła Przewodniczący Rady Pierwszy Ks. Biskup Fr. Hodur.

Sprawozdania i Protokoły
z zebrań
Głównej Rady

z ery

Pierwszego Biskupa Leona Grochowskiego

1953 - 1969

Symbol Polskiego Narodowego Katolickiego Kościoła

Prawdą - Walką – Pracą
Zwyciężymy!

Ważniejsze uchwały Głównej Rady PNKK odbytej w Scranton, Pa., dnia 21 lutego 1953

Zwyczajne posiedzenie tej Rady zwołał pierwotnie śp. Ks. biskup Hodur na dzień 10 marca br., ponieważ jednak śmierć Jego spowodowała natychmiastową akcję wywołaną tym wydarzeniem, dlatego następca Pierwszego Biskupa, ks. bp Leon Grochowski w porozumieniu ze wszystkimi członkami naszego Episkopatu, postanowił zwołać to posiedzenie niezwłocznie ze względu na powagę chwili i troskę o przyszłość PNKK.

Przyśpieszona sesja Głównej Rady PNKK odbyła się wobec tego w sobotę 21 b.m. o godzinie 3 po południu w bibliotece zmarłego Pierwszego Biskupa w Scranton, Pa.

Wzięli udział w niej następujący członkowie: biskupi L. Grochowski, J. Misiaszek, F. Bończak i J. Leśniak. Seniorzy: S. Szufladowicz, J. L. Zawistowski, R. Zawistowski, M. Zawadzki, R. Pawlikowski, F. Siemiątkowski, J. Dąbrowski, J. Kardaś, B. Goławski, J. Jakobsche, T. Zieliński, A. Wojtkowiak, i W. Januszewski. Księża: proboszcz E. Abramski i profesor A. Walichiewicz. Świeccy członkowie: A. Kinowski, F. Matecki, L. Podolski, W. Proń, S. Kotula, W. Juszkiewicz, J. Roman, J. Ostrowski, i A. Stachura oraz panie M. Gorgol i M. Kosik.

Po wyczerpujących debatach uchwalono:

1. Do Seminarium Duchownego im. ks. H. Savonaroli, które jest uznane jako uczelnia wyższego typu, pozyskać większą liczbę kandydatów do stanu duchownego ze wszystkich diecezji naszych w Ameryce i wystarać się o zezwolenie sprowadzania studentów z zagranicy, a wszyscy P.T. księża zwrócą się do rodziców i młodzieńców o pozyskanie kandydatów w święto powstania PNK

Kościoła w drugą niedzielę marca.

2. Główna Rada podtrzymuje decyzję ks. bpa J. Misiaszka w sprawach dyscyplinarnych na terenie diecezji środkowej PNK Kościoła.

3. Zatwierdzono przyjęcie nowych członków i członkiń Głównej Rady Kościoła zgodnie z wolą śp. Pierwszego Biskupa, ks. Fr. Hodura.

4. Ks. bp L. Grochowski mocą swego urzędu delegował władzę w sprawach doraźnych ks. biskupowi J. Misiaszkowi, jako najbliższemu współpracownikowi zmarłego Pierwszego Biskupa oczywiście w porozumieniu z ks. bp L. Grochowskim.

5. Skarbnik Głównej Rady Kościoła p. W. Proń przedstawił obecnym faktyczny stan finansów, będących w dyspozycji Głównej Rady na polecenie ks. bpa L. Grochowskiego.

6. Wydzielono poszczególne fundusze zgodnie z ich przeznaczeniem.

7. Powołano do życia Finansową Komisję Rewizyjną w składzie: p. Maria Gorgol, pp. Alfons Kinowski i Józef Roman.

8. Ks. bp J. Misiaszek został delegowany przez ks. bpa L. Grochowskiego jako naczelny redaktor organu Kościoła *Roli Bożej* i wydawca, zaś do sztabu redakcyjnego jako pomocnicy wchodzą księża A. Walichiewicz i K. Dębowski.

9. Rektorem Seminarium Duchownego zostaje ks. bp J. Misiaszek a wice-rektorem ks. T. Czarkowski.

10. Pieniądze Stałego Funduszu Misyjnego używać ze względu na sytuację w Polsce na potrzeby misji w Stanach Zjednoczonych i Kanadzie.

11. W rozbudowie Domu Starców i Kalek cały nasz Kościół będzie współpracować z Polsko-Narodową Spójnią.

12. Komisję rozbudowy tego Domu stanowią ze strony Kościoła: ks. bp. J. Misiaszek, ks. sen. J. Kardaś, p. Maria Kosik i pp. J. Ostrowski, i W. Juszkiewicz.

13. Cały Kościół weźmie udział w udzieleniu pomocy powodzianom w Holandii, wysyłając ofiary pieniężne do Scranton, Pennsylvania.

Ks. A. Walichiewicz, sekretarz protokołowy

Rola Boża, tom 29 (1953), n. 9, s. 12

Z zebrania Głównej Rady Polskiego Narodowego Katolickiego Kościoła w Scranton, Pa.

Pod przewodnictwem Pierwszego Ks. Biskupa Leona Grochowskiego.

Dnia 30 czerwca 1953 roku, odbyło się zapowiedziane już od dłuższego czasu zebranie Głównej Rady PNKK, któremu przewodniczył Pierwszy Ks. Biskup Leon Grochowski z Chicago Ill.. Zebranie rozpoczęło się modlitwą o godzinie 10 rano a zakończyło sił o 10 wieczorem.

Kto brał udział w zebraniu Głównej Rady?

Księża biskupi: Leon Grochowski, Jan Misiaszek, Józef Leśniak, i Józef Sołtysiak. Księża seniorzy: R. Zawistowski, J. L. Zawistowski, A. Wojtkowiak, F. Siemiątkowski, M. Zawadzki, T. Zieliński, J. Czyżewski, J. Kardaś, B. Goławski, i J. Jakobsche. Księża proboszczowie: T. Czarkowski, A. Walichiewicz i Ed. Abramski. Świeccy przedstawiciele: J. Roman, W. Juszkiewicz, A. Kinowski, J. Ostrowski, E. Sznyter, M. Gorgol i M. Kosik.

Co postanowiono?

Po wysłuchaniu protokółu odczytanego przez ks. prob. A. Walichiewicza, a przez p. A. Kinowskiego w imieniu komisji sprawozdania finansowego, po dyskusji postanowiono:

1. Na cele misyjne zbierać raz w miesiącu przy wyjściu z kościoła od wiernych ofiarę na prowadzenie misji PNKK. Na powodzian w Holandii wysłano poraz pierwszy 500.00 dolarów i drugi raz wysłał ks. bp Leon Grochowski 1,200.00 dolarów. Razem 1,700.00 dolarów.

2. Postanowiono wydrukować broszurkę w języku angielskim o idei PNKK do szerszego użytku w PNKK w Ameryce.

3. Postanowiono wybudowanie pomnika, krypty, kaplicy i sarkofagu, w którym będą się mieścić śmiertelne szczątki Organizatora PNKK śp. Ks. biskupa Franciszka Hodura na cmentarzu Narodowego Kościoła w Scranton, Pa.

4. Postanowiono w dalszym ciągu szerzyć typowe Towarzystwa Młodzieżowe PNKK, a zwłaszcza Zmartwychwstania, Dziewic, Dziewcząt i Obrońców.

5. Ks. arcybiskup A. Rinkel z Utrechtu w Holandii został zaproszony na Synod PNK Kościoła do Buffalo, N. Y.

6. Zachodzi potrzeba wyboru dwóch kandydatów na biskupów PNKK w Ameryce.

7. Na prośbę ks. biskupa Józefa Leśniaka, ordynariusza diecezji Buffalo-Pittsburgh, aby na wskutek osłabionego zdrowia zwolniony został z obowiązków proboszcza w PNKK parafii w Buffalo i biskupa diecezji Buffalo-Pittsburgh. Rada do prośby się przychyliła i zamianowała ks. seniora T. Zielińskiego z Dickson City, Pa., proboszczem i administratoram diecezji Buffalo-Pittsburgh na czas choroby ks. biskupa Leśniaka, i wchodzi w życie z dniem 15 września b. r.

8. Komisje Synodalne zamianuje Pierwszy Ks. Biskup Leon Grochowski w stosownym czasie i ogłosi w prasie.

9. Na mający się odbyć Kongres Starokatolickich Kościołów w Munchem, w Niemczech, Pierwszy Ks. Biskup wyznaczył ks. biskupa J. Misiaszka i ks. seniora J. Kardasia. Kongres rozpocznie się dnia 1 września, a skończy się 5 września b.r.

10. Polecono życzliwości wyznawców PNK. Kościoła, tak duchownych jak i świeckich wysłanników Seminarium PNKK ze Scranton, Pa., pracujących dla *Roli Bożej, Przebudzenia*, misji, seminarium PNKK w czasie wakacyjnym.

11. Pierwszy Ks. Biskupa Leon Grochowski wyśle stosowny list do P.T. Duchowieństwa i wiernych PNKK o postanowieniach Rady – z prośbą o pomoc w wykonaniu uchwał dla dobra całego PNKK.

12. Rada wzięła udział w otwarciu przerobionych biur Spójni, zaproszona przez Główny Zarząd z p. S. Kotulą na czele. Przeszło 200 gości zwiedziło i podziwiało wspaniale nowe przerobione biura i urządzenie pierwszorzędne naszej bratniej organizacji, a następni jeszcze Pierwszy Ks. Bp. L. Grochowski, ks. bp. Misiaszek i ks. sen. Kardaś wzięli udział w krótkim zebraniu Głównego Zarządu, mającym na celu rozwój Spójni.

Rola Boża, tom 29 (1953), n. 27, s. 4

Zebranie Głównej Rady P.N.K. Kościoła w Scranton, Pa.

W ubiegły piątek, 23 lipca b.r. [1954] odbyło się w Scranton Pa., w budynku Seminarium Duchownego PNKK, zebranie Głównej Rady PNKK pod przewodnictwem Pierwszego Ks. Biskupa Leona Grochowskiego z Chicago, Ill. Obecni byli następujący członkowie Rady: ks. bp Jan Misiaszek, ks. Administrator diecezji Buffalo-Pittsburgh, ks. senior Tadeusz Zieliński, ks. sen. Stanisław Szufladowicz z Plymouth, Pa., ks. sen. Siemiątkowski z Carnegie, Pa., księża seniorzy: R. Zawistowski, J.

Kardaś, J. Czyżewski, Ed. Abramski, ks. prof. T. Czarkowski; oraz świeccy: mec.A. Kinowski, J. Roman, J. Ostrowski, W. Juszkiewicz, St. Kotula, Maria Gorgol, Emilia Sznyter i Maria Kosik.

Następujące zapadły uchwały:

1. Wysłuchano sprawozdania skarbnika funduszów PNKK p. J. Ostrowskiego, które przedstawi synodowi i komisji rewizyjnej mianowanej przez Pierwszego Biskupa, zaświadczone podpisami komisji kontroli mec. A. Kinowskiego, J. Romana i Marię Gorgol.
2. Sprawozdania finansowe złożą również wszystkie diecezje.
3. Postanowiono pewne poprawki w Seminarium przed rozpoczęciem kursu nauki.
4. Zebrani wysłuchali sprawozdania z budowy Pomnika Wdzięczności i stanu finansowego, postanowiono sprawę przedstawić Synodowi. Pomnik Wdzięczności kosztował będzie około 80,000.00 dolarów, w kasie funduszu im Biskupa Hodura znajduje się przeszło 40,000.00 dolarów.
5. Poprawki do Konstytucji PNKK będą przedstawione przez przewodniczącego Komisji Konstytucji ks. prob. Wł. Słowakiewicza z Milwaukee, Wisc. Komisja pracowała w Chicago, Ill., 20, 21 i 22 lipca. Zasadniczo Konstytucja zmieniana nie będzie, lecz konieczne uzupełnienia i poprawki będą przedstawione Synodowi.
6. Ubezpieczenie społeczne, dla duchowieństwa PNKK, jak również i fundusz pomocy winny być zalecone na Synodzie.
7. Wyasygnowano 200 dolarów na ogłoszenia o Synodzie.
8. Projekt odznaki harcerzy przedstawiony przez p. T. Rudnickiego z Buffalo, N. Y., przyjęto i z życzliwością odniesiono się do organizacji amerykańskich skautów w obrębie PNKK.
9. Rada zdecydowała, aby wybrać dwóch kandydatów na biskupów PNKK, jednego do diecezji Buffalo-Pittsburgh, a drugiego do dyspozycji PNKK.

Rola Boża, tom 30 (1954), n. 31-32, s. 32

Komunikat Głównej Rady Kościoła

Główna Rada Kościoła na wspólnym zebraniu dnia 14 grudnia Bieżącego roku [1956] po dłuższych debatach postanowiła dać do wiadomości wszystkich członków PNK Kościoła – **że każdy rok fiskalny w którym będą zamykane rachunki Kościoła naszego zaczyna się z dniem 1 marca, a kończy się ostatnim dniem lutego następnego roku.**

Na mocy tej uchwały wszystkie ofiary i zobowiązania, które parafie wpłacą do głównej kasy Kościoła do dnia 1 marca 1956 roku, będą zaliczone na rok 1955.

Przypominamy jakie finansowe zobowiązania mają parafie podług uchwał ostatniego Powszechnego Synodu. Parafie opłacają do Kasy Kościoła:

Podatek diecezjalny – po 1.50 dolara od każdego parafianina.

Ofiary Misyjne – które zwykle zbierają niewiasty w każdą pierwszą niedzielę od wiernych wychodzących z kościoła.

Fundusz czteroprocentowy administracyjny – Cztery procent opłacają parafie od ofiar zebranych na nabożeństwach porannych i wieczornych w kościele, jak też od opłat parafialnych.

Czteroprocentowy podatek od czystego dochodu z imprez parafialnych Rada Kościoła postanowiła zawiesić, aż do następnego Powszechnego Synodu.

Ofiary na Fundusz Pomocy dla Księży opłacają parafie raz w roku w sumie:-

Małe parafie poniżej 100 rodzin płacą 25. 00 dolarów rocznie.

Parafie po 10 rodzin do 200 płacą 50.00 dolarów rocznie.

Parafie liczące 200 rodzin i więcej płacą 100.00 dolarów rocznie.

Wszystkie opłaty prosimy skierować na adres: Mr. John Ostrowski, 529 E. Locust Street, Scranton 5, Pa.

Przy sposobności dajemy do wiadomości, że skarbnik Kościoła naszego prowadzi biuro bez żadnego wynagrodzenia. Złożył też bond potrzebny, aby powierzone fundusze jego opiece były pod odpowiednią gwarancją.

Rola Boża, tom 32 (1956), n. 2, s. 6.

Sprawozdanie z zebrania Głównej Rady
4 luty 1959

Obecni: Ksiądz biskup Leon Grochowski, Biskupi: Józef Sołtysiak, Tadeusz Zieliński, Kandydat na biskupa, ks. sen. Franciszek Rowiński; Seniorzy: Wojtkowiak, Siemiątkowski, Rene Zawistowski, Słowakiewicz; ks. Niemiński; Panowie: Jan Ostrowski, Rudolf Koczera, Tadeusz Rudnicki, Stanisław Kotula, Antoni Úmigiel, Ernest Gazda, Franciszek Orłowski; nieobecny Popek.

I.

W sprawie Kościoła naszego w Polsce

A. Na podstawie sprawozdania Dyrektora Sitki:

1. Ponieważ Rząd USA wymaga tego, że nasza praca pomocniczo-humanitarna dla Polski z współdziałaniem Stanów Zjednoczonych musi być za pośrednictwem instytucji w Kościele w formie organizacji specjalnie do tego stworzonej i składającej się z członków (jednostek i organizacji) postanowionym jest podtrzymać, rozszerzyć i powiększyć naszą organizację „Pomost" i przez nią w dalszym ciągu starać się o pomoc USA dla Polski.

2. Członkostwo w Stowarzyszeniu Pomost będzie na podstawie rocznej ofiary; minimum jednego dolara.

3. Powołać do życia w parafiach specjalne komitety, które zajmą się zdobyciem członków „Pomostu" zbieraniem odzieży i przesyłaniem takowej do Scranton; sprawa ta ma być prowadzona oddzielnie od zwykłych spraw parafii.

4. „Pomost" będzie w dalszym ciągu koncentrowało wysiłki w przesyłaniu odzieży do Polski dla zdobycia jak największego poparcia w Rządzie USA.

B. Na podstawie sprawozdania Pierwszego Biskupa wiemy, że sprawa Kościoła Narodowego w Polsce obecnie jest w fermencie, ale jeżeli oni sami tam stworzą program działalności, z którym my w Ameryce będziemy mieli sposobność współpracy, i jeżeli będzie tam zwołany synod, a my na niego będziemy zaproszeni to wtenczas podejmiemy decyzję współpracy Kościoła naszego w Ameryce z Kościołem w Polsce.

II.

W sprawie kandydata na biskupa, ks. sen. Jaworskiego

Po wysłuchaniu wyjaśnień Pierwszego Biskupa, panów Orłowskiego i Gazdy, oraz ks. sen. Jaworskiego odnośnie ustnego zaatakowania przez niego i publicznego wystąpienia przeciwko Pierwszemu Biskupowi na ostatnim rocznym zebraniu Scrantońskiej Parafii Katedralnej, Rada przyjmuje do wiadomości i podtrzymuje Pierwszego Biskupa i Parafii załatwienie tej sprawy.

III.

Konsekracja

A. Odnośnie kandydata ks. seniora Rowińskiego.

Po przedstawieniu przez Pierwszego Biskupa ks. Leona Grochowskiego księdza seniora Franciszka Rowińskiego prawnie wybranego kandydata na biskupa na X Powszechnym Synodzie, który się odbył w mieście Chicago, w stanie Illinois w dniach od 1 do 4 lipca włącznie, stwierdza Rada, że dokonany wybór był przeprowadzony legalnie. Godzi się na konsekrację kandydata na biskupa w czasie i miejscu przez Pierwszego Biskupa wyznaczonym.

B. Odnośnie kandydatów: ks. seniora Goławskiego i ks. seniora Jaworskiego.

Ponieważ pozostaje kwestia wykonania warunków przedstawionych przez Komisję Nominacyjną jeszcze przed wyborami na Synodzie, jak też kwestia kwalifikacji z powodu zajść jakie nastąpiły w czasie Synodu, Rada powołuje specjalną komisję w osobach ks. bpa Zielińskiego, Antoniego Śmigla i Ernesta Gazdy do zbadania sprawy warunków i kwalifikacji odnośnie konsekracji i złożenia sprawozdania na następnym regularnym zebraniu Rady.

IV.

Sprawa Komisji Nominacyjnej w sprawie wyborów kandydatów na biskupów

1. Komisja będzie powołana na termin przynajmniej dwóch lat przed synodem wyborczym dla konkretnego zbadania wszelkich warunków i walorów odnośnie kandydatów.
2. Zamknięcie terminu przedstawiania kandydatów powinno być w odpowiednim czasie przed synodem wyborczym dla umożliwienia Komisji należytego wykonania powyższego wniosku.

V.

Sprawa parceli ziemi w stolicy kraju, w Washington

Wniosek na podstawie objaśnień ks. Sienkiewicza – Zbadać nadarzającą się sposobność i jeżeli się nadaje, zakupić parcelę na własność całego Kościoła. Pierwszy Biskup i p. Kotula zrobią badanie.

VI.

Sprawa Funduszu zapomogi parafiom potrzebującym

Wniosek – Pierwszy Biskup i skarbnik, p. Ostrowski oddzielą jeden procent Funduszu Cztero-procentowego na Fundusz Zapomogowy i udzielać będą tam, gdzie będzie wskazanym.

VII.

Fundusz Wydawnictw

Wniosek – Pierwszy Biskup i skarbnik, p. Ostrowski oddzielą, według oryginalnej uchwały przy stworzeniu Funduszu Cztero-procentowego, należyty procent na wydawnictwa.

VIII.

Wydania najbliższe

1. Wydrukować poprawioną konstytucję w języku angielskim.
2. Wydrukować angielski mszał jeszcze w tym roku.
3. Wydrukować rytuał z chwilą kiedy korekta będzie skończona.
4. Wydrukować krótki katechizm angielski, który ks. bp Zieliński oddaje na własność Kościoła.
5. Powtórzyć wydanie polskiego modlitewnika opracowania ks. bpa Grochowskiego z dodatkiem Mszy św., nowej suplikacji i spowiedzi powszechnej; ks. bp Zieliński zgadza się zredagować dodatki; wydrukować 2000 a jeżeli koszt pozwoli, 3000 sztuk.
6. Wydrukować, jako jeszcze jeden dział lekcji Niedzielnej Szkoły Chrześcijańskiego Życia, „Żywot Chrystusa" opracowania ks. Kawalkowskiego.

7. Stopniowo wydawać przetłumaczone na język angielski nadające się do tego polskie broszury naszego Kościoła; wyszukać w każdej diecezji pomocnicze siły do tłumaczenia.

IX.

Sprawa nowego Domu Starców

Przeprowadzić dwuletnią zbiórkę 350,000 dolarów w całym Kościele.

X.

Sprawa Młodzieżowych Towarzystw (męskich)

Ponieważ starsi teraz mają rządową opiekę, możliwym będzie dla nas większe skoncentrowanie sił dla pracy młodzieżowej. Przystąpienie do tego, będzie z dobrze obmyślonym planem nowego rodzaju programu młodzieżowego, rozpoczynając tworzenie młodszych oddziałów Towarzystwa Zmartwychwstańców.

XI.

Zebrania Rady

Zebrania Rady odbywać się będą w ostatnim, pełnym tygodniu miesiąca kwietnia i będą dwudniowe zgromadzenia; następne odbędzie się w dniach 26 i 27 kwietnia 1960 roku.

Sekretarz Głównej Rady
Ks. sen. Władysław Słowakiewicz

Orzeczenie

Główna Rada Polskiego Narodowego Katolickiego Kościoła w dniu 29 września 1959 roku na specjalnym posiedzeniu zwołanym do Scranton, Pa., orzeka w sprawie biskupiej konsekracji ks. elekta Bernarda Goławskiego, jako biskupa Polskiego Narodowego Katolickiego Kościoła, ponieważ konsekracja jego w dniu 19 września 1959 roku w kościele Najświętszej Maryi Panny w Cleveland, Ohio, nie była prawnie udzielona prze ks. biskupa Franciszka Bończaka. Konsekrator, jako nieczynny biskup, na podstawie artykułu IX, rozdziału 1 Konstytucji Polskiego Narodowego Katolickiego Kościoła, nie miał prawa ani też upoważnienia od władz Polskiego Narodowego Katolickiego Kościoła do wykonania tej czynności.

Wobec powyższego ks. Bernard Goławski nie ma prawa sprawować czynności biskupich w Polskim Narodowym Katolickim Kościele.

Rada Polskiego Narodowego Katolickiego Kościoła niniejszym podaje do wiadomości, że ks. bp Franciszek Bończak z powodu pogwałcenia prawa PNKK jest pozbawiony przywileju sprawowania funkcji biskupich w Polskim Narodowym Katolickim Kościele.

Ks. bp Leon Grochowski	x
Ks. bp Józef Sołtysiak	x
Ks. bp Tadeusz F. Zieliński	x
Ks. bp Franciszek C. Rowiński	x
Ks. sen. F. J. Siemiątkowski	x
Ks. sen. Rene Zawistowski	
Ks. sen. Antoni Wojtkowiak	
Ks. sen. Władysław Słowakiewicz	
Ks. Józef Nieminski	
Tadeusz R. Rudnicki	
Rudolf Koczera	x

Jan F. Ostrowski
Franciszek Orłowski
Ernest J. Gazda
Antoni A. Śmigiel

DECLARATION of the Supreme Council of the P.N.C. Church Convened in Special Session

The Supreme Council of the Polish National Catholic Church met in special session in Scranton, Pennsylvania, on September 29, 1959. All members, with the exception of Attorney Smigiel, who was unable to attend due to pressing business, were present. One of the matters at the session was the reported consecration of Bishop-elect Bernard Golawski by Bishop Franciszek Bonczak After a long discussion, in which the Very Reverend Bernard Golawski and the Right Reverend Franciszek Bonczak took part, the Supreme Council unanimously made the following declaration:

"The Supreme Council of the Polish National Catholic Church convened in special session at Scranton, Pennsylvania, on this 29th day of September, 1959, declares, in the matter of the consecration of Bishop-elect Bernard Golawski, that it does not recognize him as a Bishop of the Polish National Catholic Church, for the reason that his consecration on September 19, 1959, in the church of Saint Mary, in Cleveland, Ohio, WAS ILLEGALLY CONFERRED BY THE RIGHT REVEREND FRANCISZEK BONCZAK.

"THE CONSECRATOR, AS AN INACTIVE BISHOP, PURSUANT TO ARTICLE IX, SECTION 1, OF THE CONSTITUTION OF THE POLISH NATIONAL CATHOLIC CHURCH, DID NOT HAVE RIGHT NOR THE AUTHORITY FROM THE EXECUTIVE POWERS OF THE

POLISH NATIONAL CATHOLIC CHURCH TO PERFORM THIS ACT.

"IN THE VIEW OF THE ABOVE, THE VERY REVEREND BERNARD GOLAWSKI DOES NOT HAVE THE RIGHT TO PERFORM THE FUNCTIONS APPERTAINING TO A BISHOP IN THE POLISH NATIONAL CATHOLIC CHURCH."

Prime Bishop Leon Grochowski,
Bishop Joseph Soltysiak,
Bishop Thaddeus Zielinski,
Bishop Francis Rowinski,
Very Rev. Francis J. Siemiatkowski
Very Rev. Rene Zawistowski,
Very Rev. Anthony Wojtkowiak,
Very Rev. Walter Slowakiewicz,
Rev. Joseph Nieminski,
Thaddeus, R. Rudnicki,
Rudolph Koczera,
John F. Ostrowski,
Frank Orlowski,
Ernest J. Gazda."

God's Field, 10 October 10, 1959, p. 14

Decyzje i wnioski podjęte na posiedzeniu Głównej Rady Kościoła 26 i 27 kwietnia 1960 roku

Na miejsce zmarłego członka Rady, ś.p. Franciszka Orłowskiego, przedstawiony i przyjęty został mecenas Zygmunt Białkowski z parafii Katedralnej w Scranton, Pa.

Sprawy z protokółu

1. Odnośnie propozycji mecenasa Śmigla w sprawie zmian co do metody działania Komisji Nominacyjnej, było ogólną opinią obecnych; że Rada nie może, bo nie ma prawa, tych zmian zrobić, ale raczej poleci następnemu synodowi takowe wykonać, jako poprawki do Konstytucji.

2. Fundusz Wydawnictw przewidziany Konstytucją odnosi się do druków, które mają służyć ku rozwojowi i propagandzie Kościoła i mają być rozpowszechniane bezpłatnie, a nie odnośnie drukowania mszału, rytuału, modlitewnika czy też katechizmu, bo te płacą za siebie ewentualnie ich sprzedażą.

3. Odnośnie nowego Domu Starców Spójni – gdy zbiórka na tenże cel będzie na nowo rozpoczęta, Kościół będzie wezwany do współpracy.

4. Odnośnie wizyt całego Kościoła przez Pierwszego Biskupa: Pierwszy Biskup odwiedził Senioraty Centralnej Diecezji z dobrym skutkiem; zrobił pewne odleglejsze wizyty, lecz nawał innej pracy i obowiązki związane bezpośrednio z Centralą Kościoła, a także z Pierwszą Parafią Katedralną nie zezwalały na kontynuowanie tych dalszych podróży. Ponieważ taka misja wewnątrz Kościoła jest bardzo potrzebna, będzie ją dalej wykonywał z chwilą kiedy będzie ku temu zwolniony.

5. Wydrukowanie Konstytucji Kościoła w tekstach polskich i angielskich: Ogłoszenie protokółu z ostatniego Synodu w *Roli Bożej* wykazało pewne nieścisłości co do uchwalonych poprawek i to opóźniło projekt. Obecnie należyty tekst był doręczony Centrali Kościoła, a więc i druk tego nastąpi.

6. Mszał angielski: zmiana planów drukowania częściowego mszału na kompletny opóźniła ten projekt. Tekst w komplecie będzie podany Pierwszemu Biskupowi do aprobaty, a potem pójdzie do druku; kosztorys i plan były już uzgodnione z drukarzem.

7. Rytuał dla księży: już jest gotowy do nabycia.

8. Angielski katechizm: nowe wydanie jest już gotowe; własność Kościoła.

9. Modlitewnik polski: Ks. bp Zieliński informuje, że materiał jest gotowy od listopada. Pierwszy Biskup oznajmia, że przygotowany materiał nie był jeszcze oddany do drukarni ze względu uszczuplonych finansów. Była sugestia by Kościół w Polsce takowy wydrukował, lecz oni tam jeszcze nie wykazali zainteresowania.

10. Modlitewnik angielski: Nakład w 6,000 książek, białe i czarne okładki, będzie gotowy za tydzień własność Kościoła.

11. Mszał polski: Bp Rode zgodził się, by takowy wydrukować w Polsce; z Ameryki było dane 1,600.00 dolarów na konto tej pracy, lecz dotychczas dalszych danych nie ma.

Nowe sprawy

12. Po wysłuchaniu odczytanego przez Pierwszego Biskupa memorandum, które on przygotował i przedstawił zainteresowanym w Polsce, Rada przyjęła wniosek by takowe wydać w języku polskim i angielskim.

13. W sprawie ks. sen. Bernarda Goławskiego, którą na jego prośbę, ks. bp Rowiński przedstawił Radzie, Rada oświadczyła, że decyzja podjęta w tej sprawie dnia 29 września 1959 roku i należycie ogłoszona w organie Kościoła pozostaje.

14. Materiał nauczycielski dla Niedzielnej Szkoły Chrześcijańskiego Życia: Po wysłuchaniu wyjaśnień Pierwszego Biskupa w tej materii i po oglądnięciu egzemplarzy przedstawionych przez ks. sen. Magyara, Rada powzięła wniosek uznania i podziękowania Pierwszemu Biskupowi za inicjatywę i przewodnictwo w tym projekcie, a ks. sen. Magyarowi za sprawne wykonanie tegoż. Wniosek także obejmował pełne poparcie tej sprawy.

15. Tytuł biskup-elekt: Sprawa więcej realnego tytułu dla prawnie wybranych przez synody kandydatów na biskupów będzie

przedstawiona następnemu synodowi z poleceniem, by praktyka użycia wyrazu biskup-elekt była zaniechana.

16. Urząd Pierwszego Biskupa: Podjęta była myśl umożliwienia Pierwszemu Biskupowi więcej czasu ku wypełnianiu urzędów Ordynariusza Centralnej Diecezji i Pierwszego Biskupa. Ta możliwość jest ściśle związana z możliwością jego zwolnienia się z obowiązku proboszcza parafii Katedralnej. Dla większej swobody w dyskusji nad tą sprawą, Pierwszy Biskup powołał ks. bp. Sołtysiaka na przewodniczącego obrad, a sam opuścił salę. W rezultacie dyskusji, Rada przyjęła następujący wniosek:

a. Pierwszy Biskup będzie na pensji całego Kościoła z chwilą jego możliwego zwolnienia się z obowiązków proboszcza parafii Katedralnej w Scranton. Pensja ma być w sumie 500.00 dolarów plus koszty związane z wykonaniem urzędu Pierwszego Biskupa.
b. Wybudować, na ofiarowanej parceli gruntu w Scranton, rezydencję Pierwszego Biskupa, której koszt nie ma przewyższyć sumy $40,000.00.
c. Wydatek ten może być pokryty z Funduszu Misyjnego z pożyczkami z innych funduszów Kościoła.
d. Komisję wykonawczą tego wniosku stanowić będą: Z. Białkowski, przewodniczący, J. Ostrowski, St. Kotula, i E. Gazda.

17. Wniosek: Rozpocząć intensywną misję wewnętrzną Kościoła na terenie senioratów.

18. Wniosek: Odłączyć misje Kościoła w Polsce od reszty misyjnej pracy Kościoła i prowadzić takową ze specjalnie stworzonego Funduszu Misji Kościoła w Polsce

19. Wniosek: By Kościół przystąpił jak najprędzej do wykonania projektów Komisji Rozwoju Spójni przyjętych na ostatnim Sejmie Spójni.

20. By umożliwić skarbnikowi, Janowi Ostrowskiemu, odpowiednią ilość czasu na przygotowanie kompletnego sprawozdania finansowego, po oficjalnym zamknięciu ksiąg z ostatnim dniem lutego, następne roczne posiedzenie Rady odbędzie się w dniach 25 i 26 kwietnia 1961.

Ks. sen. Władysław Słowakiewicz, sekretarz

Skrót protokółu zebrania Głównej Rady P.N.K.K. 25 i 26 kwietnia 1962 w Scranton, Pa.

Obecni: Pierwszy Ks. Biskup Leon Grochowski, ks. bp. Józef Sołtysiak, ks. bp. Tadeusz Zieliński, ks. bp. Franciszek Rowiński, ks. sen. Franciszek Siemiątkowski, ks. sen. Rene Zawistowski, ks. sen. Antoni Wojtkowiak, ks. sen. Władysław Słowakiewicz, ks. sen. Józef Nieminski; panowie: Jan Ostrowski, Ernest Gazda, Zygmunt Białkowski, Stanisław Kotula, Rudolf Koczera, i Tadeusz Rudnicki.

Po odczytaniu protokółu, p. Ostrowski informuje, że na rozporządzenie Pierwszego księdza Biskupa zmieniono uchwałę w protokóle odnośnie podpisów na czekach Funduszu Seminaryjnego. Obecnie podpisują czeki: p. Ostrowski i ks. sen. Władysław Słowakiewicz. Zmianę tą zatwierdzono wnioskiem ks. bpa Zielińskiego, popartym przez ks. bpa Sołtysiaka.

W miejsce ustępującego sekretarza Rady, ks. sen. Władysława Słowakiewicza, wybrano ks. sen. Józefa Niemińskiego, na wniosek ks. bpa Zielińskiego i poparcie p. Gazdy.

W sprawie protokółów Rady, na wniosek p. Ostrowskiego i poparcie p. Gazdy uchwalono, aby tylko księżom biskupom dostarczyć kopie protokółu, ci zaś mają zawiadomić świeckich członków i przedstawicieli duchowieństwa swoich diecezji o ich obowiązkach.

Sprawy z protokółu

Pierwszy Biskup informuje, że zostały wydrukowane:

Mszał angielski. (W sprawie mszału angielskiego ks. bp. Zieliński porusza sprawę jakiego przekładu Pisma Świętego mamy się trzymać, gdyż uzgodniono na zebraniu biskupów i seniorów „King James Version", lecz teraz są narzekania. Pierwszy Ks. Biskup mówi, że księża biskupi i księża podadzą swoje stanowisko w tej sprawie Synodowi do zatwierdzenia.)

Polskie modlitewniki.

Konstytucje PNKK w języku angielskim.

Rytuał.

Szkoła Niedzielna

Pierwszy Ks. Biskup informuje, że Kościół teraz ma własną drukarnię wartości $6,000 i może drukować w trzech kolorach. Obecnie w opracowaniu jest seria lekcji na podstawie Dziesięciu Przykazań Boskich i sam opracowuje lekcje na podstawie Modlitwy Pańskiej. W sesji późniejszej Pierwszy Ks. Biskup mówił, że są trzy serie lekcji Szkoły Niedzielnej, za które odpowiedzialni są:

I-sza Seria - w opracowaniu ks. bpa. Zielińskiego
II-ga Seria - w opracowaniu ks. bpa. Rowińskiego
III-cia Seria - w opracowaniu Pierwszego Ks. Biskupa

W sprawie podręczników dla nauczycielstwa Szkoły Niedzielnej, Pierwszy Ks. Biskup upoważnił ks. bpa Zielińskiego do sporządzenia listy takowych dla wszystkich parafii.

Ks. bp Rowiński poruszył ważność urządzenia seminariów nauczycielskich, w wyniku czego doszło do wniosku (p.Gazdy i poparcie p. Koczery), aby z Kasy Szkoły Niedzielnej Chrześcijańskiego Życia przeznaczyć na okres jednego roku $500.00 każdej diecezji na urządzenie takiego seminarium nauczycielskiego dla nauczycieli Szkoły Niedzielnej.

Sprawa budowy rezydencji dla Pierwszego Biskupa

W tej sprawie nic nie poczyniono.

Biblioteka Pierwszego Księdza Biskupa

Pierwszy Ks. Biskup ofiaruje ją całemu Kościołowi. Ma ona być ulokowana w budynku Straży. Pan prezes Polsko Narodowej Spójni zapewnia miejsce.

Kościół w Polsce

Sprawa ta była szeroko omawiana. W sprawie zaproszenia ks. bpa Rodego z Polski na nasz Synod nie powzięto żadnych wniosków w tej sprawie.

Fundusz Duchowieństwa

Referuje ks. bp. Zieliński, informuje, że stan kasy wynosi 18,000 dolarów, że odbyto zebranie z Komisją, że wysłano parafiom dwa listy z prośbą o ofiary na ten cel, że Fundusz ten musi być na Synodzie poruszony i ożywiony.

Seminarium

Pierwszy Ksiądz Biskup informuje, że działa sprawnie Rada Seminaryjna, że mamy dwunastu (12) studentów i siedmiu (7) profesorów, że pensje tychże wynoszą około 450.00 dolarów miesięcznie. Porusza sprawę zasłużonego ks. prof. Teofila Czarkowskiego i radzi, aby Kościół zakupił dla niego domek w Davie, Floryda, kosztem 4,500.00 dolarów, pieniędzmi z Funduszu Duchowieństwa. Domek ten byłby własnością Kościoła. Wnioskiem ks. sen. Siemiątkowskiego i poparciem ks. sen. Rene Zawistowskiego uchwalono radę Pierwszego Ks. Biskupa.

W wyniku rozmowy o Davie, Floryda, ks. bp. Rowiński poruszył sprawę ewentualnej pożyczki z Funduszu Duchowieństwa dla Diecezji Zachodniej na dalszą rozbudowę instytucji w Davie. Na wniosek p. Gazdy i poparcie p. Koczery uchwalono pożyczyć 5,000.00 dolarów na 3%.

Pierwszy Ksiądz Biskup mówi o potrzebie przeprowadzenia zbiórki w całym Kościele na rzecz instytucji w Davie, Fla., oraz na Dom Starców w Waymart, Pa.

Sprawa Ks. bp. Jana Misiaszka

Dłuższa dyskusja w tej sprawie, wynikiem czego doszło do wniosku p. Rudnickiego i poparcie Ostrowskiego, aby Pierwszy Ksiądz Biskup napisał list do kolegium starokatolickich biskupów o opinię w tej sprawie, i która ewentualnie załatwiłaby tę sprawę.

Pożar kościoła w Woonsocket, R. I.

Ks. bp Sołtysiak porusza sprawę wielkiej straty w pożarze kościoła w Woonsocket, R. I. Uchwalono 1,000.00 dolarów ofiary na ten cel, wnioskiem p. Kotuli i poparcie p. Ostrowskiego. Pierwszy Ksiądz Biskup polecił p. Białkowskiemu przygotowanie referatu w sprawie asekurowania wszystkich majątków parafialnych w całym Kościele naszym do 80% wysokości wartości tychże.

Ks. bp. Rowiński poruszył potrzebę świadectw chrztu, ślubu, Pierwszej Komunii i Bierzmowania wydania naszego Kościoła. Pierwszy Ksiądz Biskup poleci tę sprawę do wykonania ks. sen. Magyarowi.

Komisje Synodalne

Ks. bp Zieliński poruszył tę sprawę. Pierwszy Ksiądz Biskup powiedział, że takowe będą uzupełnione na zebraniu księży biskupów, które ma się odbyć w czerwcu.

Ks. sen. Józef Niemiński

Skrót protokółu nadzwyczajnego zebrania Rady PNKK dnia 17 maja 1963 r. w Scranton, Pa.

Obecni: Pierwszy Ksiądz Biskup Leon Grochowski, ks. bp. Tadeusz Zieliński, ks. bp. Franciszek Rowiński; księża seniorzy: Franciszek Siemiątkowski, Rene Zawistowski, Antoni Wojtkowiak i Józef Niemiński; mecenas Ernest Gazda, mecenas Zygmunt Białkowski, p. prezes Stanisław Kotula, p. Rudolf Koczera, p. S. Śliwiński. Obecnym też był ks. bp. Jan Misiaszek.

Pierwszy Ksiądz Biskup podał przyczynę zwołania zebrania Rady: ponowne rozpatrzenie prośby ks. bpa Jana Misiaszka o rehabilitację.

Zapytano ks. biskupa Misiaszka o wyjaśnienie jego prośby. Powiedział, że nie chce być Ordynariuszem, lecz bez poniżenia dalszego chce służyć Kościołowi. W dalszej dyskusji brali głos: mecenas Białkowski, ks. bp. Zieliński, ks. sen. Rene Zawistowski. Wreszcie stawia wniosek ks. sen. Franciszek Siemiątkowski, popiera mec. Gazda, aby ks. bp. Misiaszek miał prawo znajdować się w gronie biskupów i w uroczystościach miał prawo nosić mitrę, lecz nie ma on prawa nosić pastorału i nie ma prawa spełniać funkcji ściśle biskupich. W razie ewentualnych zaproszeń, ks. bp. Misiaszek ma je uzgodnić z danym Ordynariuszem. Na radę Pierwszego Biskupa, aby ks. bp. Misiaszek towarzyszył jemu na następny Kongres Starokatolików i tam ewentualnie przedstawił swoją sprawę do kolegium biskupów starokatolickich, wniosek wstawił ks. Sen. Wojtkowiak, a poparł Koczera. Przechodzi.

Następnie poruszył Pierwszy Ks. Biskup sprawę ks. elekta Bernarda Goławskiego, który domaga się uznania go za biskupa. Po dyskusji wstawił wniosek mec. Gazda, a poparł Koczera, aby

Rada się trzymała swojej decyzji w sprawie ks. elekta Goławskiego, która była oficjalnie ogłoszona w *Roli Bożej*. Przechodzi.

W sprawie ks. elekta Jaworskiego nic nie poczyniono.

W sprawie petycji Słowaków, odnośnie wyboru na biskupa-elekta ks. sen. Eugeniusza Magyara, postanowiono tę sprawę oddać Synodowi do rozstrzygnięcia.

Na tym zebranie nadzwyczajne Rady PNKK zakończono.

Ks. Sen. Józef Niemiński, Sekretarz

Skrót protokółu zebrania Głównej Rady PNKK w dniach 26 i 27 maja 1964 Scranton, Pa.

Obecni: Pierwszy Ks. Biskup Leon Grochowski, ks. bp. Józef Sołtysiak, ks. bp. Tadeusz Zieliński, ks. bp. Franciszek Rowiński, ks. bp. Eugeniusz Magyar, ks. bp. Jan Misiaszek, ks. sen. Franciszek Siemiątkowski, ks. sen. Rene Zawistowski, ks. Sen. Antoni Wojtkowiak, ks. sen. Józef Niemiński, pan kasjer Jan Ostrowski, pan mecenas Ernest Gazda, pan mecenas Zygmunt Białkowski, pan Wincenty Juszkiewicz, pan Rudolf Koczera, pan Stanisław Śliwiński, p. Józef Stachura, pani Nadia Martin, oraz w charakterze osobistego sekretarza Pierwszego Księdza Biskupa ks. sen. Józef Jakobsche.

Sprawy z protokółu

Angielski Mszał. Dłuższa dyskusja nad sposobem wprowadzenia angielskiej Mszy św. w parafiach, problem parafii z jedną tylko Mszą św. niedzielną - tu ewentualnie raz w miesiącu po angielsku; sprawa pogrzebowej Mszy św. po angielsku. Wynik dyskusji: Trzymać się uchwały synodalnej odnośnie angielskiej Mszy św. i przesłać kopię takowej do wszystkich księży biskupów, proboszczów i komitetów parafialnych. Wykonawca wniosku: pan mecenas Gazda, członek Komisji Konstytucyjnej PNKK.

Szkoła Niedzielna. Kurs dla nauczycieli w South Bend pod kierownictwem specjalistów w dziedzinie nauczania w szkołach niedzielnych. Pierwszy Biskup radzi aby, przebieg tegoż nagrać na taśmie, aby najnowsze metody nauczania były przestudiowane w innych diecezjach.

Fundusz Pomocy Duchowieństwu. Stan kasy: $24,210.00; uchwalono ulokować 10,000.00 dolarów (obecnie w banku na 3%) w instytucji objętej Federal Savings Insurance na większy procent.

Rola Boża. Długa dyskusja. Uchwalono:

a. aby *Rola Boża* była wysyłana do każdej parafii PNKK paczkami; ilość egzemplarzy w każdej paczce – 25% opłaconych parafian;
b. jeżeli możliwe, aby główne artykuły przetłumaczone były na język angielski;
c. aby listy rozesłać Komitetom Parafialnym od wydawnictwa *Roli Bożej* informując o nowym planie rozwoju pisma;
d. aby parafie składały dobrowolne składki na pokrycie kosztu druku powiększonego nakładu;
e. aby w parafiach znajdowały się Koła Przyjaciół Roli Bożej, które zajęłyby się rozpowszechnianiem pisma i zbieraniem ofiar (delegaci synodalni w parafii powinni być odpowiedzialni za działalność tych Kół);
f. aby *Rola Boża* ukazywała się dwa razy w miesiącu, każdego 1go i 15go danego miesiąca.

Księża Biskupi przygotują statystykę na podstawie której, ilość egzemplarzy w każdej paczce będzie ustalona. Od 1go lipca wprowadzić, jeżeli możliwe, nowy system. Pierwszy Biskup zawiadamia, że ma pomocniczego redaktora działu polskiego w osobie ks. Bolesława Sikorskiego.

Asekuracja Majątków Kościelnych. Pan mecenas Białkowski informuje, że we wrześniu ukaże się artykuł w *Roli Bożej*.

Podręcznik dla Komitetów Parafialnych. Pan mecenas Gazda informuje, że niebawem będzie gotowy. Materiał będzie zawierał od 6 do 8 stron druku.

Świadectwa Chrztu, itd. Ks. sen. Zawistowski informuje, że praca ta idzie naprzód. Pierwszy Biskup zamianował do tej Komisji jeszcze ks. bpa Magyara i ks. bpa Misiaszka.

Nieczynni Księża. Sprawa ta została definitywnie załatwiona na Synodzie odpowiednim wnioskiem i uchwałą.

Ruch zjednoczenia czterech kościołów protestanckich w USA. W dalszym ciągu uczestniczyć w tych zebraniach w charakterze obserwatorów tylko i pokryć koszta tychże obserwatorów.

Pokwitowania funduszów: Księża Biskupi mają raz w roku swoim parafiom przesłać sprawozdania diecezjalne.

Music Workshop: Uchwalono, aby ks. bp. Zieliński miał opiekę nad tym i jeżeli możliwe, aby rozszerzyć na cały Kościół i aby Komisję Muzyczną i przyszłe „Music Workshops" wspierać finansowo w zależności od potrzeb.

Nowe sprawy

Sprawozdanie Pierwszego Księdza Biskupa z podróży do Anglii i Polski:

1. Anglia: Pierwszy Ksiądz Biskup mówi o przebiegu zebrania naczelników Kościołów Anglikańskich i zbliżonych do nich Kościołów; odczytano referat Arcybiskupa Canterbury po którym nastąpiła dyskusja nad terminami „intercommunion" i „full communion".

2. Polska: podwójny cel podróży do Polski:

a. przekonać się o stanie Kościoła w Polsce i czy ideowo w dalszym ciągu są z nami.

b. sprowadzić księży i kleryków. Był w Urzędzie dla Spraw Wyznań, gdzie przyrzeczono, że dostaną paszporty na wyjazd siedmiu księży i dziesięciu kleryków. Przedstawił Pierwszy ksiądz Biskup kwity na pieniądze przekazane Kościołowi w Polsce.

Sprawa Domu Starców. Po dłuższej dyskusji Główna Rada udzieliła Pierwszemu Księdzu Biskupowi wotum zaufania co do mianowanych przez niego członków Komisji Domu Starców z ramienia Kościoła. Wynik rozmowy z delegacją Polsko Narodowej Spójni: oddać sprawę do neutralnego sędziego, który prawnie lecz bez publicznego rozgłosu rozstrzygnie sprawę.

Sprawa Seminarium. Pierwszy Ksiądz Biskup przedstawił plan na pozyskanie kandydatów do Seminarium. Uchwalono stypendia po 500 dolarów dla dziesięciu kleryków. Pierwszy rok klerycy mają bezpłatny, zaś za następne lata płacą po 10 dolarów. Pan mecenas Gazda ma napisać list do parafii z tą informacją. Podać też do gazet w Kanadzie i Cleveland, oraz New York City ogłoszenia w sprawie potrzeby kandydatów do Seminarium.

Youth Convocation. Ks. bp Zieliński informuje o pierwszym tego rodzaju zebraniu, które ma się odbyć w Buffalo w sierpniu, 1964. Młodzież z całego Kościoła jest spodziewana.

Sprawozdanie finansowe. Pan skarbnik Ostrowski podaje, że we wszystkich kasach Kościoła jest 209,281.32 dolarów. Nowy rozdział diecezjalnego funduszu: 2.00 dolary z czego .50 centów pozostaje w kasie Ordynariusza; pozostałe 1.50 dolar i pół podzielone na trzy części po .50 centów do Funduszu Misyjnego, Funduszu Seminaryjnego i do nowego Funduszu Młodzieży.

Podział 6% Funduszu:

2% - Fundusz Szkoły Niedzielnej
1% - Wydawnictwa
1% - Pożyczki parafiom
2% - Nowy Fundusz Pomocy księżom w pensjach.

Protokół z rocznego zebrania Rady Polskiego Narodowego Katolickiego Kościoła 26 - 27 maja 1964, Hotel Jermyn, Scranton, Pa.

[Pełny rękopis]

Obecni byli: Pierwszy Ksiądz Biskup Leon Grochowski, księża biskupi: Józef Sołtysiak, Tadeusz Zieliński, Franciszek Rowiński, Eugeniusz Magyar, Jan Misiaszek; księża seniorzy: Franciszek Siemiątkowski, Rene Zawistowski, Antoni Wojtkowiak, Józef Niemiński; świeccy członkowie: kasjer Jan Ostrowski, mecenas Ernest Gazda, mecenas Zygmunt Białkowski, Wincenty Juszkiewicz, Rudolf Koczera, Józef Stachura, Stanisław Śliwiński, pani Nadia Martin; zaś w charakterze osobistego sekretarza Pierwszego Księdza Biskupa z głosem doradczym ks. sen. Józef Jakobsche.

O godzinie 10 rano otworzył zebranie pierwszy Ksiądz Biskup modlitwą i krótkim powitaniem. Sprawdzono następnie skład Głównej Rady, ponieważ było to pierwsze posynodalne zebranie Głównej Rady, po czym Pierwszy Ksiądz Biskup poprosił ks. biskupa Rowińskiego, aby odebrał przysięgę od nowych członków. Pierwszy Ksiądz Biskup prosił członków Głównej Rady, aby ks. sen. Jakobsche mógł wziąć udział w obradach w charakterze jego osobistego sekretarza z doradczym głosem. Ks. biskup Zieliński wstawia wniosek, a popiera pan mecenas Białkowski, aby radę Pierwszego Księdza Biskupa przyjąć. Przechodzi jednogłośnie.

Następnie sekretarz, ks. sen. Niemiński odczytał protokół z ostatniego zebrania rocznego z 12 i 13 marca 1963 roku, który na wniosek ks. biskupa Zielińskiego i poparcie ks. sen. R. Zawistowskiego został bez poprawek przyjęty.

Przystąpiono następnie do spraw z protokółu:

1. Angielski Mszał. Sprawa ta wywołała dość długą dyskusję o sposobie wprowadzenia angielskiej Mszy św. w parafiach naszych. Ks. biskup Rowiński twierdził, że angielska Msza św. w katedrze w Chicago cieszy się największą frekwencją i że po wprowadzeniu angielskiej Mszy św. kilkanaście rodzin zapisało się do parafii. Ks. sen. Jakobsche przedstawia problem parafii z jedną tylko Mszą św. niedzielną. Po wprowadzeniu uchwały – polska Msza bywa wyeliminowana z parafii. Ks. biskup Zieliński radzi, że w takich wypadkach, to raz w miesiącu, odprawiać Mszę św. na razie po angielsku. Porusza ks. biskup Zieliński sprawę pogrzebów w języku angielskim i jak tą sprawę mamy załatwić. Pan mecenas Gazda przypomina uchwałę synodalną w sprawie angielskich Mszy św., którą też odczytuje. Pierwszy Ksiądz Biskup radzi, abyśmy się trzymali uchwały synodalnej w tej sprawie i aby tę uchwałę podać do wiadomości wiernych PNCC i ogłosić w *Roli Bożej*. Po dłuższej dyskusji pan mecenas Białkowski wstawił wniosek, aby zamknąć dalszą dyskusję na ten temat i aby zamiast w Roli Bożej, przesłać kopię tej uchwały do każdego księdza biskupa, każdego proboszcza i do wszystkich komitetów parafialnych; wykonawcą wniosku ma być pan mecenas Gazda, który był w Komisji Konstytucyjnej. Wniosek popiera pan Koczera. Przechodzi z jednym sprzeciwem.

2. Sprawa Szkoły Niedzielnej. Pierwszy Ksiądz Biskup informuje Radę, że nowa offset prasa została zakupiona zgodnie z uchwałą ubiegłoroczną Rady. Została poruszona sprawa „Seminariów Nauczycielskich". Ks. biskup Rowiński powiedział, że 500.00 dolarów, które Rada uchwaliła ubiegłego roku dla każdej diecezji na urządzenie „Seminarium Nauczycielskiego" miało dodatni wpływ na ludzi w jego diecezji i że dobrze by było, gdyby te subsydia były udzielane każdego roku. Dalej powiedział, że w najbliższym czasie w South Bend, Ind., odbędzie się „seminar" podczas którego odbędzie się „laboratory" urządzone przez profesjonalistów. Pierwszy Ksiądz Biskup radził, aby skorzystano z magnetofonu „tape recorder" i aby ten kurs dla nauczycielstwa Szkoły Niedzielnej w South Bend mógł być przestudiowany przez inne diecezje.

Nastąpiła przerwa na obiad.

3. Sprawa Seminarium. Poruszona była sprawa ks. profesora Teofila Czarkowskiego. Pierwszy Ksiądz Biskup zawiadomił, że dom we Florydzie nie został zakupiony, gdyż ks. prof. Czarkowski nie chciał tam pojechać, że przez prawie cały rok otrzymywał pensję od Centrali PNKK, i że obecnie znajduje się na parafii w Rome, N.Y. Pan Juszkiewicz poinformował, że ksiądz profesor prosił o miejsce na Farmie Spójni, i został mu przydzielony pokój i w każdej chwili może tam zamieszkać.

4. Fundusz Pomocy Duchowieństwa. Przewodniczący tego funduszu, ks. bp. Zieliński referuje tę sprawę. Zawiadamia, że ten fundusz nie bardzo się rozwija, choć zostały rozesłane listy do parafii z przypomnieniem o złożeniu ofiar na ten cel. Ostatnio został rozesłany kwestionariusz do księży i na podstawie tegoż będzie opracowany plan, na podstawie którego księża po dojściu do 68 lat otrzymaliby 100.00 dolarów miesięcznie. Dalej radził aby Polsko Narodowa Spójnia się zainteresowała tą sprawą i przyszła nam z pomocą. Ks. bp. Misiaszek przypomniał, że fundusz ten był zaniechany ponieważ rachmistrze powiedzieli nam wówczas, że na podstawie naszych wpływów do tego funduszu, księża mogliby zaledwie 19.00 dolarów miesięcznie otrzymywać. Pierwszy Ksiądz Biskup radzi, aby w dalszym ciągu utrzymywać obecny plan 100.00; 50.00; 25.00 dolarów od parafii większych, średnich i mniejszych. Następnie skarbnik tego funduszu, pan Juszkiewicz zdał sprawozdanie finansowe. Ogółem w kasie funduszu jest tylko 24,210.00 dolarów z czego przeszło 11,000.00 dolarów jest w gotówce w banku na 3%. Wyłoniła się sprawa ulokowania tych pieniędzy na bardziej korzystny procent. Na podstawie wniosku pana mecenasa Białkowskiego i poparcie pana skarbnika Ostrowskiego uchwalono, aby 10,000.00 dolarów ulokować w którejkolwiek instytucji finansowej, która jest objęta federalnym ubezpieczeniem i która udziela najwyższego procentu na koncie oszczędnościowym. Przechodzi.

5. Sprawa Roli Bożej. Pierwszy Ksiądz Biskup informuje członków Rady, że sprawa *Roli Bożej* nie stoi dobrze; mamy zaledwie 4,200 prenumeratorów; mało robimy aby nasze idee rozszerzyć. Ks. biskup Rowiński pyta się, ile kosztuje druk jednego numeru. Pierwszy Ksiądz Biskup mówi, że coś ponad $400.00. Ks. bp Rowiński sugeruje, aby powiększyć nakład do 10,000 lub 20,000 egzemplarzy i rozesłać parafiom. Pan Juszkiewicz przypomina, że nie tylko Pierwszy Biskup, ale wszyscy księża biskupi i seniorzy są odpowiedzialni za nasze pismo i że wszyscy powinni pomóc Pierwszemu Księdzu Biskupowi – musi być wspólna praca. Ks. bp Zieliński radzi, aby do każdej parafii wysyłać paczkę egzemplarzy *Roli Bożej*, ilość egzemplarzy byłaby uzależniona ilością opłaconych parafian, z czego 25 procent opłaconych parafian stanowiłoby regułę co do ilości egzemplarzy do każdej parafii. Ks. bp Sołtysiak też się wypowiada za takim planem. Ks. bp Misiaszek przypomina, że obecnie przypada 40-lecie Roli Bożej i można z okazji 40-lecia pismo ożywić i powiększyć nakład. Po dłuższej dyskusji na ten temat wreszcie doszło do wniosku: aby 1) *Rola Boża* była wysyłana do każdej parafii w ilości 25 procent od opłaconych parafian; 2) aby, jeżeli to możliwe główne artykuły były przetłumaczone na język angielski, 3) aby listy zostały rozesłane Komitetom Parafialnym od Wydawnictwa *Roli Bożej* o nowym planie rozwoju pisma 4) aby parafie składały dobrowolne ofiary na pokrycie kosztów druku i powiększonego nakładu i 5) aby w parafiach znajdowały się Koła Przyjaciół *Roli Bożej*, które zajęłyby się rozpowszechnianiem pisma i zbieraniem ofiar. W skład tych kół powinni wejść delegaci synodalni. Wniosek wstawił pan mecenas Gazda, a poparł pan mecenas Białkowski. Przechodzi jednogłośnie. Następnie ks. sen. Niemiński wstawił wniosek, aby *Rola Boża* ukazywała się dwa razy na miesiąc z datą 1-go i 15-go każdego miesiąca. Wniosek popiera pan mecenas Białkowski. Przechodzi. Ks. bp. Zieliński powiedział, że w przeciągu miesiąca czasu księża i biskupi przygotują statystykę, na podstawie której ilości egzemplarzy do każdej parafii będą ustalone, i że od 1.go lipca już system paczkowy musi iść w ruch. Pierwszy Ksiądz Biskup zawiadamia, że ma pomocniczego redaktora działu polskiego w osobie ks. Bolesława Sikorskiego z 50.00 dolarów pensją miesięczną.

6. Sprawa asekuracji majątków kościelnych. Pan mecenas Białkowski informuje, że we wrześniu w *Roli Bożej* ukaże się jego artykuł na ten temat.

7. Sprawa świadectw Chrztu, Pierwszej Komunii św. itd. Ks. senior Zawistowski informuje, że pewien materiał jest już gotowy. Pierwszy Ksiądz Biskup zamianował to tej komisji jeszcze ks. bpa Magyara i ks. bp Misiaszka.. Ks. bp Rowiński przypomina, że potrzebne są też jakieś świadectwa ze szkoły niedzielnej, i książki parafialne na pokwitowanie opłat i ofiar. Ks. sen. Niemiński ma się porozumieć z artystą malarzem panem Eugeniuszem Chruścickim w sprawie graficznego opracowania tych świadectw.

8. Sprawa podręcznika dla członków Komitetu Parafialnego. Pan mecenas Gazda informuje, że już ma pewien materiał gotowy i że podręcznik ten będzie zawierał od 6-ciu do 8-miu stron informacji dla członków Komitetu Parafialnego w sprawie funduszów itd.

9. Sprawa Domu Starców. Ks. bp. Rowiński zapytuje, czy Kościół reprezentowany jest w Komisji Domu Starców. Pierwszy Ksiądz Biskup informuje, że podług Charteru jest to odrębna organizacja w skład której wchodzą dwie osoby ze Spójni i dwie z Kościoła. Spójnia wybiera swoich na Sejmie, zaś z ramienia Kościoła mianuje dwóch Pierwszy Biskup. Dalej ks. Biskup zawiadamia Radę, że mianował pana Wincentego Juszkiewicza i pana Kochana, który jest rachmistrzem zawodowym, lecz Główny Zarząd Polsko Narodowej Spójni odrzucił tychże, twierdząc, że miano to uczynić przed ich Sejmem. Podobna sytuacja znajduje się w Komisji Oświaty, gdzie zamianowałem pana mecenasa Białkowskiego i ks. Banasia i również ich nie uznano. Pierwszy

Ksiądz Biskup następnie zapytuje Radę o sugestie i porady w tej sprawie. Pan mecenas Gazda zabiera głos twierdząc, że na podstawie Charteru, który gruntownie zbadał Polsko Narodowa Spójnia nie ma prawa dyktować Kościołowi co do mianowanych przez Pierwszego Biskupa członków Komisji Domu Starców, że ta klauzula w Konstytucji Polsko Narodowej Spójni jest nieważna. Co do Komisji Oświaty to rzecz inna. Ks. sen. Wojtkowiak wstawia wniosek, aby zaprosić członków Głównego Zarządu Polsko Narodowej Spójni na sesję Rady i próbować w ten sposób tę sprawę wyjaśnić i ewentualnie załatwić. Wniosek poparty przechodzi. Pierwszy Ksiądz Biskup mianuje ks. bpa Rowińskiego, ks. sen. Wojtkowiaka i p. Koczerę, którzy mają zawiadomić prezesa, sekretarza, kasjera i adwokata Polsko Narodowej Spójni o naszym wniosku i zaprosić ich na naszą sesję. Pan mecenas Gazda przypomina, aby delegacja miała przy sobie oryginalny Charter. Nastąpiła przerwa na wieczerzę.

10. Sprawozdanie Pierwszego Księdza Biskupa z podróży do Anglii i Polski. Po wieczerzy odbyła się sesja wieczorna, podczas której Pierwszy Ksiądz Biskup zdał sprawozdanie z odbytej podróży do Anglii i Polski. Na wstępie Pierwszy Ksiądz Biskup zreferował zebranie w Anglii pod przewodnictwem Arcybiskupa Ramseya. Mówił o jego życzliwym stosunku do nas i do naszego Kościoła. Następnie Pierwszy Ksiądz Biskup poprosił sekretarza ks. Niemińskiego, aby odczytał referat ks. arcybiskupa Ramsyea wygłoszony na otwarcie zebrania.

Nastąpiła krótka dyskusja nad referatem. Ks. bp Magyar tłumaczy zmianę definicji „intercommunion" i „full communion" mówiąc, że stosunek pomiędzy naszymi Kościołami się nie zmienił przez zmianę określenia i że „full communion" nie znaczy „organic communion". Ks. bp Zieliński mówi, że dla nas „full communion" znaczy „intercommunion", bo myśmy nie zmienili określenia tego wyrazu. Pierwszy Ksiądz Biskup powiedział, że ks. bp. Magyar był też obecny na zebraniu w Anglii i że dwukrotnie zabierał głos.

Teraz Pierwszy Ksiądz Biskup przystąpił do sprawozdania z pobytu w Polsce. Mówił, że miał podwójny cel: 1. dowiedzieć się jak Kościół w Polsce stoi ideowo, czy od nas bardziej się oddala. Twierdził, że ks. biskup Maksymilian Rode już nieco ustąpił od posunięć pseudo-rzymskich. Ks. bp. Rode zwołał zebranie Rady Kościoła w Polsce, na którym się dowiedział, że Kościół w Polsce ma 116 księży, 78 czynnych parafii, 60,000 wiernych i że na odnowienie kościołów wydano 8 milionów złotych. Pierwszy Ks. Biskup powiedział, że Kościół w Polsce jednak się powiększył. 2. Drugi cel podróży był: zasilić Kościół w Ameryce księżmi i klerykami z Polski. Odwiedziłem Urząd do Spraw Wyznań i odbyłem rozmowę z ministrem Żabińskim. Towarzyszyli mi ks. bp. Rode, ks. Tadeusz Majewski i jeszcze dwaj inni. Rozmowa była bardzo życzliwa i minister przyrzekł mi, że dostaniemy dla siedmiu księży o dziesięciu kleryków paszporty.

Następnie Pierwszy Ksiądz Biskup przedstawił pokwitowania za pieniądze, które wiózł ze sobą na cele Kościoła w Polsce: 500.00 dolarów - na budowę kościoła w Żarkach-Moczydle, miejscowości urodzin ks. biskupa Hodura, 500.00 dolarów - na zakup szat i naczyń liturgicznych, 2,000.00 dolarów na budowę kościoła w Lublinie, 100.00 dolarów dla parafii w Radomiu i oprócz tego Pierwszy Ksiądz Biskup dał 250.00 dolarów ks. E. Narbuttowiczowi, który obecnie leży chory na paraliż. Zakończył Pierwszy Ksiądz Biskup słowami: odjechał z tym przeświadczeniem, że udała się misja.

Podczas sprawozdania Pierwszego Księdza Biskupa obradom Rady przewodniczył ks. bp. Sołtysiak. Ks. bp. Sołtysiak zapytuje czy odbędzie się synod w Polsce. Ksiądz Biskup odpowiada: tak, bo jest potrzebny, ale nie wiem kiedy. Nawet zaproponowałem ks. bpowi Rodemu, aby po wyborze na kandydata na biskupa, przyjechał wraz z nim na konsekrację do Scranton. Następnie ks. Rene Zawistowski wstawił wniosek, aby Rada powstaniem podziękowała Pierwszemu Księdzu Biskupowi za dobrze spełnioną w imieniu naszego Kościoła misję i aby zwrócić Pierwszemu

Biskupowi wszelki wydatki związane z podróżą. Wniosek popiera pan mecenas Gazda, członkowie Rady powstali i oklaskami jednogłośnie przyjęli z podziękowaniem sprawozdanie Pierwszego Księdza Biskupa.

Drugi Dzień Obrad

Otworzył zebranie Pierwszy Ksiądz Biskup modlitwą. Ks. senior Wojtkowiak w imieniu Komisji Porozumiewawczej ze Spójnią, zawiadamia, że delegacja Polsko Narodowej Spójni przybędzie na sesję Rady o 2 po południu. Powrócono do spraw z protokółu.

11. Sprawa nieczynnych księży. Sprawa ta została definitywnie załatwiona na Synodzie. Pan mecenas Gazda odczytał odnośną uchwałę synodalną w tej materii.

12. Sprawa zjednoczenia czterech Kościołów protestanckich w U.S.A. Ks. bp Zieliński informuje, że Pierwszy Ksiądz Biskup, ks. bp. Magyar i on, odbyli rozmowę z przedstawicielami Kościoła tylko Episkopalnego, zaś z ks. sen. Rene Zawistowskim brał udział w drugim zebraniu w Princeton, N. J., w charakterze obserwatorów, że po czterech dniach nic konkretnego nie uchwalono. Zapytuje się ks. bp. Zieliński, czy mamy dalej brać udział w tych rozmowach jako obserwatorzy. Po krótkiej dyskusji Pierwszy Ksiądz Biskup reasumuje zdania członków Rady i mówi, że dla dobra Kościoła niech w dalszym ciągu będzie obserwator z ramienia naszego Kościoła na tych zebraniach, lecz ponieważ są pewne koszta związane z tym wstawia wniosek, ks. sen. Wojtkowiak a popiera pan Juszkiewicz, aby koszta obserwatora były pokryte. Przechodzi.

13. Sprawa pokwitowań funduszów w Roli Bożej. Ks. sen. Niemiński radzi, aby księża biskupi złożyli swoim parafianom raz w roku sprawozdanie finansowe na ogólne cele Kościoła. Wstawia wniosek na to sen. Siemiątkowski, popiera sen. Zawistowski. Przechodzi.

14. Sprawa „Music Workshop". Ks. bp Zieliński zdał krótkie sprawozdanie z odbytego „Music Workshop" na którym było 165 obecnych. Wybrano Komisję Muzyczną; dla Kościoła taki kurs przynosi dużo pożytku i powinien się odbyć co dwa lata. Pierwszy Ksiądz Biskup powiedział, że uznanie się należy ks. bpowi Zielińskiemu za to, że ta sprawa się udała. Radzi, aby ks. bpowi zlecić opiekę nad Komisją Muzyczną i jeżeli możliwe, aby rozszerzył „Music Workshop" na cały Kościół i aby Rada finansowo, w zależności od potrzeb, wsparła tę sprawę. Wniosek stawia na to ks. bp. Misiaszek, popiera pan Śliwiński. Przechodzi. Ks. biskup Rowiński poruszył sprawę kapelanów na tych zjazdach i sprawę opłaty ich podróży na te zjazdy. Pierwszy Ksiądz Biskup uważa, że na razie tej sprawy nie rozwiążemy.

15. Youth Convocation. Ks. biskup Zieliński zawiadamia, że w Buffalo odbędzie się w dniach 18, 19 i 20 sierpnia „Youth Convocation" na którym przewiduje około 300 młodych ludzi z całego Kościoła. Temat „Convocation" będzie "The Church and I".

16. Turniej kręglarski. Pan Juszkiewicz poruszył sprawę turnieju kręglarskiego, aby na takim spotkaniu, wykorzystać obecność tylu ludzi z Kościoła naszego na propagowanie idei Kościoła PNK.

Na tym wyczerpano sprawy z protokółu.

Nowe Sprawy

1. Seminarium. Pierwszy Ksiądz Biskup przedstawił obecnym plan pozyskania kandydatów do Seminarium. Plan polega na tym, żeby zrobić spotkanie z chłopcami, którzy kończą „High School" i na tym zebraniu, jeśli możliwe, przemówił jeden z kleryków. Poinformował Radę, że Komisja Seminaryjna uchwaliła udzielić stypendiów po 500.00 dolarów dla dziesięciu kleryków.

Nastąpiła przerwa na obiad.

Po obiedzie w dalszym ciągu sprawa Seminarium. Ks. biskup Rowiński zapytuje ile kosztuje utrzymanie i nauka poszczególnych studentów? Pan mecenas Gazda, jako przewodniczący Komisji Seminaryjnej informuje, że opłata wynosi ...... co pokrywa naukę i stołowanie. W wyniku tej rozmowy doszło do wniosku, aby pierwszy rok w Seminarium był za darmo. Wniosek stawia pan mecenas Gazda, popiera p. Śliwiński. Co do następnych lat był wniosek ks. bpa Zielińskiego, aby 100.00 dolarów za jeden rok szkolny. Popiera wniosek ks. sen. Zawistowski. Pan mecenas Gazda zapytuje w jaki sposób mamy te informacje przekazać księżom po parafiach. Pan kasjer Ostrowski radzi, aby pan mecenas Gazda napisał list do wszystkich księży, podając te informacje. Ks. sen. Niemiński mówi, że w polskich pismach w Kanadzie wartałoby ogłosić sprawy Seminarium. Po krótkiej dyskusji uchwalono, aby ks. sen. Niemiński zajął się tym ogłoszeniem w Kanadzie, zaś ks. bp. Misiaszek w *Wiadomościach Codziennych* w Cleveland, a ks. sen. Zawistowski w *Czas* brooklińskim.

2. Sprawa Domu Starców. Przystąpiono następnie do omówienia sprawy Domu Starców. Przybyła delegacja Głównego Zarządu w osobach prezesa: pana Stanisława Kotuli, sekretarza pana Tadeusza Rysza, kasjera pana Fudali i adwokata pana mecenasa Alfonsa Kinowskiego. Pierwszy Ksiądz Biskup stawia pytania delegacji Spójni, dlaczego w *Straży* nie ma nazwisk Komisji Domu Starców i Oświaty, tych, których zamianował ze strony Kościoła? Pan prezes Kotula odpowiada, że w roku 1959 została wcielona poprawka do Konstytucji Polsko Narodowej Spójni, która opiewa, że mianowanie członków Komisji Domu Starców ma się odbyć przed Sejmem, a nie po Sejmie. Następnie, adwokat Polsko Narodowej Spójni, pan mecenas Kinowski czytał wyjątek Charteru Domu Starców odnośnie wyboru członków Komisji tegoż i twierdzi, że jeżeli w Konstytucji PNKK nie ma wzmianki o tej sprawie, to wówczas Kościół musi się stosować do Konstytucji Polsko Narodowej Spójni, gdzie jest wzmianka o wyborze członków tejże Komisji. Dalej pan mecenas Kinowski uważa, że ponieważ nazwiska ze strony Kościoła były podane po Sejmie, wobec tego są nie ważne, w wyniku czego istnieje vacat w Komisji; a na podstawie Konstytucji Polsko Narodowej Spójni, w razie vacatu prezes Spójni mianuje nie zajęte miejsca w Komisji Pierwszy Ksiądz Biskup że potwierdza. Zawezwano na zebranie Rady panią Marię Gorgol, sekretarkę protokółową Komisji Domu Starców, aby odczytała protokóły zebrania posejmowego tejże Komisji, na których ukonstytuowała się nowa Komisja. Następnie ks. bp. Sołtysiak przeprowadził wniosek, że Główna Rada daje votum zaufania Pierwszemu Księdzu Biskupowi w Jego zamianowaniu członków z ramienia Kościoła do Komisji Domu Starców. Wniosek wstawił pan. mecenas Białkowski, poparł ks. sen. Rene Zawistowski. Przechodzi jednogłośnie. Następnie zawiadomiono delegację Polsko Narodowej Spójni, która opuściła zebranie na czas krótki, kiedy to Rada przeprowadziła ostatni wniosek, o naszym stanowisku. Pan mecenas Gazda podaje, aby tę sprawę załatwić w sposób przyjacielski, lecz drogą legalną, przez tzw. „amicable action", gdzie neutralny autorytet prawny rozstrzygnie sprawę. Delegacja Polsko Narodowej Spójni zgodziła się na to.

3. Sprawozdanie finansowe. Następnie zdał sprawozdanie finansowe za rok fiskalny od 1 III 1963 do 1 III 1964 pan skarbnik Jan Ostrowski. W Funduszu Misyjnym jest 50,116.79 dolarów. W Funduszu 4% - 106,312.32 dolarów podzielono jak następuje: 2% Szkoła Niedzielna – 49,641.17 dolarów; 1% wydawnictwa 21,487.16 dolarów; 1% na pożyczki parafiom 22,468.20 dolarów, a 12,715.79 dolarów na pożyczkach. W Funduszu Seminaryjnym 52,827.21 dolarów i bond USA na 25, razem 209,281,32 dolarów. Na wniosek pana mecenasa Gazdy i poparcie p. Koczery uchwalono przyjąć jednogłośnie sprawozdanie skarbnika z wielkim uznaniem i głębokim podziękowaniem.

Ks. biskup Zieliński poruszył sprawę okaleczonego księdza Ostrowskiego i ewentualne zwiększenie pomocy finansowej ze strony Centrali Kościoła. Pierwszy Ksiądz Biskup zaproponował, aby powiększyć jego miesięczną zapomogę do 40.00 dolarów, o 10.00 dolarów więcej.

Pan skarbnik Ostrowski prosi o wyjaśnienie w sprawie rozdziału funduszów, z powodu uchwały ostatniego Synodu. Obecnie obowiązuje 2.00 dolarów opłata diecezjalnego: z tego biskupi diecezjalni otrzymują .50 centów, zaś .50 centów idzie do Funduszu Misyjnego, .50 centów do Funduszu Seminaryjnego, a .50 centów, które zostało na Synodzie uchwalone, pójść ma do nowego funduszu młodzieży. Co do 6 % funduszu rozdział ma być: 2 % do Funduszu Szkoły Niedzielnej Chrześcijańskiego Życia, 1 % na wydawnictwa, 1 % na pożyczki parafiom: zaś nowe 2 % na pomoc pensjom księży. Pan skarbnik nadmienił, że muszą być nowe kwitariusze wydrukowane, aby na nich uwzględnić nowe fundusze.

Po wyczerpaniu spraw, zakończono dwudniowe obrady Rady PNKK modlitwą Pierwszego Księdza Biskupa i odśpiewaniem hymnu PNKK.

Ks. sen Niemiński, Sekretarz

Protokół z nadzwyczajnego zebrania Głównej Rady Polskiego Narodowego Katolickiego Kościoła odbytego w dniach 28 i 29 listopada 1967 roku

w sali ks. bpa Franciszka Hodura w budynku Straży w Scranton, Pa., USA.

Obecni byli: Pierwszy Ksiądz Biskup Leon Grochowski, Księża biskupi: Józef Sołtysiak, Tadeusz Zieliński, Franciszek Rowiński, Eugeniusz Magyar, i Jan Misiaszek; Księża seniorzy:

Rene Zawistowski, Antoni Wojtkowiak, Józef Niemiński, Antoni Rysz, i Benjamin Mazewski; Świeccy członkowie: skarbnik Jan Ostrowski, mecenas Ernest Gazda, mecenas Zygmunt Białkowski, prezes Polsko Narodowej Spójni Wincenty Juszkiewicz, Stanisław Śliwiński, Feliks Czerwonka, Erwin Kalka, Norbert Cichy, Roman Wicherski, Jan Plaza, i Nadia Spik; razem 22 osóby.

O godzinie 10 rano otworzył zebranie Pierwszy Ksiądz Biskup modlitwą i krótkim powitaniem, po czym odśpiewano: *Do Ciebiem przyszli Boże nasz.*

Sekretarz Rady, ks. sen. Józef Niemiński odczytał protokół z ostatniego zebrania z dnia 26 i 27 kwietnia 1967 roku. Pierwszy Ksiądz Biskup zauważył, że podane w protokóle sumy dotyczące przebudowy rezydencji Pierwszego Biskupa są wygórowane. Ks. biskup Zieliński wstawił wniosek o przyjęcie protokółu z poprawką dotyczącą dokładnej sumy przebudowy rezydencji. Wniosek poparł ks. bp. Misiaszek. Przechodzi.

Sprawy z protokółu

1. Angielska Msza św. Pierwszy Ksiądz Biskup informuje, że angielska Msza św. jest gotowa, lecz jeszcze nie wydrukowana, gdyż są pewne sprawy, które muszą być uzgodnione, jak na przykład sprawa przetłumaczenia na język angielski: *„Pan z wami"*, czy ma brzmieć: *„The Lord be with you,„* czy *„The Lord is with you"*. Na ten temat nastąpiła dyskusja w której brali udział: ks. sen. Zawistowski, ks. bp. Zieliński, ks. bp. Magyar, ks. bp. Rowiński, ks. sen. Niemiński, i pan Kalka. Wreszcie wstawił wniosek ks. bp. Zieliński, aby forma, która się znajduje w angielskim mszale *„The Lord be with you"* w dalszym ciągu obowiązywała. Wniosek poparł ks. sen. Zawistowski. Przechodzi.

Ks. biskup Rowiński prosił, aby wnioski i główne uchwały omówione podczas zebrania Rady były również przetłumaczone w języku angielskim, gdyż świecki delegat z Zachodniej diecezji nie rozumie języka polskiego.

2. Rola Boża. Ks. biskup Rowiński wstawił wniosek, aby tę sprawę odłożyć do czasu, kiedy protokół synodalny będzie odczytany i dopiero wtedy dokładnie ją omówimy w duchu uchwały synodalnej. Wniosek poparł ks. biskup Misiaszek. Przechodzi.

3. Asekuracja kościołów. Pan prezes Juszkiewicz informuje, że firma asekuracyjna z Filadelfii wyszła z projektem asekurowania wszystkich kościołów pod jedną polisą – *„en block"*, co dałoby lepsze warunki i znaczne oszczędności. Pierwszy Ksiądz Biskup radził, aby zaprosić przedstawiciela tej firmy na jutro, aby osobiście przedstawił ten plan. Wniosek wstawił na to ks. sen. Zawistowski i poparł ks. bp. Misiaszek. Przechodzi.

Następnie ks. sen. Zawistowski wstawił wniosek, aby zostawić sprawy z protokółu i bezpośrednio przystąpić do przejrzenia protokółu synodalnego. Wniosek poparł pan Czerwonka. Przechodzi.

Pierwszy Ksiądz Biskup poprosił sekretarza synodalnego, ks. sen. Rysza, aby czytał protokół z Synodu Powszechnego PNKK, odbytego w Manchester, N. H., w październiku b.r.

Ks. sen. Rysz zaczął czytać protokół, informując, że czyta cały przebieg Synodu na podstawie nie tylko zapisków, ale także na podstawie taśmy magnetofonu *„tape recorder"*. Nastąpiła ożywiona dyskusja na temat protokółu i co właściwie powinno być włączone do oficjalnego protokółu. Po dłuższej dyskusji postanowiono, aby w urzędowym protokóle synodalnym wyeliminować dyskusje i trzymać się przede wszystkim uchwał synodalnych, podając dokładnie wszystkie wnioski synodalne. Wniosek na to wstawił ks. bp. Zieliński, zaś poparł ks. sen. Wojtkowiak. Przechodzi.

Nastąpiła dyskusja w sprawie interpretacji wniosku synodalnego w sprawie angielskiej Mszy św. Pierwszy Ksiądz Biskup stojąc na gruncie wniosku Synodu, twierdzi, że wolno w PNKK odprawić tylko jedną Mszę św. w języku angielskim w niedzielę. Ks. bp. Zieliński zapytuje, czy wolno odprawić Msze pogrzebowe w języku angielskim; pan Śliwiński zapytuje, czy wolno w tygodniu odprawić Mszę św. w języku angielskim. Pierwszy Ksiądz Biskup odpowiadając, twierdzi, że księża, którzy odprawiają pogrzeby, Msze św. w tygodniu, Msze ślubne itd. po angielsku nie trzymają się uchwał Synodu. Na razie nie ma uchwały dotyczącej tych spraw i radzi, abyśmy trzymali się prawa. Ks. bp. Rowiński utrzymuje, że wnioskodawcom uchwały dotyczącej angielskiej Mszy św. zależało na tym, aby nie wykluczono języka polskiego i dlatego uchwała mówi tylko o jednej Mszy św. w języku angielskim. Zasadnicze pytanie w tej sprawie powinno być: Czy to jest dla dobra Kościoła? Pierwszy Ksiądz Biskup wspominał, że można by przeprowadzić referendum przez wysłanie balotów delegatom synodalnym, aby się wypowiedzieli w tej sprawie, bo zawsze podkreślał to, że delegaci synodalni są ważni od Synodu do następnego Synodu. Dyskusję zakończono bez żadnego wniosku.

Nastąpiła teraz przerwa na obiad. Członkowie Rady byli gośćmi Polsko Narodowej Spójni.

Sesja popołudniowa

3-cia godzina po południu. Pierwszy Ksiądz Biskup poprosił ks. bpa Misiaszka, aby przewodniczył obradom Rady. W dalszym ciągu ks. sen. Rysz czytał protokół synodalny. Obecnie zastanawiano się nad sprawą młodzieży. Ks. bp. Rowiński informuje, że młodzi ludzie ubolewają nad faktem, że Synod uchwalił, aby „Youth Convocations" pokrywające cały PNKK odbywały się tylko raz na cztery lata. Pan mecenas Gazda informuje, że chociaż Synod tak uchwalił to nie znaczy, że Rada nie jest w stanie uchwalić, aby „Youth Convocations" odbywały się co dwa lata. Pan mecenas Gazda wstawił wniosek, aby co dwa lata odbywały się te Convocations. Wniosek poparł pan Wicherski. Przechodzi. Pan mecenas Gazda przypomniał, że jeśli Synod mianuje stałe komisje, komisje te powinny działać w ramach swoich kompetencji i Komisja Młodzieży powinna być zawiado-miona o tej uchwale, aby mogła ją wykonać.

Następnie z protokółu synodalnego ks. sen. Rysz odczytuje sprawy dotyczące Szkoły Niedzielnej Chrześcijańskiego Życia. Pierwszy Ksiądz Biskup zapytuje, czy lekcje wydawane przez PNKK są używane. Ks. sen. Wojtkowiak informuje, że zamówił we wrześniu, lecz do tego czasu nie otrzymał. Ks. sen. Rysz informuje, że lekcje nie są jeszcze złożone. Ks. bp. Sołtysiak odczytał krótki referat o celu i zadaniu Szkoły Niedzielnej, na podstawie szkoły prowadzonej w parafii katedralnej w Manchester. Ks. bp Rowiński i pan Cichy zapytują w sprawie pana Arnolda Muchego, który napisał list z zapytaniem, czy jest on członkiem „interim" czy stałej komisji. Ks. sen. Rysz odczytuje z protokółu synodalnego, że pan Mucha jest członkiem stałej komisji. Ks. bp Rowiński informuje, że ci, którzy są w komisji chcą się zabrać do pracy i czekają teraz na zwołanie zebrania. Jednak chcą się dowiedzieć, jaki materiał jest aprobowany przez PNKK. Pierwszy Ksiądz Biskup mówi, że komisja, która była wybrana do opracowania dzieł ks. biskupa Franciszka Hodura nic nie zrobiła i broszurki, które im dałem do przetłumaczenia nawet nie były zwrócone. Informował dalej Pierwszy Ksiądz Biskup o przetłumaczeniu broszurki *Nasza Wiara – Our Way of Life*.

Następnie ks. bp. Rowiński poruszył sprawę możliwości otrzymania subsidium na pokrycie kosztów związanych z przeprowadzeniem seminarium Szkoły Niedzielnej Zachodniej Diecezji. Pierwszy Ksiądz Biskup prosił, aby rachunki były jemu przesłane i ewentualnie byłyby zapłacone. Pan Kalka wstawił wniosek, aby Kościół zapłacił koszta, lecz wniosek nie był przeprowadzony. Ks. bp. Zieliński utrzymywał, że jeśli jedna diecezja otrzyma subsidium, to wszystkie diecezje zwrócą się do Rady po subsidia. Ks. bp. Rowiński utrzymuje, że jeśli wszystkie fundusze zebrane w diecezjach są przekazane do centralnej kasy w Scranton, czy seminarium diecezjalne Szkoły Niedzielnej nie jest dla dobra całego Kościoła? Dalej powiedział, że wie o tym, że wszystkie diecezje nie urządzają seminariów nauczycielskich, ani nie ma synodów diecezjalnych.

Nastąpiła teraz przerwa na wieczerzę, którą spożyto w Seminarium.

Sesja wieczorna

6:45. W dalszym ciągu omawiano protokół synodalny.

Dyskusja miała miejsce nad sprawą „Scholarship Sunday" i nad sprawą polskich śpiewników. Ks. bp. Zieliński wstawił wniosek, aby Kościół zakupił 500 polskich śpiewników od Zjednoczonych Chórów PNKK z przeznaczeniem dla Kościoła w Polsce, po zniżonej cenie $2.00 za egzemplarz. Wniosek poparł ks. sen. Zawistowski. Przechodzi. Ks. bp. Zieliński wstawił wniosek w sprawie Zjednoczenia Chórów PNKK, że PNKK jest gotów wesprzeć działalność Zjednoczenia Chórów do wysokości 1,000 dolarów i że jeżeli Zjednoczenie potrzebuje pomocy, ma się zwrócić do Rady PNKK. Wniosek poparł ks. bp. Misiaszek. Przechodzi.

Sprawa Pensji Księży. Ks. bp. Rowiński twierdzi, że powinniśmy dać jakieś definitywne określenie w tej sprawie, bo już jeden ksiądz do mnie się zwrócił w sprawie udzielenia pomocy do pensji. Pan mecenas Gazda wyjaśnia, że Komisja Konstytucyjna nie przedstawiła propozycji Synodowi, że sprawa była przedstawiona Synodowi przez delegata z Izby Synodalnej. Propozycja podwyżki pensji była uchwalona, lecz poprawka do Konstytucji nie przeszła, gdyż nie otrzymała 2/3 głosów delegatów. Postanowiono na razie tej sprawy nie poruszać.

Plan Pensyjny. Na podstawie uchwały Synodu mamy zebrać po 4.50 dolary od każdego członka PNKK w pierwszym roku, zaś tylko .15 centów w następnych latach. Cel zbiórki 300,000 dolarów, bazowane na 70,000 wiernych w PNKK. Następnie

Pierwszy Ksiądz Biskup zamianował Komisję Planu Pensyjnego: 1. Ks. biskup Rowiński, przewodniczący, na wniosek ks. sen. Niemińskiego i poparcie ks. sen. Zawistowskiego; 2. Irvin Kalka, na wniosek pana mecenasa Gazdy i poparcie pana Śliwińskiego; 3. pan Stanisław Śliwiński, na wniosek pana mecenasa Gazdy i poparcie ks. sen. Wojtkowiaka; 4. ks. bp Zieliński, na wniosek pana Śliwińskiego i poparcie pani Spik; 5. pan mecenas Ernest Gazda, na wniosek ks. bpa Misiaszka i poparcie ks. bpa Zielińskiego. Wszystkie wnioski przechodzą. Komitet opracuje plan zbiórki i działalność na zebraniu po wieczornej sesji.

Sprawa Kanady. Pierwszy Ksiądz Biskup mówił, że jest za tym, aby powstała Misyjna Diecezja Kanadyjska w myśl uchwały Synodu, gdyż jest to inny kraj i poprosił o wniosek, zanim odda sprawę pod dyskusję. Ks. sen. Zawistowski wstawił wniosek, aby utworzyć misyjną diecezję w Kanadzie. Poparł ks. bp. Misiaszek. W dyskusji ks. bp. Zieliński mówi, że trzeba by zebrać materiał na jakich warunkach i prawach będzie ta diecezja działać w Kanadzie. Pan mecenas Białkowski radzi, aby trzej adwokaci, którzy są członkami Rady zasięgnęli informacje prawne i na zebraniu rocznym w kwietniu zdali sprawozdanie. Wniosek wstawił na to ks. bp. Misiaszek, poparł pan Śliwiński. Przechodzi.

Sprawa współpracy z Kościołem w Polsce. Pierwszy Ksiądz Biskup mówi, że trzeba się zastanowić nad punktami uchwalonymi i dążyć przede wszystkim do współpracy na punkcie ideowym PNKK. Ks. bp. Zieliński radzi, aby te punkty omówić szczegółowo na konferencji księży biskupów. Pierwszy Ksiądz Biskup poinformował, że ma zamiar zaprosić jednego staro-katolickiego biskupa i jednego biskupa (prawdopodobnie ks. biskupa Majewskiego) z Polski na konsekrację elektów. W sprawie współpracy z Kościołem w Polsce wstawił wniosek ks. bp Zieliński i poparł pan Śliwiński, aby księża biskupi na swojej konferencji przestudiowali punkty na których ma polegać ta współpraca. Przechodzi.

Sprawa „inter-clergy paper", czyli wewnętrzne pismo dla księży oraz sprawa Towarzystwa Historycznego. Ks. sen. Rysz czyta uchwałę synodalną odnośnie ewentualnego zorganizowania tychże. Pierwszy Ksiądz Biskup polecił ks. bp. Rowińskiemu, aby się porozumiał z ks. Józefem Zawistowskim w tej sprawie, by dowiedzieć się o planach. Jeśli są pozytywne i będą pożyteczne dla PNKK, to wówczas udzielimy pomocy finansowej w tej sprawie.

Ks. bp Zieliński poruszył sprawę opłat i kosztów członków Głównej Rady związanych z odbyciem zebrania Rady. Pan mecenas Gazda informuje, że na podstawie Konstytucji, diecezje opłacają koszta ich świeckich delegatów (po dwóch z każdej diecezji). Inni członkowie są opłacani z funduszów PNKK.

Sprawy z protokółu się wyczerpały i pan mecenas Gazda wstawił wniosek, aby pogratulować ks. sen. Ryszowi za jego pracę nad przygotowaniem protokółu w tak krótkim czasie. Wniosek poparł pan Śliwiński. Przechodzi. Pan Kalka zaproponował sumę 250 dolarów tytułem honorarium ks. Sen. Ryszowi za pracę, lecz ks. sen. Rysz podziękował. Pan mecenas Białkowski zaproponował wotum uznania z oklaskami oraz zakupienia pamiątki na jego konsekrację.

Pan mecenas Gazda przypomina, że w *Roli Bożej* ma być wydrukowany protokół synodalny i wstawił wniosek, aby tylko główne wnioski umieścić. Wniosek popiera ks. bp. Zieliński. Przechodzi. Ks. bp Rowiński wstawił wniosek, aby protokół był wydrukowany w języku angielskim w *Roli Bożej.* Poparł pan Śliwiński. Przechodzi.

Pierwszy Ksiądz Biskup porusza sprawę Konstytucji w jaki sposób najlepiej będzie ją wydrukować. Po krótkiej dyskusji uchwalono na wniosek pana mecenasa Białkowskiego i poparcie ks. bpa Sołtysiaka, aby jedną stronę wydrukować w języku angielskim, a zaraz obok stronę w języku polskim. Przechodzi.

Następnie Pierwszy Ksiądz Biskup przedstawił dwa listy, które otrzymał od ks. bpa McCormick, ordynariusza rzymsko-katolickiej diecezji scrantońskiej. Pierwszy list był podziękowaniem za szczerość okazaną ks. prałatowi Clarkowi podczas zebrania Głównej Rady PNKK; drugi list w sprawie udziału w Synodzie, że mianuje ks. prałata Clarka jak osobistego przedstawiciela swojego na nasz Synod. Ponieważ była już godzina 10:30 w nocy, Pierwszy Biskup odroczył sesję do następnego dnia, prosząc członków Rady, aby odśpiewali *„Wszystkie nasze dzienne sprawy"*.

Drugi Dzień Obrad – 29 XI 1967

O godz. 10 rano Pierwszy Ksiądz Biskup otworzył drugi dzień obrad Głównej Rady PNKK odmówieniem modlitwy, po której wszyscy odśpiewali: *„Kiedy ranne wstają zorze"*.

Na wstępie przypomniał Pierwszy Ksiądz Biskup, że Komisja Planu Pensyjnego nie ma prawa podpisywać umowy z żadną kompanią asekuracyjną, dopóki Rada nie uchwali tego.

Sprawa parafii w Montreal, Quebec, Canada. Pierwszy Ksiądz Biskup przedstawia list od parafii PNKK Św. Krzyża w Montreal w sprawie pożyczki 3,000 dolarów na budowę nowego kościoła. Ks. bp Zieliński pokrótce zreferował sprawę parafii montrealskiej i wstawił wniosek, aby Rada udzieliła pożyczki w sumie 3,000 dolarów na 3%. Wniosek poparł pan Czerwonka. Przechodzi.

Sprawa parafii w Rome, N. Y. Pierwszy Ksiądz Biskup przed-stawia sytuację w Rome, gdzie mają zamiar pobudować plebanię, gdyż obecnie proboszcz mieszka w zakrystii. Na wniosek ks. sen. Zawistowskiego i poparcie pan skarbnika Ostrowskiego uchwalono udzielić pożyczki w sumie 2,000 dolarów na 3%. Przechodzi. W sprawie dopłat do pensji proboszcza w Rome wstawił niosek ks. sen. Wojtkowiak, a poparł pan Plaza, aby dopłacić do pensji 40 dolarów miesięcznie. Przechodzi.

Następnie ks. bp. Zieliński przedstawił i odczytał list od Starokatolickiego Kościoła w Holandii w sprawie ewentualnego usunięcia *„filioque"* klauzuli z Wyznania Wiary Nicejskiego na mocy biskupiego rozporządzenia. Deklaracja Utrechtu opuszcza tę klauzulę i Kościół Starokatolicki twierdzi, że nie jesteśmy konsekwentni, jeśli zatrzymujemy. Pierwszy Ksiądz Biskup uważał, że zebranie Rady nie jest zebraniem teologicznym, ale uważa, żeby przesłać telegram do Arcybiskupa Rinkla, że Główna Rada Solidaryzuje się z Utrechtem w tej sprawie. Do Komisji telegramu do Arcybiskupa Rinkla i do sekretarza biskupa Kury Pierwszy Biskup zamianował wszystkich biskupów. Wniosek na to wstawił ks. sen. Zawistowski, zaś poparł ks. bp Misiaszek. Przechodzi.

Rola Boża. Wywiązała się długa dyskusja nad sprawą *Roli Bożej*, w której brali udział prawie wszyscy członkowie Rady. Pierwszy Ksiądz Biskup powiedział, że musimy przede wszystkim przekonać naszych wyznawców, że trzymamy się praw PNKK, i że w tym celu zwoływane są Synody, na których ustanawiamy prawa. Ks. bp Misiaszek przypomniał, że właśnie Synod uchwalił, że *Rola Boża* ma się znajdować w każdym domu wyznawcy-członka PNKK i że Komitet Parafialny jest odpowiedzialny za wprowadzenie w życie tej uchwały. Na tej podstawie pan skarbnik Ostrowski wstawił wniosek, aby wykonać tę uchwałę synodalną. Popiera wniosek ks. sen. Zawistowski. Przechodzi. Na podstawie wniosku, list ma być wysłany do każdego proboszcza i do każdego Komitetu Parafialnego z prośbą o przekazanie listu parafianom, do których będzie wysyłana *Rola Boża*, zaś Komitet Parafialny odpowiedzialny będzie za opłacenie prenumerat tychże.

Pan prezes Juszkiewicz zapytuje w sprawie ogłoszenia w *Roli Bożej* od Polsko Narodowej Spójni. Pierwszy Ksiądz Biskup informuje, że za 50 dolarów za stronę, Polsko Narodowa Spójnia może dać ogłoszenie do *Roli Bożej*.

Przerwa na obiad.

Sesja popołudniowa: 2:15

Otwierając sesję, Pierwszy Ksiądz Biskup omówił pokrótce swój plan ożywienia całego Kościoła. Planuje, po zwolnieniu się z parafii scrantońskiej odwiedzać senioraty, gdzie będzie razem nie tylko z księżmi, ale także z komitetami parafialnymi i przedstawicielami towarzystw omawiał żywotne sprawy PNKK.

Następnie Dwight Johnson, przedstawiciel firmy asekuracyjnej z Filadelfii przestawił szczegółowo projekt wspólnej asekuracji dla wszystkich PNKK kościołów i budynków parafialnych w USA i Kanadzie, na podstawie którego można by zaoszczędzić sporo pieniędzy i mieć szerszy zasięg pokrycia. Do asekuracji można załączyć klauzulę dotyczącą kaucji członków komitetów. Po wysłuchaniu referatu pana Johnsona, ks. bp Rowiński wstawił wniosek, aby powołać do życia komisję, która by w porozumieniem z panem Johnsonem przystosowałaby t.zw. „survey" do ewentualnego przyjęcia przez cały PNKK. Poparł wniosek ks. bp Misiaszek. Przechodzi. Do komisji zostali mianowani: panowie Juszkiewicz, mecenas Białkowski i Kalka.

Ks. bp Rowiński zapytuje, czy Komisja Planu Pensyjnego ma pozwolenie na przeprowadzenie zbiórki w całym PNKK w miesiącach styczniu, lutym i marcu. Pierwszy Biskup odpowiada - tak. Ks. bp Rowiński dalej mówił, że do zebrania Rady w kwietniu będzie sposobność przekonań się jak sprawa idzie. Dalej radził, aby pan mecenas Gazda dokładnie przestudiował kontrakt z firmą i na zebraniu kwietniowym przedstawił takowy do ewentualnego przyjęcia. Dalej informuje, że Zachodnia Diecezja ma już 14,000 dolarów na ten cel; poza tym w Funduszu Pomocy Duchowieństwu jest blisko 34,000 dolarów.

Następnie ks. bp. Misiaszek, jako przewodniczący Komisji Oświaty Polsko Narodowej Spójni, zreferował plany i projekty Komisji na przyszłość. Postanowiono, aby w każdej diecezji odbył się jeden koncert oraz jeden wielki koncert z całego Kościoła. Dochód przeznaczony byłby na cele młodzieżowe i na Music Workshop.

Pan Juszkiewicz zapytuje, czy będzie wycieczka do Polski w 1968 roku. Pierwszy Ksiądz Biskup odpowiada że tak, tylko bez pomocy obcych ludzi.

Ks. bp Rowiński zapytuje w sprawie budowy kościoła w Żarkach. Pierwszy Ksiądz Biskup odpowiada, że postanowiono wybudować skromniejszy kościół za 50,000 dolarów, ale trzeba wysłać pieniądze do Polski i radzi, aby pan prezes Juszkiewicz napisał do Polski w tej sprawie.

Ks. bp Rowiński zapytuje, czy się odbędzie konsekracja elektów. Pierwszy Ksiądz Biskup odpowiada tak, że planuje konsekrować elektów w ostatnim tygodniu czerwca.

Ks. bp Rowiński zapytuje, czy wolno odprawiać angielskie msze św. w święta. Pierwszy Ksiądz Biskup odpowiada, że tak, wolno w wielkie święta odprawiać tak jak w niedziele, ale nie wolno odprawiać pogrzebów w języku angielskim.

Ponieważ sprawy się wyczerpały, Pierwszy Ksiądz Biskup w serdecznych słowach podziękował członkom Głównej Rady PNKK za udział w dwudniowych obradach, mających na celu dobro i rozwój PNKK. Ze słowami *„Pojedźcie do domów waszych"* zamknął zebranie nadzwyczajne Głównej Rady PNKK o godzinie 4 popołudniu.

Ks. sen. Józef Niemiński
Sekretarz Rady PNKK

Protokół z rocznego zebrania Głównej Rady Polskiego Narodowego Katolickiego Kościola odbytego w dniach 16 i 17 kwietnia 1968 roku w Hotelu Jermyn, Scranton, Penna.

Obecni byli: Pierwszy Ksiądz Biskup Leon Grochowski, Księża biskupi: Józef Sołtysiak, Tadeusz Zieliński, Franciszek Rowiński, Jan Misiaszek, i Eugeniusz Magyar; Księża seniorzy: Józef Nieminski, Benjamin Mazewski, Antoni Rysz, i Władysław Słowakiewicz; Świeccy członkowie: Jan Ostrowski, mecenas Ernest Gazda, mecenas Zybmunt Białkowski, mecenas Edwin Kosik, prezes Polsko Narodowej Spójni Wincenty Juszkiewicz, Stanisław Śliwiński, Felix Czerwonka, Erwin Kalka, Norbert Cichy, Roman Wicherski, Jan Plaza, i pani Nadia Spik. Razem 22 osoby.

O godzinie 10 rano otworzył zebranie Pierwszy Ksiądz Biskup krótkim powitaniem, po czym poprosił ks. bp Sołtysiaka o modlitwę. Sekretarz Rady ks. sen. Nieminski, odczytał protokół z nadzwyczajnego zebrania 28 i 29 listopada 1967 roku, który na wniosek ks. bpa Sołtysiaka i poparcie pana Śliwińskiego został przyjęty.

Na wstępie, Pierwszy Ks. Biskup poruszył sprawę głosu, dla obecnych na zebraniu kandydatów na biskupa, którzy nie są członkami Rady. Na wniosek pana mecenasa Gazdy i poparcie ks. bpa Sołtysiaka, uchwalono udzielić im prawa zasiadywać na zebraniu z głosem doradczym.

Sprawy z protokółu

1. Angielska Msza św. Pierwszy Ksiądz Biskup informuje, że angielska Msza św. jest już wydrukowana, lecz jeszcze nie złożona, bo nie ma zamówień. Podał do wiadomości, że na zebraniu biskupów zdecydowano zasadę „jedna spowiedź i tylko jedna Komunia św." za wyjątkiem Nabożeństw Pokutnych, gdzie wierni mogą przystępować każdego dnia do Komunii św., przy odbyciu jednej spowiedzi. Przypomniał Pierwszy Ksiądz Biskup, że wszelkie zmiany liturgiczne muszą być uzgodnione z Komisją Obrzędów na czele której stoją księża biskupi.

2. Rola Boża. Pan Śliwiński informuje, że w Carnegie uchwalono wprowadzić w życie uchwałę synodalną dotyczącą *Roli Bożej*, i że dziś doręczył czek na 260 prenumeratorów. Pierwszy Ksiądz Biskup powiedział, że się przekonał przy odwiedzaniu senioratów, że sprawa PNKK idzie naprzód, że mamy blisko 7,000 prenumeratorów *Roli Bożej*, że będzie dążył do tego, aby ta uchwała synodalna była wypełniona. Ks. bp Sołtysiak mówi, że na synodzie uchwalono dwie ważne sprawy natury finansowej: *Rola Boża* i Plan Pensyjny dla Duchowieństwa. Zapytuje, czy nie byłoby lepiej najpierw pracować nad sprawą *Roli Bożej*, a potem się wziąć do sprawy Planu Pensyjnego; zapytuje dlaczego obraz Siewcy usunięto z okładki *Roli Bożej*. Pierwszy Ksiądz Biskup w odpowiedzi powiedział, że częstokroć ludzie nie mają poszanowania dla obrazów świętych, dlatego też zmieniono okładkę, lecz, od czasu do czasu ukazywać się będzie ma okładce obraz Siewcy. Ogłasza jedną i drugą sprawę w *Roli Bożej*, i są już pozytywne wyniki. Ks. bp Rowiński informuje, że w Chicago z czterech parafii przybyło 1,600 nowych prenumeratorów. Pan prezes Juszkiewicz poruszył sprawę redaktora *Roli Bożej*. Ks. Biskup mówił, że czynił starania, aby zaangażować ks. Kazimierza Krysińskiego jako redaktora-pomocnika, lecz nie doszło do skutku. Ks. bp Rowiński powiedział, że ks. Krysiński rozmawiał z nim w tej sprawie i zapytywał o mieszkanie, pensję itd. Radził, aby te sprawy dokładnie wyjaśnić. Ks. bp Zieliński wstawił wniosek, aby do następnego zebrania Rady księża biskupi zdali szczegółowe sprawozdanie z parafii w ich diecezjach, co do wprowadzenia w życie uchwały XII Synodu Powszechnego PNKK odnośnie *Roli Bożej*. Wniosek popiera ks. bp Sołtysiak. Przechodzi.

3. Convocation. Ks. bp Zieliński zapytuje, czy Polsko Narodowa Spójnia urządza „Convocation". Pan prezes Juszkiewicz odpowiada - nie; że Kościół urządza. Pierwszy Ksiądz Biskup uzupełnia, mówiąc, że uważa za wskazane, aby „Convocation" odbył się w Scranton na „weekend" przed Zlotem Młodzieży i prosi księży biskupów o poparcie tej sprawy. Ma być wydana z tej okazji w języku angielskim broszurka: Why I am Polish National Catholic. Ks. bp Zieliński informuje, że otrzymał list od Synodalnej Komisji Młodzieży, na czele której stoi ks. senior Bolesław Bąk, w sprawie zamianowania kapelanów diecezjalnych.

4. Seminars – School of Christian Living, czyli seminaria dla nauczycieli Szkoły Niedzielnej Chrześcijańskiego Życia. Ks. bp Zieliński rozpoczyna dyskusję, przypominając, że Rada nie zajęła stanowiska w sprawie kosztów związanych z urządzeniem tychże. Ks. bp Rowiński informuje, że takie seminarium kosztuje około 300 do 400 dolarów, bez włączenia kosztów przejazdów nauczycielstwa. Pan skarbnik Ostrowski radzi, aby przeznaczyć na ten cel 500 dolarów dla każdej diecezji z Funduszu Szkoły Chrześcijańskiego Życia, w którym jest ponad 60,000 dolarów. Pan mecenas Białkowski przypomina, że pieniądze te są przeznaczone na przygotowania i urządzenia takiego seminarium, nie na przejazdy. Pan prezes Juszkiewicz wstawił wniosek, aby każda diecezja otrzymała rocznie do 500 dolarów na urządzenie takiego seminarium. Wniosek popiera pan Cichy. Przechodzi.

5. Polskie Śpiewniki. Przypomniano uchwałę ostatniego zebrania w sprawie zakupienia 500 śpiewników dla Kościoła w Polsce. Trzeba czekać na przyjazd biskupa z Polski i dowiedzieć się, czy śpiewniki te mogą być używane w Polsce.

6. Pomoc Finansowa dla Zjednoczonych Chórów. Przypomniano też uchwałę ostatniego zebrania Rady w sprawie udzielenia pomocy finansowej do 1,000 dolarów Zjednoczeniu Chórów. Na razie Zarząd Zjednoczenia nie zwrócił się o pomoc.

7. Pensje Księży. Ks. bp Zieliński proponuje, aby tę sprawę zostawić poszczególnym parafiom do załatwienia. Ponieważ przyszła delegacje z Prudential Life Insurance Co., aby przedstawić członkom Rady proponowany Plan Pensyjny dla Duchowieństwa PNKK, pan mecenas Białkowski wstawił wniosek, aby sprawę pensji odłożyć na później. Poparł wniosek pan Czerwonka.

Następnie p. J. Umerick z parafii katedralnej w Scranton przedstawił członkom Rady pana Fred Rymer, który jest regionalnym dyrektorem of Pension Plan w Prudential Insurance Co. Pan Rymer przedstawił przy pomocy obrazkowych kart główne zarysy Planu Pensyjnego dla Duchowieństwa PNKK. Rozdał też członkom Rady tzw. „Portofolio" z wyszczególnieniem swojego planu.

Po wysłuchaniu planu Prudential Life Ins. Co. nastąpiła dyskusja nad sprawą Planu Pensyjnego. Ks. biskup Zieliński zapytuje jakie są różnice pomiędzy tym planem a planem Bankers Life przedstawionym przez pana Kalkę. Pan Kalka odpowiadając informuje, że są bardzo małe różnice, jak na przykład rata procentu (4.5 zamiast 4%), to znowu Bankers Life proponuje plan na podstawie „initial deposit" – wkładu pieniężnego przy rozpoczęciu planu w sumie $330,000. Pan mecenas Białkowski mówi, że wolałby przeczytać kontrakty danych firm, a nie tylko słuchać propozycji. Ks. bp Rowiński zapytuje, który plan jest bardziej korzystny dla nas. Pierwszy Ks. Biskup mówi, że najpierw musimy mieć zebrany fundusz, wtedy dopiero można mówić z firmami konkretnie. Nie możemy podpisywać kontraktów, których nie możemy zrealizować. Zapytuje, jak się przedstawia sprawa zbiórki w diecezjach. Ks. bp Rowiński informuje, że Zachodnia Diecezja ma już 30,000.00 dolarów, zaś celem zbiórki jest suma 75,000.00 dolarów w przeciągu jednego roku.

W toku rozmowy poruszono sprawę listu, który pan Kalka napisał do księży, w tonie nieco ujemnym, krytykując Pierwszego Ks. Biskupa i świeckich członków Rady ze Scranton. List odczytał sekretarz. Pierwszy Ks. Biskup wyjaśnił, że nigdy nie stanął w przeciwności do Planu Pensyjnego, lecz jedynie nie chciał się związać kontraktem z żadną firmą asekuracyjną przed gruntownym przestudiowaniem warunków kontraktu. Pan mecenas Gazda radzi, aby tę sprawę zostawić i raczej przystąpić do omówienia planu zbierania pieniędzy.

Ks. bp Sołtysiak informuje, że na razie nie ma danych odnośnie postępu zbiórki w jego diecezji. Pan mecenas Gazda mówi, że brak nam dobrego planu zbiórki, brak nam fachowego podejścia do sprawy zbiórki. Ks. bp Rowiński informuje, że w jego diecezji korzystają z pomocy delegatów synodalnych, którzy ochotnie pomagają. Ks. bp Zieliński proponuje plan w trzech etapach: 1. uświadomić ludzi co do wniosku synodalnego; 2. następnie wysłać wszystkim listy i 3. ogłosić rezultaty zbiórki w parafialnych biuletynach. Dalej informuje, że na tej podstawie Katedra w Buffalo złoży około 8,000.00 dolarów. Dalej radzi, aby w *Roli Bożej* ukazywał się tzw. progress – raport zbiórki. Pierwszy Ks. Biskup powiedział, że chętnie umieści w *Roli Bożej* dane dotyczące zbiórki, lecz do tego czasu nie otrzymał od Komitetu Planu Pensyjnego żadnych wiadomości.

Po krótkiej przerwie ks. bp Zieliński proponuje, aby powstała centralna Komisja Planu Pensyjnego, na czele której stanąłby świecki członek Rady ze Scranton; członkami Komisji byliby wszyscy księża, biskupi i świeccy z każdej diecezji. Pan mecenas Białkowski wstawia wniosek, aby propozycję tę przyjąć i aby na czele tej Komisji stanął pan mecenas Gazda. Wniosek popiera ks. bp Rowiński. Przechodzi. Pierwszy Ks. Biskup mianuje ze środkowej diecezji pana prezesa Juszkiewicza, pana mecenasa Białkowskiego, pana mecenasa Kosika i pana skarbnika Ostrowskiego. Ks. bp Sołtysiak mianuje pana Jana Plazę ze wschodniej diecezji. Ks. bp Zieliński mianuje pana Śliwińskiego i pana Czerwonkę z diecezji Buffalo-Pittsburgh. Z diecezji zachodniej i z Kanady podane będą nazwiska do przewodniczącego Komisji, pana mecenasa Gazdy. Adres Komisji będzie: Clergy Pension Fund, 1004 Pittston Avenue, Scranton, Pa.

Sprawa Kanady. Pierwszy ks. Biskup powiedział, że na razie będzie Misyjna Diecezja w Kanadzie, w myśl uchwały Synodu. Pan mecenas Białkowski powiedział, że trzej adwokaci zasięgną informacji prawa do czasu konsekracji biskupów w czerwcu, odnośnie warunków i prawa tej Misyjnej Diecezji Kanadyjskiej.

Sprawa Konstytucji PNKK. Pierwszy Ks. Biskup mówi, że język angielski jest oficjalnym językiem Konstytucji, a to z powodu spraw sądowych, zaś język polski jest tylko przetłumaczeniem dla tych, którzy lepiej rozumieją język polski. Pan mecenas Gazda informuje, że za trzy miesiące będzie wydrukowana Konstytucja o nakładzie 3,000.

Pierwszy Ks. Biskup wspomniał o zebraniu Komisji Szkoły Niedzielnej Chrześcijańskiego Życia, które zwołał do Buffalo, New York na 3 i 4 maja.

Współpraca z Kościołem w Polsce. Pierwszy Ks. Biskup informuje członków Rady o liście z Polski w tej sprawie. Chcą mieć wspólne zebranie i spotkanie w Polsce; zgodzili się dać utrzymanie plus hotel, zaś podróż do Polski musielibyśmy sami zapłacić. Radziłbym, aby Rada wysłała delegację i radzi, aby Polsko Narodowa Spójnia też wysłała delegata na to wspólne zebranie. Na wniosek pana prezesa Juszkiewicza, uchwalono, aby Pierwszy Ksiądz Biskup, ks. bp Zieliński, ks. bp Misiaszek i pan mecenas Gazda pojechali z wycieczką PNKK 3 lipca do Polski jako delegacja z ramienia Kościoła, i aby Kościół zapłacił podróż delegatom. Wniosek popiera pan mecenas Białkowski. Przechodzi.

Nowe sprawy

Pierwszy Ksiądz Biskup podał członkom Rady pozytywne rezultaty wizytacji senioratów w całym PNKK. Już odwiedził senioraty w swojej diecezji, następnie ma zamiar odwiedzić diecezję wschodnią, potem zachodnią i wreszcie Buffalo-Pittsburgh. Co do wizytacji, układa się z ordynariuszem diecezji.

Sprawy pensji Pierwszego Księdza Biskupa. Pierwszy Ksiądz Biskup przedstawił członkom Rady, że już więcej nie pobiera pensji jako proboszcz parafii katedralnej w Scranton. Ponieważ sprawa dotyczyła osobistego wynagrodzenia, czyli pensji Pierwszego Księdza Biskupa, przewodniczył obradom ks. bp Zieliński. Na wniosek pana mecenasa Białkowskiego uchwalono, aby miesięczna pensja Pierwszego Księdza Biskupa była 600 dolarów. Wniosek poparł pan Czerwonka. Przechodzi.

Ks bp Zieliński odczytuje następnie list od ks. bpa Kury ze Szwajcarji, w którym dziękuje w imieniu staro-katolickich biskupów za telegram w sprawie usunięcia klauzuli "*filioque*" z Wyznania Wiary Nicejsko-Konstantynopolskiego przez PNKK, jak to uchwalono na listopadowym zebraniu Rady.

Ponieważ była już godzina 9:30 w nocy, odroczono sesję Rady do dnia następnego.

Drugi dzień obrad – 17 IV 1968

O godzinie 9:30 rano Pierwszy Ksiądz Biskup otworzył drugi dzień obrad Rady modlitwą, po czym przystąpiono do omówienia sprawy nowej.

Konsekracja trzech biskupów. Najpierw Pierwszy Ksiądz Biskup powiadomił członków Rady, że postanowił konsekrować trzech kandydatów wybranych na XII Powszechnym Synodzie PNKK i prosił o wniosek Rady w sprawie zgody z jego postanowieniem. Na wniosek ks. biskupa Misiaszka postanowiono, że Rada zgadza się z postanowieniem Pierwszego Ks. Biskupa do konsekrowania trzech kandydatów na biskupa: ks. seniora Władysława Słowakiewicza, ks. seniora Józefa Niemińskiego i ks. seniora Antoniego Rysza. Konsekracja ma się odbyć w dniu 26 czerwca, b.r. w Scranton, Pa. Wniosek popiera ks. senior Mazewski. Przechodzi.

Następnie Pierwszy Ks. Biskup poruszył sprawę dokumentów wyboru biskupów-elektów, dokumentu wyboru przez Synod i dokumentu potwierdzenia Rady. Ponieważ sekretarz Rady jest jednym z elektów, wypadałoby, aby ktoś inny odczytał ten dokument; to znowu sekretarz Synodu jest jednym z elektów, też nie wypada, aby on odczytał drugi dokument. Na wniosek ks. biskupa Sołtysiaka i poparcie ks. biskupa Misiaszka uchwalono, aby pan mecenas Gazda odczytał te dokumenty w dwóch językach. Wniosek przechodzi.

Następnie zastanawiano się nad tym, kogo zaprosić do współudziału w tej uroczystości. Wymieniono: z Episkopalnego Kościoła Presiding Bishop Hines, biskup Warnecke, biskup Scaife, biskup Emerick; z Anglikańskiego Kościoła w Kanadzie: Prymasa Clark i biskupa Snell; z Prawosławnego Kościoła z New Yorku; z Rzymskiego Kościoła – Biskupa McCormick. Pan prezes Juszkiewicz radzi, aby te zaproszenia były wydrukowane. Ks. biskup Rowiński przypomina o dokumencie konsekracji, który powinien być sporządzony na pergaminie. Ks. biskup Zieliński podał sugestię, aby wydrukować program czyli porządek nabożeństwa. Pan prezes Juszkiewicz podał do wiadomości, że Polsko Narodowa Spójnia mogłaby się zająć przyjęciem po konsekracji w nowej sali. Pani Spik radzi, aby był podany t.zw. „buffet lunch." Na wniosek p. Cichego i poparcie p. Wicherskiego uchwalono skorzystać z oferty Polsko Narodowej Spójni podanej przez p. prezesa Juszkiewicza. Wniosek przechodzi. Pierwszy Ks. Biskup, kończąc rozmowy na ten temat powiedział, że potrzebny będzie lokalny komitet, który się zajmie sprawami informacji w sprawie hoteli, prasy, itd.

Sprawa ks. bpa Misiaszka. Pan Prezes Juszkiewicz zapytuje czy ks. bp Misiaszek ma przywrócone pełne prawa biskupie. Pierwszy Ks. Biskup odpowiada tak; na razie nie ustaliliśmy zakresu obowiązków dla ks. bpa Misiaszka, lecz sprawę tę już omówiliśmy poniekąd na zebraniu biskupów. Pan mecenas Gazda mówi, że wobec tego sprawa rozdziału i podziału naszych diecezji powinna być rozstrzygnięta.

Sprawa insurance. Pan prezes Juszkiewicz informuje, że od p. D. Johnson, przedstawiciela firmy asekuracyjnej w Filadelfii, który był na ostatnim zebraniu Rady, nie otrzymaliśmy żadnej korespondencji. Prawdopodobnie czeka na list od Pierwszego Biskupa.

Sprawa Certyfikatów Chrztu i Bierzmowania. Ks. bp Zieliński mówi, że od kilku lat już toczą się rozmowy na ten temat, lecz nic konkretnego nie załatwiono. Ks. senior Niemiński obiecał, że porozumie się z niejakim p. Stanisławem Liberą, który jest commercial artist, aby opracował certyfikaty dla PNKK. Wniosek wstawił p. mecenas Gazda i poparł p. Śliwiński, aby tę sprawę tak załatwić. Przechodzi.

Sprawa Szkoły Niedzielnej Chrześcijańskiego Życia. Pierwszy Ks. Biskup rozpoczął dyskusję na ten temat mówiąc, że do dnia dzisiejszego nie mamy odpowiednich lekcji; w lekcjach naszych musi być przede wszystkim ujęta nauka PNKK. Radzi, aby członkowie Rady czuwali nad tym, aby ta robota była odpowiednio wykonana. Ks. bp Rowiński powiedział, że materiał będzie dostarczony Komisji, która ma zebranie w Buffalo 3 i 4 maja, po czym materiał wybrany przez Komisję będzie oddany Pierwszemu Ks. Biskupowi do aprobaty, a potem będzie wydrukowany.

Sprawozdanie Finansowe Skarbnika, p. Jana Ostrowskiego. Pan Skarbnik powiedział, że po raz pierwszy sprawozdanie jest wydrukowane w języku angielskim. Ogólne zestawienie funduszów i majątku PNKK jest 424,031.60 dolarów. Oprócz tego w Funduszu Pomocy Duchowieństwu jest 35,908.96 dolarów. Pan Skarbnik informuje, że dwie sekretarki pomagają przygotować sprawozdanie i prowadzić księgowość. Za pracę otrzymują po 25.00 dolarów miesięcznie. Radzi, aby im dać nieco więcej. Oprócz tego, asystenci parafii katedralnej pomagają i należałoby im dać jakieś honorarium. Na wniosek ks. bpa Zielińskiego i poparcie pana mecenasa Białkowskiego, uchwalono przyjąć sprawozdanie skarbnika z uznaniem za wykonaną rzetelną pracę. Następnie wstawił wniosek pan Śliwiński, a poparł ks. senior Mazewski, aby sekretarkom dać 10.00 dolarów podwyżki miesięcznie, oraz dać honorarium asystentom parafii katedralnej. Obydwa wnioski przeszły.

Pierwszy Ks. Biskup przypomniał o pamiątce dla ks. seniora Rysza za opracowane protokółu synodalnego i zamianował panów mecenasa Białkowskiego, mecenasa Gazdę i mecenasa Kosika oraz skarbnika Ostrowskiego do załatwienia tej sprawy.

Następnie był odczytany list od ks. dr F. Maćkowiaka z St. Petersburg, Fla., który prosi o 1,260.00 dolarów za operację oka i szpital. Po dyskusji na ten temat wniosek wstawił pan mecenas Białkowski, aby polecić proboszczowi z Miami, aby udał się do lekarza i do szpitala w sprawie ewentualnej zniżki tej sumy, i aby PNKK zapłacił ten dług. Wniosek popiera pan mecenas Gazda. Przechodzi.

Następnie ks. bp. Rowiński przedstawił sprawę rozchodów pogrzebowych 800.00 dolarów za śp. ks. Aleksy, plus 1,300.00 dolarów rozchodów lekarskich. Po dyskusji na ten temat wstawił wniosek ks. bp. Zieliński, aby ks. bp. Rowiński starał się o zniżanie tych sum i aby PNKK zapłacił pozostałość. Wniosek popiera pan Cichy. Przechodzi.

Na zakończenie Pierwszy Ks. Biskup podziękował członkom Rady za współudział i pomoc. Nadmienił, że jeśli będzie uważał za potrzebne, to zwoła nadzwyczajne zebranie Rady; być może po powrocie z Polski, bo tam mogą być ważne posunięcia.

Na wniosek pana mecenasa Gazdy z poparciem pana mecenasa Kosika zamknięto dwudniowe obrady Rady PNKK.

Ks. senior Józef Niemiński
Sekretarz Rady PNKK

Notes of the Supreme Council Conference

The Grand Council of the Polish National Catholic Church met o April 8-9 (1969) in Scranton, Pa., under the leadership of Prime Bishop Leon Grochowski.

Minutes of the last Council were read by Bishop Joseph Nieminski of Canada, the secretary of the Council.

Bishop A. Rysz of Scranton who had officiated as the secretary of the 12th General Synod, reported that for the reasons of economy he had mimeographed the minutes of the Synod and distributed copies to every member at the Council meeting. It was done with the intent that these minutes will be available and made known to all Seniors, Pastors, Delegates and Parishioners, since the delegates to the Council represent every diocese.

It is evident that neither the clergymen nor the delegates were informed of this plan, disappointed, they demand the minutes from the Prime Bishop.

To ameliorate the situation the Prime Bishop advised Bishop Rysz to have the minutes printed. Because the Synod minutes were scrupulously recorded and in great detail, the account had grown to a large volume and the entailed cost of printing is one thousand dollars.

The Synodical minutes are now ready, and will be sent free of charge with a revised copy of the Constitution to ever parish and to each delegate of the last Synod. Delegates who have had a change of address since the last Synod should submit a corrected mailing address.

The minutes and the Constitution are available to every member of the Church at 3.00 dollars post paid. For copies of books and change of address write to: Miss Anne Pron, Book Department, 1002 Pittston Ave, Scranton, Pa. 18505.

Criticism directed at the Prime Bishop for the delay of the minutes and of the Constitution were unfounded. Specified Synodical committees were in charge of these projects. Attorney

Gazda, chairman of the Constitution committee sacrificed much of his valuable time in bringing the accepted revisions into the context of the Constitution.

In the course of the conference members of the Supreme Council expressed confidence that all laws which were freely established in our Church will be supported and carried out.

1. Dues contributed to General Church Funds are paid by almost all perishes. This is healthy indication of a concern for the welfare of the total Church.

2. Subscription to the *Rola Boża – God's Field* is not yet up to the prescribed standard. The ruling at the Synod helped to double circulation and increase a general interest among the public, our own as well as, non- members.

3. An agreement was reached where parishes would be represented to the Polish American Congress. The organization and its president is in need of strong support now, while a wave of Anti-Polish Defamation is being spread by the mass communication media. The American public must be informed with accuracy and historic facts of Poland's great contribution to world freedom and culture.

4. The Priest's Pension Fund has not reached its goal. The Western Diocese has made excellent progress thanks to Bishop Rowinski. His plan of employing the Synod delegates for promoting the project is worthy of note and adoption.

5. Bishop Rowinski head of the Pension Fund, was chosen to direct and activate and promote the Fund in areas where progress is slow.

6. A new organization was proposed to be formed. Membership will be composed of University trained people who will guide, counsel and lead the young members of the church in fields of missionary, social, cultural and patriotic national endeavors.

7. Program geared to public appeal will be adopted to commemorate great historic events of the U. S. and Poland,

highlighted by personal appearances of American and Polish celebrities.

8. A motion was made to promote and support the United Choirs of the Polish National Catholic Church and to include the "Związek Śpiewaków w Ameryce" in the effort to publicize Polish and American art.

9. It was the dream of Prime Bishop Hodur, the organizer of the Polish National Catholic Church in America, to plant the seed of a free Church into Poland. That dream was fulfilled and God blessed the effort. The great ideals of Christ's religion took deep root among the people in spite of much persecution. Bishop Padewski gave his life for the cause, with him a host of priests and faithful had known the process of "fire and dungeon" the trial and hardship only strengthened their faith.

10. Under very trying conditions of its own, the Polish National Catholic Church in America expended great effort, time and sacrifice to redeem the Polish soul from a religion of fear and lead it into a faith of love. Following the catastrophic world wars, whereby our houses of worship in Poland suffered almost total demolition, the Church continued to live and be resilient under Poland's new administration, which grants equality of religion. Unlike the prewar government which adopted and tolerated only the Roman church as the state religion. Our greatest need is more dedicated candidates to the priesthood. Recently, a great help in promoting the Church in Poland and indirectly in America, are the "Polish Catholics" known as POLKAT, with headquarters in Warsaw. Co-operation with this organization will definitely be a boon to the Church in Poland and America.

11. The School of Christian Living performs a vital role in the life of our Church. The Prime Bishop announced that a number of lessons are ready for use in the parish schools and recommends immediate implementation of them.

The School of Christian Living Commission is continuing to prepare even more material which reflects the teaching of the Church. The process is slow but steady.

12. Other topics discussed by the Council will be prepared for publishing by the secretary. The two day session closed with prayer and Church hymns.

Rola Boża, tom 45 (1969), n. 6, s. 41

Translator's Notes

The translation of materials from another historical period always encounters the problem that a living language changes over time. Styles of expression change, the definitions of some words change, direct translations of some terms may not convey their intended meaning. For example, in Polish National Catholic Church usage, the proper reference to the head of the Church in Polish is *Pierwszy Biskup* or "First Bishop," which became established as a title during the leadership of Bishop Franciszek Hodur. With the accession of Bishop Leon Grochowski, however, when English began to be used much more often, to call him "First Bishop" of "First Bishop II" did not seem appropriate. The term "Prime Bishop" became the norm in English while *Pierwszy Biskup* remained the norm in Polish. References in the Polish minutes to *Pierwszy Biskup* Grochowski are therefore translated in this text as Prime Bishop Grochowski.

In Polish, it is appropriate to use *Ksiądz Biskup, Ksiądz Senior, Ksiądz Proboszcz* and *Ksiądz* when referring to clergy by their titles. Literally, in English these would be: Priest Bishop, Priest Senior, Priest Pastor, and Priest. One might substitute "Reverend" for "Priest," but we chose "Father." However, "Father Bishop" is not in common use so just "Bishop" is used, and "Father Senior," and "Father."

A Christian name such as Leon is no problem since it is the same in both Polish and English. However, Bishop Hodur himself used "Franciszek," "Francis," "Franciscus," or even "Franz," as may have seemed appropriate to him depending on the language he was using when writing his correspondence in Polish, English, Latin, or German, as needed. Father Senior Rene Zawistowski sometimes used the more Polish-sounding "Ireneusz." The editor of this series, Bishop Kazimierz [Casimir] J. Grotnik, decided that Polish originals should be used throughout even though actual usage may have been different or changed over time. The English versions of some of the names mentioned in the reports are indicated in the indexes.

Last names can also pose a problem since some people changed how they spelled their names over time. For example, Mr. Juszkiewicz came to be Yuszkiewicz and Yuskiewicz in other times and places. Father Senior Józef [Joseph] Lebiedziek Zawistowski was variously referred to as Lebiedziek, Lebiedzik Zawistowski and Zawistowski in Church documents. In these reports and minutes, Bishop Magyar's name appears in a variety of spellings and misspellings as he progressed from being a relatively unknown parish priest to a bishop. It was decided to retain Polish diacritical marks throughout.

The names of parishes may appear different in Polish and English as local usage preferred. The names of some cities changed too. For example, Priceburg became Dickson City, Pennsylvania, not due to Polish-English usage but as a reaction of the citizens of that community to World War I.

With different secretaries and changes in style occurring as decades passed, the format of the minutes and reports evolved as well. Some of the original minutes were typed for distribution among the members of the Supreme Council while most of the others appeared only as newspaper reports of the meetings. Some of the styling was retained, but changes were made as seemed helpful. It should be noted, however, that this translation was not made from original materials but from a prepared typescript.

Adding footnotes to help explain something or to identify persons seemed helpful, at least in some instances. More information in some cases is provided in the indexes. However, occasionally more information might have been useful but simply was not available. For example, Mr. Szczepanik of Chicago was not further identified or the means by which he was able to transfer funds to Bishop Padewski in Poland during World War II.

In the indexes, it was decided to provide the highest office in the Polish National Catholic Church or Polish National Union attained by the given individual even if that occurred at a time later than covered by this volume.

Errors seem an inevitable part of editing and translating. Those in this volume are my own, of course. It would be helpful, however, to let me know where any may be found..

Theodore L. Zawistowski

Notes to the Indexes

The Subject Index is divided into an English section and a Polish section, based on the English translation and the Polish original respectively. Obviously, there is some overlapping, but it was thought that the reader would find it easier to locate materials of interest by following the main division of this volume. No doubt it would be advisable to refer to both sections, however, since they are not identical.

The Biographical and Geographical Indexes were not segregated into Polish and English sections since it did not seem to serve any purpose.

For the most part, the Indexes follow the English alphabet sequence as the one most familiar to the American reader.

Biographical Index

D

E

F

G

L

M

N

O

T

U

V

W

Z

Geographical Index

S

T

U

W

Y

Z

Subject Index

English Section

A

B

C

D

E

F

K

L

M

N

O

P

R

Rozdział polski

A

B

C

D

F

L

M

N

O

P

R

S

Ś

T

U

W

Y

Z

Ż